Le guide du Coaching

JOHN WHITMORE

Le guide du Coaching

MAXIMA
LAURENT DU MESNIL • EDITEUR

John Whitmore est consultant en entreprise après avoir pratiqué de nombreux sports de haute compétition au niveau international. Il est l'un des développeurs les plus réputés en Europe de la technique du coaching. Il forme des entraîneurs nationaux et régionaux aux nouvelles méthodes du coaching et dirige des séminaires d'entreprise sur ce thème et sur ceux de l'optimisation des performances et du travail en équipe.

infos/nouveautés/catologue : **www.maxima.fr**

MAXIMA
LAURENT DU MESNIL EDITEUR

192, bd Saint-Germain, 75007 Paris
Tél. : + 33 1 44 39 74 00 – Fax : + 33 1 45 48 46 88

ISBN : 978-284001-719-6

Titre original : *Coaching for performance.* Traduit de l'anglais par Stéphane Carn, Bénédicte Dambly et Stéphane Derville. © John Whitmore. First published in the United Kingdom by Nicholas Brealey Publishing London.

Table des matières

Deuxième partie

LA PRATIQUE DU COACHING

Quatrième partie

LA TRANSFORMATION PAR LE COACHING TRANSPERSONNEL

Introduction

Lorsque parut la première et courte édition de ce livre, en 1992, il n'y avait pratiquement aucun autre ouvrage consacré aux nouvelles méthodes de coaching appliquées en dehors du domaine sportif. Mon objectif fut alors de définir et de fixer les principes de base du coaching d'entreprise avant que de trop nombreux opportunistes ne décident de prendre en marche le train de ce qui devenait une mode, certains d'entre eux sans avoir complètement pris la mesure de la profondeur psychologique ni de l'envergure potentielle de cette nouvelle discipline, ni *a fortiori* de ce que pourrait être sa place dans un contexte social plus large. Sans cette compréhension, ces utilisateurs pourraient facilement détourner la méthodologie fondamentale, les règles d'application, l'objectif et la crédibilité du coaching dans le monde professionnel.

Le *Guide du coaching* a eu la chance de devenir le livre de référence sur la méthodologie du coaching tel qu'il peut être appliqué dans le cadre de la gestion des ressources humaines dans la plupart des pays où il fut traduit. Aujourd'hui, après que de très nombreux ouvrages ont été publiés sur le sujet et ont accru notre connaissance du domaine, il se trouve que, *grosso modo*, tous les coachs professionnels souscrivent à un ensemble commun de principes essentiels. La profession s'est développée et a mûri au-delà de toute attente, et elle a géré son essor et ses premières crises de croissance avec efficacité et relativement peu de dérapages. Il y a de plus en plus d'associations professionnelles de coachs et il est satisfaisant de constater que, dans l'ensemble, elles travaillent plutôt en coopération qu'en compétition. La plus importante de ces organisations, l'International Coach Federation, regroupe près de 20 000 membres à travers le monde. Les admissions, les qualifications, les standards et l'éthique de ses membres sont établis et surveillés de façon extrêmement responsable. Le coaching est passé du stade de l'artisanat local à celui d'une profession respectée, et plusieurs publications périodiques professionnelles lui sont consacrées. Dans le même temps, mon livre a eu la chance d'être traduit en 22 langues, y compris le japonais, le chinois, le coréen, le russe, ainsi que dans la plupart des langues européennes, et il s'en est vendu plus d'un demi-million d'exemplaires.

Quoi de neuf dans cette édition ?

Dans cette édition, j'ai conservé et renforcé les passages qui précisent la définition du coaching et j'ai approfondi ceux dans lesquels j'explique ses racines psychologiques en m'efforçant d'éliminer tout le discours ambiant qui parasite cette filiation directe. Les mauvais usages du coaching entraînent un risque de le voir discrédité, mal perçu et rejeté au motif qu'il ne serait pas aussi nouveau et original qu'on le prétend, ou qu'il serait incapable de tenir ses promesses. Mon intention est ici de mettre clairement les cartes sur la table en décrivant et en illustrant par des exemples ce qu'est vraiment le coaching, dans quelles circonstances et dans quels buts on peut l'utiliser, quand et dans quelle mesure le faire, qui le peut à profit et qui ne le peut pas.

- À en croire certains auteurs, l'art de gérer les entreprises pourrait s'apprendre à la lecture d'un seul ouvrage… Mais il n'existe pas de solution-minute. Le coaching est une vraie compétence, un art pourrait-on dire, et il ne révèle pleinement son immense potentiel que s'il est pratiqué avec une profondeur et une finesse qui ne s'acquièrent qu'au prix d'une longue expérience.

La lecture de ce livre ne suffira pas à faire de vous un expert du coaching, mais elle vous donnera une idée de son étonnant potentiel et de son champ d'application. Elle risque aussi de déclencher chez vous toute une série de prises de conscience qui auront un impact durable sur vos aptitudes professionnelles (et éventuellement sportives), ainsi que sur vos relations avec vos partenaires professionnels et extra-professionnels.

Dans cette 4° édition, j'explique plus complètement, et en termes non techniques, les principes du coaching et je les illustre par des analogies simples, tirées non seulement du domaine de l'entreprise mais aussi de celui du sport. Je précise également le processus et la pratique du coaching en puisant dans l'expérience que j'ai acquise au fil des milliers d'heures que moi-même et mes collaborateurs avons passé sur le terrain et à l'occasion de formations dispensées aux milliers de participants qui ont suivi nos séminaires.

Le leadership et l'optimisation des performances

J'ai ajouté dans cette édition quelques chapitres sur la relation entre le coaching et le leadership et sur la notion de leadership elle-même. Des coachs me demandent souvent ce qu'ils peuvent faire pour maintenir et développer leurs compétences dans le domaine du coaching. Je leur réponds qu'il faut pratiquer, pratiquer et encore pratiquer, en étant toujours plus attentif à soi-même et aux autres, sans jamais renoncer à approfondir son propre développement personnel. Je développe ce thème en profondeur dans les nouveaux chapitres consacrés au leadership.

J'ai également approfondi la partie qui traite de l'intelligence émotionnelle (le quotient émotionnel – QE) dont l'importance au regard de la performance a été reconnue récemment, de l'intérêt naissant que suscite l'intelligence spirituelle (le quotient spirituel – QS) et du rapport de ces deux sphères de recherche avec le coaching. Les gens attendent maintenant plus de leur travail, ils veulent y trouver du sens et un but précis. Pour répondre à ces demandes, les coachs doivent donc acquérir des compétences susceptibles d'aborder ces questions plus profondes. Nous verrons quelles sont ces compétences et comment elles peuvent être développées. Les entreprises doivent également réaliser que leurs salariés et leurs clients ne se reconnaissent plus dans les valeurs et l'éthique qu'elles véhiculent. Le coaching est une méthode très efficace pour découvrir les vraies valeurs et les aligner avec la culture de l'entreprise afin d'en optimiser les performances.

La transformation à travers le coaching transpersonnel

Au même titre que la formation, la motivation et le management, le coaching doit intégrer les plus récents développements de la psychologie et de la compréhension de la façon dont les gens sont à même d'exprimer le meilleur de ce qu'ils ont en eux. Mais il y a toujours un décalage entre ce que découvrent les spécialistes et son adoption par le plus grand nombre. Le coaching n'échappe pas à la règle. Dans le domaine sportif, par exemple, le coaching repose toujours, pour l'essentiel, sur la psychologie comportementale. Dans l'entreprise, il reste le plus souvent limité à la psychologie cognitive, et de très nombreux coachs se contentent d'utiliser les principes de la psychologie humaniste qui soutient que l'ouverture au monde est en elle-même une thérapie. Mais ce qui est en jeu, profondément, ce sont en fait les fondements de la psychologie transpersonnelle qui mettent en avant les principes de volonté, d'intention ou de responsabilité.

La psychologie transpersonnelle a été développée aux États-Unis à partir des recherches menées il y a près d'un siècle par Carl Gustav Jung sur la psychologie analytique et par Roberto Assagioli sur la psychosynthèse. Ces deux précurseurs étaient très en avance sur leur époque et furent confrontés à de nombreuses résistances, exacerbées par leurs références à la spiritualité qui, pour certains, est associée de façon négative à la religion. Mais aujourd'hui, il est mieux admis que l'on explore d'autres chemins vers la connaissance, et les coachs doivent intégrer à leur démarche cet aspect transpersonnel du coaching. Dans cette nouvelle édition, j'explore plus avant cette facette de notre discipline, mais je me garderai bien de prétendre que j'y résume tout ce que le coaching transpersonnel peut apporter et je recommande fortement aux professionnels de suivre une formation complète sur cette nouvelle dimension du coaching.

L'avenir du coaching

Le dernier chapitre de cette quatrième édition est consacré à l'avenir du coaching, à son rôle dans la transformation de l'apprentissage et des relations professionnelles, ainsi qu'au contexte social et culturel qui a permis l'éclosion de cette discipline. Le coaching, comme les principes sur lequel il est construit, est intemporel et global. Il constitue une passerelle entre la hiérarchie et l'autoresponsabilité, entre l'autocratie et la véritable démocratie, entre un consumérisme quantitatif et un développement durable qualitatif qui est désormais revendiqué dans tous les domaines.

Ce n'est pas parce que je suis particulièrement machiste (Dieu m'en garde !) que j'utilise le pronom masculin tout au long de cet ouvrage. Ce n'est pas non plus parce que je répugne à utiliser ces « il ou elle » qui alourdissent les phrases (et que je préfère effectivement éviter). Non, la vraie raison, c'est que le message profond de ce livre s'adresse de façon plus urgente aux hommes. Lors de nos stages et de nos séminaires, mes collègues et moi-même n'avons pas manqué de noter que les femmes étaient plus naturellement portées à se rallier à la philosophie du coaching. Elles l'assimilent plus spontanément. Peut-être que l'ascension des femmes, qui accèdent de plus en plus nombreuses aux postes de direction, fera du coaching la norme de communication dans tous les secteurs d'activité… Souhaitons-le, et souhaitons aussi qu'une majorité d'entre elles puisse mettre à profit les modèles de coaching développés dans les chapitres qui suivent.

Créer les conditions d'un apprentissage

Adopter une éthique de coaching, comme on le fait d'une nouvelle compétence, attitude ou croyance, nécessite de l'engagement, de la pratique et du temps avant que les choses ne commencent à devenir naturelles et que leur efficacité réelle apparaisse. Certains y parviendront plus facilement que d'autres. Si vous pratiquez déjà le coaching, j'espère que ce livre vous permettra d'améliorer encore votre façon de le faire, ou justifiera de façon objective les raisons intuitives pour lesquelles vous avez choisi cette discipline. Si vous démarrez dans cette activité, j'espère que ce livre vous apportera quelques éléments originaux de réflexion sur le management, la performance et les gens en général, et qu'il vous donnera les premiers repères à partir desquels vous pourrez vous engager dans la pratique du coaching.

Il n'y a pas une bonne et unique façon de faire du coaching. Et ce livre n'est rien d'autre qu'une carte destinée à vous aider à vous orienter et à vous indiquer certaines des routes qui peuvent vous permettre d'arriver à la destination que vous avez choisie. C'est à vous d'explorer le territoire dans son ensemble, car aucune carte n'est à même de reproduire l'infinie variété des relations interpersonnelles. La richesse de ce territoire peut transformer la gestion des personnes en une forme d'art unique et personnelle qui transformera, éclairera et vous permettra de mieux apprécier votre activité professionnelle.

Nous faisons face à de nombreuses crises, dans de nombreux domaines, qu'il s'agisse de l'environnement ou de l'économie. Les modes classiques, linéaires, de réflexion et les organisations en « silos » ne sont plus à même de nous permettre de gérer des situations d'urgence de moins en moins prévisibles. Nous avons besoin de pouvoir appréhender le monde à travers une approche globale, systémique, qui soit le produit d'un développement personnel, d'un abandon du paradigme traditionnel fondé sur la peur et d'une compréhension du nouveau paradigme fondé sur la confiance et sur la reconnaissance que l'humanité évolue à la fois sur le plan social et sur le plan spirituel. Les individus peuvent progresser plus vite que la société s'ils décident d'entreprendre une quête de développement personnel. Compte tenu des carences de leadership que l'on constate aujourd'hui, une évolution quelque peu forcée ne serait sans doute pas nuisible à nos dirigeants. Mais en pratique, le processus de coaching ne peut qu'accompagner cette évolution qui doit être initiée de l'intérieur, personnellement, et ne saurait être prescrite de façon objective. Le coaching n'a rien à voir avec l'enseignement. Son rôle est de créer les conditions d'apprentissage et d'amélioration.

Première partie

LES PRINCIPES DU COACHING

1.
QU'EST-CE QUE LE COACHING ?

Le coaching s'intéresse aux
possibilités futures et non aux
erreurs passées.

VOICI la définition que le *Nouveau Petit Robert* donne du mot coach[1] : « Personne chargée de l'entraînement d'une équipe ou d'un sportif – entraîneur. » Et le *Concise Oxford Dictionnary* de préciser : « *To Coach – to tutor* (enseigner), *to train* (former), *to give hints to* (conseiller, donner des indications), *to prime with facts* (informer, mettre au courant des faits) ». Mais nous n'en sommes pas beaucoup plus avancés, car il existe de multiples manières de faire tout cela, et certaines n'ont rien à voir avec notre terme. Le coaching concerne davantage la façon de transmettre que la teneur même de ce qui est transmis – et il concerne avant tout le type de relation qui s'établit entre l'émetteur et le récepteur, le style de communication qu'ils utilisent. Les « faits » transmis, dans le sens où les conçoit *L'Oxford Dictionnary*, sont secondaires comme nous le verrons par la suite. L'objectif ultime est bien évidemment l'amélioration des performances ; mais reste à trouver le meilleur moyen d'atteindre ce but.

1. Faute d'un terme français qui rende compte du concept développé par l'auteur dans toutes ses nuances, la traduction a choisi de conserver le terme anglo-saxon d'origine dont l'utilisation en entreprise est d'ailleurs fréquente (*NdT*).

Un concept venu du sport

Pour une raison obscure, les Anglo-Saxons parlent de *coach* en tennis, alors qu'ils emploient plutôt *instructor* pour les entraîneurs de ski. Mais dans les deux disciplines, ces entraîneurs sont avant tout des pédagogues. Ces dernières années, l'enseignement du tennis est devenu sensiblement moins dogmatique, moins étroitement technique, mais il lui reste encore du chemin à faire dans ce sens. L'enseignement du ski a également évolué, mais moins par choix qu'à cause des circonstances. Le snow board et toutes les nouvelles disciplines de glisse ont été adoptés rapidement par les plus jeunes qui s'y sont formés eux-mêmes car peu de skieurs adultes traditionnels étaient en mesure de le faire. En outre, les jeunes générations sont moins enclines à accepter les usages et les règles que veulent leur inculquer les adultes, et elles sont extrêmement habiles à développer toutes sortes de nouveaux sports. L'évolution des skis, plus larges, plus courts, a également contribué à faciliter l'apprentissage de ce sport, et les écoles de ski ont donc été contraintes d'adapter leurs méthodes à une nouvelle clientèle.

Le jeu du point de vue du joueur

Il s'est écoulé une bonne vingtaine d'années depuis que Timothy Gallwey, pédagogue de Harvard, spécialiste du tennis, s'est attaqué à l'enseignement de ces deux sports, ainsi qu'à celui du golf. Il a donné le premier coup de pied dans la fourmilière en publiant son livre *The Inner Game of Tennis* (Le tennis du point de vue du joueur), qui fut rapidement suivi de *The Inner Skiing* et de *The Inner Game of Golf.* Le mot *inner* fait référence au point de vue interne, à l'état intime du joueur ou, pour reprendre les termes de Gallwey, à « l'adversaire qu'on porte en soi » et qui est bien plus redoutable que celui qui nous donne la réplique derrière le filet. Quiconque s'est retrouvé sur un court avec le sentiment de ne rien pouvoir faire de correct de toute la journée saura immédiatement ce dont parle Gallwey !

Il pose que si l'entraîneur parvient à amener son élève à lever ou à contrôler les obstacles intérieurs qui l'empêchent d'atteindre son niveau optimum de performance, le potentiel naturel de cet élève se manifestera sans qu'il ait besoin d'un apport technique massif de l'extérieur.

À l'époque où parurent ces ouvrages, peu d'entraîneurs, de professeurs ou de professionnels du tennis étaient prêts à accepter ce genre d'idée – ne parlons même pas de leur application ! Mais les joueurs dévorèrent les livres de Gallwey au point d'en faire des best-sellers. La raison d'être des enseignants semblait violemment remise en question. Certains en conclurent même que Gallwey avait entrepris de saper tout l'enseignement de ce sport et qu'il s'en prenait à leur image, à leur autorité, à tous ces principes qu'ils avaient tant investis. Et c'était un peu vrai – en partie. Mais, la panique aidant, ils avaient noirci le tableau et avaient prêté à Gallwey des intentions qui n'étaient pas les siennes. Il ne les accusait pas d'inanité totale – il se bornait à leur suggérer qu'ils pourraient intervenir plus efficacement en changeant d'angle d'approche.

Un coach sait que les obstacles internes sont quelquefois plus difficiles à surmonter que les obstacles externes.

L'essence du coaching

Gallwey avait mis le doigt sur l'essence du coaching. **Le but du travail d'entraînement est de libérer le potentiel du joueur, pour le porter à son niveau de performance optimal.** Il s'agit de lui apprendre à apprendre par lui-même, plutôt que de lui faire ingurgiter un savoir extérieur.

L'idée n'est pas neuve. Socrate l'appliquait déjà il y a quelque deux mille ans, mais son art de la maïeutique (l'art d'accoucher les esprits – Socrate était fils de sage-femme !) a dû se perdre quelque part dans l'excès de matérialisme réducteur de ces deux derniers siècles. Or, nous assistons aujourd'hui à un spectaculaire retour de bâton. Socrate contre-attaque et sa méthode semble bien partie pour nous muscler l'esprit pendant plusieurs générations. Les ouvrages de Gallwey coïncidaient avec l'émergence d'un nouveau modèle psychologique, d'une conception plus humaniste et plus optimiste que celle des vieux behaviouristes, pour qui nous ne sommes que des enveloppes vides, qu'il faut remplir de savoir. Selon ce nouveau modèle, l'esprit humain fonctionnerait plutôt comme une graine, un gland recelant d'emblée le potentiel nécessaire pour s'épanouir en un chêne splendide, à condition bien sûr de recevoir la lumière et les aliments physiques et psychologiques indispensables à son développement. Dès l'origine, nous portons en nous tous les éléments nécessaires à notre accomplissement.

> ***Il peut être plus difficile d'arrêter d'enseigner que d'apprendre à coacher.***

Si nous nous rallions à ce point de vue, qui n'est plus contesté que par quelques vieux retardataires bornés, nous devons revoir d'urgence toutes nos méthodes d'apprentissage, à commencer par nos méthodes d'enseignement. Hélas, les habitudes ont la vie dure et les idées survivent à la démonstration de leurs limites. Poursuivons notre analogie avec le gland. Les jeunes chênes qui poussent dans la nature développent une racine unique et très fine destinée à rechercher l'eau. Celle-ci peut atteindre un mètre de longueur alors que l'arbre ne mesure encore que 30 centimètres. Quand on fait pousser des chênes en pépinière, la racine a tendance à s'enrouler au fond du pot et elle se casse quand on replante l'arbre, ce qui retarde de beaucoup son développement car il faut attendre qu'une nouvelle racine pousse. Les jardiniers amateurs prennent rarement la précaution de préserver cette racine car la plupart n'en connaissent même pas l'existence ni la raison d'être.

En revanche, le bon jardinier, en replantant l'arbre, fera attention à bien déplier cette racine fragile, pendra un poids à son extrémité et la fera passer délicatement le long d'une tige en métal dans un trou profond. Le peu de temps investi dans ce processus, si tôt dans la vie de l'arbre, garantit sa survie, lui permet de pousser plus rapidement et d'être plus fort que les autres arbres cultivés en pépinière. Et ce qui est vrai pour les bons jardiniers l'est également pour les bons managers. La preuve de l'efficacité des nouvelles méthodes a été difficile à établir de façon incontestable, parce que peu d'enseignants les ont radicalement comprises et appliquées, et qu'ils hésitaient en majorité à abandonner leurs vieilles méthodes assez longtemps pour recueillir les bienfaits des nouvelles. Pourtant, ces dernières années, des concepts tels que la participation des employés, la délégation des pouvoirs, la responsabilisation et le coaching ont fait une brillante percée dans le monde de l'entreprise, tant sous la pression de la nécessité extérieure que sous celle du progrès des mentalités.

Du sport à l'entreprise

Timothy Gallwey fut sans doute le premier à mettre au point une méthode simple mais détaillée, et assez exhaustive pour pouvoir s'appliquer à pratiquement toutes les situations, en particulier dans son livre, *The Inner Game of Work.*

Je parvins à rencontrer Timothy Gallwey et à suivre son enseignement, puis je fondai la branche anglaise de *The Inner Game.* Il se constitua bientôt autour de lui une petite équipe de pédagogues qu'il avait formée et qui devint bientôt capable de compléter leur propre formation et d'enseigner à leur tour, sous forme de cours de tennis, de week-ends, de stages de ski et de golf. Nos élèves sportifs ne tardèrent pas à nous suggérer d'adapter nos méthodes pédagogiques à la sphère de l'entreprise, ce qui fut fait. Aujourd'hui, les principaux tenants du coaching institutionnel sont tous issus de la Gallwey School of Coaching, ou s'en sont très profondément inspirés.

L'entreprise vue de l'intérieur

Au fil de nos années d'expérience du monde professionnel, nous avons élaboré et peaufiné ces premières ébauches en les adaptant à l'environnement économique actuel. Certains d'entre nous se sont spécialisés dans l'enseignement du coaching auprès des cadres. D'autres ont préféré intervenir directement en tant que coachs indépendants auprès de responsables d'entreprise ou au sein d'équipes déjà constituées. Bien qu'animés par un grand désir d'émulation, nous gardons des relations amicales et nous collaborons souvent sur des projets ponctuels, ce qui est en soi un argument très positif en faveur de notre méthode. En effet, Timothy Gallwey lui-même a souligné que sur un terrain de tennis, un adversaire qui vous oblige à courir et à vous dépasser sans cesse est, de fait, un allié. En revanche, s'il se contente de vous renvoyer la balle, il ne vous contraint pas à vous améliorer. Or, cette constante amélioration n'est-elle pas précisément le but vers lequel nous tendons tous, quelle que soit notre discipline… ?

Bien que Tim Gallwey, mes collègues chez Performance Consultants et de nombreux autres coachs dans le monde de l'entreprise aient fait leurs premières armes dans le milieu du sport, le coaching sportif a quant à lui très peu changé. Il reste enraciné dans d'anciens modèles comportementaux et se fonde toujours sur les principes de l'instruction. Il a au moins dix ans de retard en termes de méthodologie sur le coaching en entreprise. La raison en est qu'à l'époque où nous avons lancé le coaching dans le monde professionnel il y a vingt ans, ce mot était nouveau, ne véhiculait pas de « bagages » et n'était associé à aucune pratique. Nous avons donc pu élaborer de nouveaux concepts de coaching sans pour autant avoir à en combattre les anciens.

Cela ne veut pas dire que nous n'ayons pas rencontré de résistance et que nous ne continuions pas à en rencontrer de la part de personnes restées bizarrement indifférentes ou aveugles aux mutations qui se sont opérées au niveau des valeurs, croyances, attitudes et comportements. Le coaching s'est bel et bien fait sa place au soleil dans le monde de l'entreprise même si le terme lui-même peut être amené à disparaître quand les valeurs, croyances, attitudes et comportements qui lui sont associés deviendront la norme pour tous, ce qui n'est peut-être pas pour tout de suite.

Le mentoring

Enfin, pour compléter cette esquisse de définition, j'aimerais dire deux mots du « mentoring », un nouveau terme qui fait florès dans le jargon du management. Mentor était ce fidèle ami auquel Ulysse confia l'éducation de son jeune fils avant de partir pour le siège de Troie. « Apprends-lui tout ce que tu sais », lui recommanda-t-il, le bridant ainsi dans son action.

Mike Specklen, l'entraîneur du tandem Holmes et Redgrave, étoiles de l'aviron, fut un mentor des temps modernes. « Je leur avais transmis tout mon savoir technique, et je me sentais bloqué, déclara-t-il après avoir suivi un cycle de formation en coaching. Mais ce sentiment m'a poussé à aller plus loin. Je me suis aperçu qu'ils ressentaient des choses dont je n'avais même pas idée. » En travaillant à partir de leur expérience et de leurs perceptions, et non plus des siennes, il a ouvert une nouvelle voie. Un bon pédagogue, ou un bon mentor parvient ainsi à propulser son élève au-delà des limites de sa propre expérience.

Dans la pratique sportive comme dans l'entreprise, le mentoring est plus ou moins devenu une forme de pédagogie instituée. Citons ce qu'en dit David Clutterbuck dans son livre *Everyone Needs a Mentor :*

> « En dépit de la multiplicité des définitions qu'on peut donner du mentoring, sous toutes ses appellations, tous les experts s'accordent à reconnaître que le concept qui le fonde est celui de l'apprentissage. Par exemple lorsqu'une personne plus âgée et plus expérimentée transmet à un "apprenti" ce qu'elle sait de la meilleure manière de mener un travail ou d'opérer dans le monde commercial. »

Je ne suis pas d'accord avec cette définition. Les résultats du coaching ne dépendent pas d'une « personne plus âgée et plus expérimentée [qui] transmet à un "apprenti" ce qu'elle sait ». Le coaching repose sur une expertise dans sa pratique, pas sur les connaissances intrinsèques du coach. C'est d'ailleurs l'une de ses grandes forces.

Le potentiel

Que l'on coache, conseille, suggère, facilite les choses ou que l'on guide quelqu'un, l'efficacité de ce que nous faisons dépend pour une grande part de nos croyances sur le potentiel humain. Les expressions « obtenir le meilleur de quelqu'un » et « votre potentiel caché » impliquent que chacun dispose de ressources qui attendent d'être exploitées. Si le manager ou le coach ne croit pas que les gens ont d'autres capacités que celles qu'ils expriment quotidiennement, il ne sera pas en mesure de les aider à les révéler. **Le manager doit donc penser à ses collaborateurs en termes de potentiel plutôt qu'en termes de performances**. La plupart des systèmes d'évaluation souffrent de ce biais. Les gens sont classés selon des profils de performances dont ils ont les plus grandes difficultés à sortir, vis-à-vis d'eux-mêmes comme de leur manager.

Pour obtenir le meilleur des gens, nous devons croire que ce meilleur existe en eux – mais comment le savons-nous, comment en mesurons-nous l'importance et comment pouvons-nous le révéler ? Je sais pour ma part que ces ressources existent, non pas parce que j'en ai eu une quelconque preuve scientifique, mais simplement parce que j'ai eu besoin de puiser dans ces réserves dont j'ignorais l'importance lorsque je faisais du sport de haute compétition, et parce que j'ai pu observer comment des gens dépassaient ce que d'autres attendaient d'eux et ce qu'ils attendaient d'eux-mêmes dans des contextes de crise. Des gens ordinaires comme vous et moi sont en mesure d'accomplir des choses extraordinaires lorsqu'il le faut. Par exemple, qui ne saurait trouver une force et un courage surhumains lorsqu'il s'agit de sauver son enfant ?

Les moyens existent, la crise en est le catalyseur. Mais la crise est-elle le seul catalyseur ? Et combien de temps sommes-nous capables de soutenir des niveaux exceptionnels de performances ? Une partie de ce potentiel peut être révélé grâce au coaching, et il peut permettre de soutenir des niveaux de performances, sinon surhumains, en tout cas bien supérieurs à ceux que nous acceptons d'habitude.

L'expérimentation

Que nos croyances dans les capacités des autres aient un impact sur leurs performances a été amplement démontré par de nombreuses expériences conduites dans le domaine de l'éducation. Dans l'une de ces séries de tests par exemple, des enseignants ont été mis en présence de groupes d'élèves de niveau moyen qu'on leur a présenté tantôt comme étant de très brillants éléments, tantôt comme ayant des difficultés scolaires. Ces enseignants devaient suivre un programme fixé d'avance avec ces élèves. Des tests de connaissances administrés ensuite à ces élèves ont montré que les résultats reflétaient invariablement les fausses opinions qu'avaient d'eux les enseignants selon qu'ils leur avaient été présentés comme brillants ou en difficulté. De la même façon, les performances des collaborateurs sont à l'image des opinions qu'ont les managers à leur sujet.

Par exemple, François pense qu'il a peu de potentiel. Il ne se sent à l'aise que lorsqu'il reste bien en deçà des limites de sa fonction. C'est comme une coquille pour lui. Son supérieur hiérarchique ne lui fera confiance que pour des tâches définies à l'intérieur de cette coquille. Il lui confiera la tâche A parce qu'il sait que François peut la mener à bien, et c'est effectivement le cas. Il ne lui confiera pas la tâche B, parce qu'il considère qu'elle nécessite plus de capacités que n'en possède François. Il ne voit que les performances de François, pas son potentiel. Si, donc, il confie plutôt cette tâche B à Jeanne, qui est efficace et bien disposée, il renforce ou prend acte de la coquille de François, il en augmente même la force et la résistance. Il doit en fait faire l'opposé, aider François à sortir de sa coquille, pour le soutenir ou le coacher vers la réussite dans la prise en charge de la tâche B.

Pour utiliser le coaching avec succès, nous devons adopter une vision beaucoup plus optimiste que nous ne le faisons d'habitude des capacités cachées des gens, de tous les gens. Prétendre cet optimisme ne suffit pas dans la mesure où nos véritables sentiments sont transmis aux gens de façons multiples et subtiles dont nous ne sommes pas forcément conscients.

Mise en œuvre

Quand et où avons-nous recours au coaching, et dans quel but ? Voici quelques-unes des raisons les plus évidentes de le faire dans le contexte professionnel :

- motivation les salariés,
- délégation,
- résolution de problèmes,
- problèmes relationnels,
- constitution d'équipe,
- entretiens personnels et évaluation,
- accomplissement de tâches,
- planification et reporting,
- recrutement,
- travail en équipe…

Cette liste est sans fin et pour chacune de ces occasions on peut utiliser une approche très structurée : la session formelle de coaching. Mais le manager ou le coach peuvent également choisir de ne conserver qu'une structure minimale et engager une relation moins formalisée – quelque chose qui, de l'extérieur, ressemblera à une conversation tout à fait normale et au cours de laquelle le terme coaching peut très bien ne pas être utilisé.

> ***Le coaching peut être utilisé de manière proactive, pendant l'accomplissement d'une tâche ou a posteriori.***

Beaucoup plus influents que l'une ou l'autre de ces méthodes, et peut-être plus importants, sont la conscience et l'usage permanents des principes essentiels du coaching à l'occasion des nombreux échanges quotidiens entre un manager et son équipe. Dans ce cas, parfois guère plus que quelques phrases – sans doute sur le mode interrogatif – nous ne décririons pas ces échanges comme du coaching. Pourtant, la tournure des phrases, leur intention et leur effet sont différents. En voici un exemple.

Exemple

Sophie travaille à l'exécution d'une tâche qui a été discutée avec son manager la semaine précédente et qu'elle a acceptée. Elle rencontre un problème et va trouver son chef :

Sophie : « J'ai fait ce que nous avions décidé mais ça ne marche pas. Manager : – Vous avez dû faire quelque chose de travers! Faites plutôt comme ceci… »

Pas la moindre trace de coaching dans cet échange. Pourtant, une alternative à ce dialogue existe, basée sur les principes du coaching :

Sophie : « J'ai fait ce que nous avions décidé mais ça ne marche pas. Manager : – Je dois aller voir Georges maintenant et j'en aurai pour quelques minutes. Voyez si vous pouvez trouver exactement d'où provient le blocage et je repasse vous voir pour vous aider à trouver une solution. »

Dix minutes plus tard, le manager revient :

Sophie : « J'ai trouvé la solution. Ça fonctionne maintenant. Manager : – Génial. Qu'est-ce que vous avez fait? Est-ce que quelque chose d'autre a été touché? Sophie : – C'était le problème et voilà comment je l'ai traité. Il n'y a pas eu d'autres conséquences, j'ai vérifié. Manager : – Ça me paraît très bien. Vous voyez ce que vous pouvez faire quand vous vous y mettez! »

> ***Le coaching peut apparaître spontanément, en une minute, ou bien au bout d'une séance d'une heure.***

Cette phrase du manager, pas une question cette fois, même si implicitement c'en est une – « Voyez si vous pouvez trouver exactement d'où provient le blocage et je repasse vous voir pour vous aider à trouver une solution » – associe les deux principes clés du coaching qui sont identifiés au chapitre 4 : ouverture d'esprit et responsabilité. Dans ce bref échange, il faut également noter que le manager n'a montré aucun signe de reproche ou d'irritation, qu'il s'est présenté comme un partenaire et a conclu en rappelant à Sophie que c'est elle qui a résolu le problème et qu'elle est plus compétente qu'elle ne le pense.

Nous devons voir le potentiel des gens plutôt que leurs performances d'hier.

Comme je l'ai déjà indiqué, il est primordial que les managers reconnaissent le potentiel de toutes les personnes qu'ils ont sous leurs ordres et les traitent en fonction de celui-ci. Il est cependant encore plus important que les gens reconnaissent eux-mêmes leur propre potentiel caché. Nous pensons tous pouvoir mieux faire dans une certaine mesure mais savons-nous vraiment de quoi nous sommes capables ? Combien de fois avons-nous entendu dire d'une personne qu'elle était capable de faire beaucoup plus qu'elle ne croyait ?

Vous trouverez ci-dessous en gras trois questions auxquelles je vous invite à répondre avant d'en lire les réponses.

Quel pourcentage du potentiel des gens se manifeste-t-il sur le lieu de travail en moyenne ?

Les différentes réponses données par les participants aux programmes de Coaching de la Performance vont de moins de 10 % à plus de 70 %, la moyenne pour chaque groupe se situant très souvent autour de 40 %.

Quelles preuves pouvez-vous avancer pour justifier ce chiffre ?

Les trois réponses qui reviennent le plus souvent sont les suivantes :

- les choses que les personnes font bien en dehors de leur travail.
- leur réaction dans une situation critique.
- les personnes savent en leur for intérieur qu'elles pourraient être beaucoup plus productives.

Quels obstacles, externes et internes, empêchent le potentiel de se réaliser ?

Les obstacles externes les plus fréquemment cités sont :

- les structures et les pratiques restrictives de l'entreprise.
- le manque d'encouragement et le peu d'occasions.
- le style de management prédominant dans l'entreprise/du supérieur hiérarchique.

L'obstacle interne universel est toujours le même bien qu'il soit exprimé de diverses manières : il s'agit de la peur de l'échec, du manque de confiance en soi, du fait de douter de soi ou de ne pas croire en soi.

J'ai toutes les raisons de penser que c'est la vérité car j'en fais l'expérience tous les jours. Dans un environnement sûr, les personnes ont tendance à dire la vérité sur elles-mêmes. Si l'on pense manquer de confiance en soi alors cela deviendra une réalité. La réponse logique serait donc de mettre en œuvre tous les efforts possibles pour encourager les employés à croire en eux, ce qui est le but du coaching ; pourtant, quand il s'agit de changer de comportements de management, nombreux sont ceux qui ne font pas preuve de la moindre once de logique. Ils préfèrent de loin espérer, rechercher, payer ou même attendre un bricolage technique ou structurel plutôt qu'adopter une amélioration humaine ou psychologique, aussi simple soit-elle. Et ce n'est pas tout.

L'objectif du coaching est de développer l'ouverture d'esprit, la responsabilité et la confiance en soi.

Pour que les autres développent leur confiance en eux, il faut renoncer au désir de les contrôler ou de leur faire croire en nos capacités supérieures. Le mieux est de les aider à nous dépasser. La première fois qu'un enfant bat ses parents à un jeu est l'un des moments forts de sa vie, c'est pour cela qu'on laisse quelquefois les enfants gagner. Nous voulons que nos enfants nous dépassent et nous sommes fiers quand ils y arrivent mais serions-nous aussi fiers de nos employés ? Nous ne pouvons qu'en bénéficier car non seulement leurs performances seront meilleures et parce que nous éprouverons également une certaine satisfaction à les voir se développer et à les y aider. Pourtant, trop souvent, nous avons peur de perdre notre emploi, notre autorité, notre crédibilité ou notre propre confiance en nous.

La confiance en soi

Nous construisons de la confiance en soi lorsque nous prenons des décisions, atteignons des objectifs et reconnaissons notre responsabilité à la fois dans nos réussites et dans nos échecs. Mais rien ne réussit aussi bien que la réussite. Il est donc indispensable que la personne coachée parvienne à atteindre les buts fixés lors de la séance de coaching, et cela sans exception. C'est aux coachs qu'il revient de comprendre et de s'assurer que la personne coachée ait bien toutes les cartes en main et dispose de la motivation nécessaire en anticipant tous les obstacles qui pourraient se présenter. Les coachs hésitent quelquefois à pousser la personne qu'il coache vers certains buts de crainte d'être perçus comme des personnes agressives. Cependant, un coaching qui n'aboutit pas à un succès et qui n'est pas jugé comme tel par la personne coachée ne fera que diminuer sa confiance en elle et aura l'effet inverse à l'objectif recherché.

Le but implicite de toute interaction de coaching est de constuire

Pour que les employés aient plus confiance en eux, il faut non seulement qu'ils accumulent les réussites mais aussi qu'ils sachent qu'ils ne les doivent qu'à eux-mêmes. Il faut également qu'ils sachent que les autres croient en eux, leur font confiance, les encouragent et les soutiennent pour qu'ils fassent leurs propres choix et prennent leurs propres décisions. Il faut donc les traiter d'égal à égal même s'ils sont plus bas dans la hiérarchie, ne pas s'adresser à eux avec condescendance, ne pas leur donner d'instructions, ne pas les ignorer, ne pas rejeter la faute sur eux si quelque chose ne se passe pas comme prévu, ne pas les menacer ou les dénigrer que ce soit en paroles ou en actes. Malheureusement, les comportements de management accumulent souvent tous ces défauts et les employés le savent et s'y attendent, ce qui annihile leur confiance en eux.

Le coaching a comme but ultime et constant le développement de la confiance des autres, quels que soient la tâche ou le problème. Si les managers gardent ce principe à l'esprit et l'appliquent avec persistance et honnêteté, ils seront étonnés par l'ampleur des améliorations dans les rapports et les performances qui en résulteront. Vous trouverez au chapitre 13 de plus amples développements sur cette relation entre le coaching et la confiance en soi.

Le coaching est une façon d'être

Le coaching n'est pas une technique dont on fait usage ici ou là et que l'on applique de façon identique dans certaines circonstances identifiées. C'est un mode de gestion, une façon d'être avec les gens. Un mode de pensée et une façon de vivre. Vivement le jour où le mot coaching disparaîtra pour de bon de notre vocabulaire tant les principes qu'il recouvre auront imprégné nos relations professionnelles et les autres.

Mais, afin d'aider à comprendre les principes fondamentaux du coaching, nous examinerons dans les chapitres qui suivent les éléments qui caractérisent les approches les plus formelles. J'espère que vous pourrez faire abstraction de cette structure à mesure que vous vous familiariserez avec le coaching et que vous en pratiquerez les principes jusqu'à vous les approprier.

2.
LE MANAGER EN POSITION DE COACH

Un manager doit être perçu comme
un soutien, non comme une
menace.

NOUS sommes d'emblée confrontés à ce paradoxe : le patron est omnipotent. De lui dépendent à la fois votre chèque mensuel, vos promotions et en dernier ressort, votre emploi. Tant que l'on reste convaincu que la carotte et le bâton sont les meilleurs moyens de motiver les employés, cela ne pose d'ailleurs aucun problème. Mais pour que le coaching fonctionne le mieux possible, les relations entre le coach et celui qui est coaché doivent être celles d'une association dans le cadre de la réalisation d'un objectif, des relations de confiance, sécurisantes et avec un minimum de pression. Le salaire, la promotion et l'emploi n'ont rien à faire ici dans la mesure où ils ne peuvent qu'inhiber cette relation.

Le manager peut-il être un coach ?

Oui, s'il sait faire preuve de grandes qualités : d'empathie, d'intégrité, d'objectivité, de détachement, ainsi que, dans la plupart des cas, d'un désir de changer fondamentalement d'approche vis-à-vis de son personnel. Disposant de peu d'exemples, il devra trouver sa propre façon de faire, et il risque même de se heurter dans un premier temps à la résistance d'une partie de ses employés, d'emblée hostiles à tout changement par rapport à la norme du management traditionnel, ou inquiets de se voir confier un surcroît de responsabilités personnelles.

On peut prévenir ce genre de réactions et les contourner grâce à un travail de coaching. Les pôles opposés du management ou de la communication auxquels nous sommes habitués sont d'un côté l'autoritarisme et de l'autre le laisser-faire et l'espoir que tout se passera au mieux.

Le management traditionnel

Effets sur le patron et l'exécutant	Le patron croit contrôler	L'exécutant se demande s'il a le choix	Les deux commencent à s'impliquer mais cela peut prendre du temps	L'exécutant se sent contraint ou bien ignoré
Comportement du patron	ordonner	persuader	partager	laisser faire

Diriger en ordonnant

Dans mon enfance, mes parents me disaient ce que je devais faire et, en cas d'incartade, j'étais privé de dessert. Au lycée, les professeurs nous assenaient leurs ordres et distribuaient les heures de colle aux contrevenants. Plus tard, à l'armée, mon sergent nous aboyait ses ordres, et je n'ai jamais expérimenté ce qui me serait arrivé en cas de refus d'obtempérer ! Quand j'ai décroché mon premier job, mon patron aussi m'a dicté ce que je devais faire. Alors, à mon premier poste de responsabilité, qu'ai-je fait avec mes subordonnés… ? Je leur ai enjoint de faire ce que j'avais décidé, puisque c'était ainsi que j'avais vu procéder tous mes modèles d'autorité. C'est vrai pour la plupart d'entre nous. Nous avons été modelés par ce système et nous sommes devenus de vrais virtuoses de la subordination !

Si l'autoritarisme a tant d'attrait, c'est que, au-delà d'être simple et rapide, il donne à celui qui dirige la sensation de contrôler les choses. Mais c'est une illusion. Le manager autocratique énerve et démotive son équipe mais personne n'ose le lui dire, personne ne lui répond. Il n'entendrait d'ailleurs aucune critique. Les membres de l'équipe affichent donc une attitude servile en présence du manager autocratique mais changent d'attitude dès qu'il tourne le dos, sont plein de ressentiment et obtiennent au mieux de piètres performances, soit qu'ils sous-utilisent leurs outils, soit même qu'ils les utilisent à contre-emploi. Le manager autocratique est donc tout sauf maître de la situation. Il se leurre lui-même.

Ce type de management soulève un autre problème, celui de la mémorisation des instructions reçues. Avec un management de type autocratique, il arrive simplement que nous ne nous souvenions pas très bien des informations qui nous ont été communiquées.

Le tableau ci-après est presque un cliché de la littérature de la formation, mais son poids est tel que je tiens à le faire figurer ici.

Il provient d'une étude initialement menée par IBM il y a un certain temps, et qui fut plus récemment reprise, avec des résultats tout aussi probants par le service des Postes britanniques. On divisa en trois sous-groupes un échantillon d'employés désignés au hasard. Chaque sous-groupe se vit demander d'effectuer une même tâche, très simple, selon trois approches différentes. Les résultats que résume le tableau sont éloquents…

Ce qui saute aux yeux, dans ce tableau, c'est la perte considérable d'efficacité qu'on enregistre lorsqu'on se borne à signifier verbalement aux employés ce qu'ils doivent faire.

Un jour, j'ai présenté ce tableau à deux moniteurs de saut en parachute qui n'enseignaient les procédures de secours que sous forme d'instructions orales. Ils en eurent la chair de poule et s'empressèrent de renforcer cette partie de leur enseignement avant que ne se produise l'irréparable !

	Instructions seulement verbales	Instructions verbales + Démonstration	Instructions, Démonstration + Expérimentation
Information retenue au bout de 3 semaines	70 %	72 %	85 %
Information retenue au bout de 3 mois	10 %	32 %	65 %

Diriger en persuadant

Reprenons le tableau de la p. 34 et déplaçons-nous vers la droite sur l'échelle – c'est le stade de la persuasion. Ici, le chef commence par nous exposer son point de vue, et s'efforce de nous convaincre de ses avantages. Comme il vaut mieux éviter de le contredire ouvertement, nous adoptons une attitude d'approbation déférente et nous exécutons les ordres – voir ci-dessus…

C'est sans doute une manière plus aimable de se faire obéir, même si cette politesse sonne un peu creux… et ça prend des allures plus démocratiques… mais l'est-ce vraiment ?

En dernier ressort, nous continuons à faire exactement ce qu'a décidé le patron, et il ne tient pas davantage compte de notre avis. Au fond, rien n'a changé.

Discuter

Progressons encore vers la droite sur l'échelle. Nous en arrivons au stade de la discussion. Ici, les ressources et le pouvoir sont véritablement répartis. Notre généreux chef accepterait même d'adopter un plan d'action légèrement différent du sien, pourvu qu'il lui semble aller globalement dans le bon sens. Voici ce qu'en dit Sir John Harvey-Jones, interviewé par David Hemery au sujet de la direction d'une équipe :

« Si mes collaborateurs souhaitent prendre une autre direction que celle que j'aurais choisie, je les suis. De toute façon, une fois les choses enclenchées, rien ne nous empêche de rectifier le tir. Je peux m'apercevoir qu'ils avaient raison, et ils peuvent se rendre compte qu'ils avaient tort et se rallier ensuite à mon idée de départ. Nous pouvons aussi convenir ensemble d'une troisième voie. Dans une entreprise, on n'arrive à rien sans l'adhésion des esprits et des cœurs ! »

Aussi attractive que soit la discussion démocratique, elle peut demander beaucoup de temps et ne produire cependant que de l'indécision.

Laisser-faire

Le pôle le plus à droite du spectre – laisser le subordonné se débrouiller tout seul – permet au manager de se consacrer à d'autres tâches et laisse au subordonné toute liberté de choix. Mais c'est une attitude aussi risquée pour l'un que pour l'autre. Le manager a abandonné toute responsabilité mais il n'en reste pas moins comptable des résultats de son secteur. Quant au subordonné, il peut commettre des erreurs dans la mesure où il n'a pas forcément connaissance de la totalité des aspects de sa tâche.

C'est parfois avec les meilleures intentions du monde que le manager prend du recul. Il souhaite pousser un subordonné à prendre davantage de responsabilités. Mais cette stratégie est rarement couronnée de succès car le subordonné se sent alors contraint de prendre des responsabilités. Il n'a pas le sentiment de le faire par choix, il ne s'approprie pas totalement la tâche qui lui incombe et ses performances ne traduiront pas le bénéfice d'automotivation que le manager avait pensé créer.

Coaching

La plupart des managers se placent eux-mêmes quelque part au milieu des deux pôles extrêmes du management. Mais le coaching se place sur un tout autre plan où il peut combiner les aspects positifs des deux extrémités sans courir les risques liés à l'une et l'autre.

Le coaching

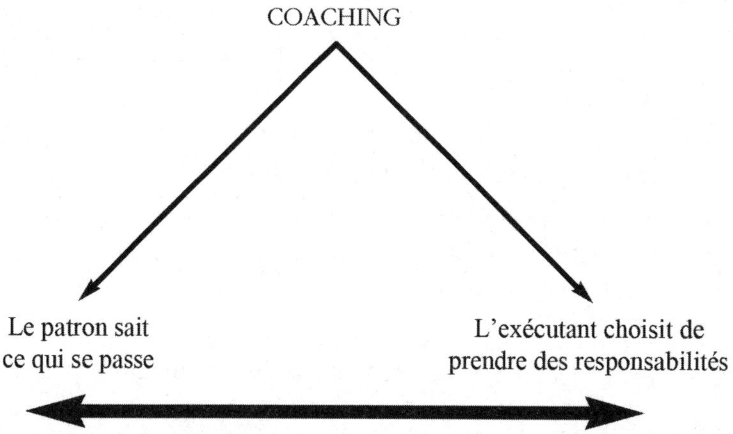

En répondant aux questions de coaching que lui pose le manager, le subordonné prend conscience de tous les aspects de sa tâche et des actions qu'elle implique. Ces éclaircissements lui permettent d'envisager la réussite de ce qu'il doit faire, et donc de choisir de prendre la responsabilité de le faire.

En écoutant les réponses à ses questions de coaching, le manager prend non seulement connaissance du plan d'action envisagé mais aussi des réflexions qui l'ont précédé. Il est alors bien mieux informé qu'il ne l'aurait été s'il avait imposé une conduite à son subordonné. Il a donc une meilleure maîtrise de ce qui se passe. Comme le dialogue et la relation de coaching ne sont pas menaçants mais représentent un soutien, il n'y a pas de changement de comportement en l'absence du manager.

Le coaching donne au manager un contrôle réel et non illusoire, et au subordonné une responsabilité réelle et non illusoire.

Le rôle du manager

Voilà qui nous amène à la question suivante : quel est le rôle du manager ? De nombreux managers se retrouvent trop souvent confrontés au jour le jour à une cascade de petits problèmes quotidiens. Ils doivent parfois remuer ciel et terre pour obtenir qu'un travail soit fait. De leur propre aveu, ils n'arrivent pas à libérer le temps qu'il faudrait pour établir une planification efficace ou un plan d'action à long terme, pour réfléchir à la concurrence, aux nouveaux produits, etc. Pire : ils n'ont pas une minute à consacrer à la formation de leurs employés ou au perfectionnement de leurs cadres. Ils les envoient donc suivre un ou deux stages de formation, en croisant les doigts pour que cela suffise... mais ils en ont rarement pour leur argent.

Le rôle d'un cadre est assez simple : faire en sorte que le travail soit réalisé et développer son équipe. Le manque de temps et la pression économique freinent ce développement. Le coaching permet d'atteindre ce double objectif.

Mais comment les managers peuvent-ils trouver le temps d'éduquer leur personnel ? C'est tellement plus facile à dire qu'à faire !

La réponse, quelque peu paradoxale, est que s'ils le font, le personnel ainsi encadré se retrouve investi d'une responsabilité bien plus grande, ce qui permet aux managers de laisser régler les problèmes les plus quotidiens, de se consacrer davantage au coaching et aux questions plus générales, qu'ils sont seuls à pouvoir résoudre.

Cet effort d'éducation des employés ne relève donc pas d'un humanisme idéaliste à sens unique. C'est une défense éclairée des intérêts de l'entreprise. Bien sûr, on peut toujours se trouver confronté à des situations d'urgence exigeant la mobilisation de tous sur les travaux en cours, sans une seconde à consacrer à autre chose, mais c'est acceptable et accepté dans une entreprise où les gens ne se sentent pas manipulés comme de simples pions.

Les managers me demandent souvent comment décider s'ils doivent coacher ou simplement donner des ordres. La réponse est assez simple.

Si le **temps** est le principal critère dans une situation donnée (par exemple, une crise immédiate), faire le travail soi-même ou bien indiquer exactement la marche à suivre à quelqu'un sera probablement la manière la plus rapide de procéder.

Si c'est la **qualité** du résultat qui compte le plus (par exemple, un artiste qui peint un chef-d'œuvre), le coaching destiné à déclencher une prise de conscience et une responsabilisation donnera probablement un meilleur résultat.

Si augmenter **l'apprentissage** est ce qui compte le plus (par exemple, un enfant qui fait ses devoirs), là c'est vraiment le coaching qui optimisera la démarche et la mémorisation des connaissances.

Souvent le temps, la qualité et l'apprentissage sont tous importants au même moment dans le milieu professionnel. Dans la plupart des entreprises, le temps prime sur la qualité et l'apprentissage vient bien loin derrière. Est-il surprenant dès lors que les managers aient autant de mal à renoncer à donner des ordres et que les performances ne représentent qu'une fraction de ce qu'elles pourraient et devraient être ?

En appliquant les principes du coaching, les cadres obtiennent tout à la fois que le travail soit mieux exécuté et que les personnels de leurs équipes s'épanouissent.

Une culture, un style de management par le coaching amènent à réaliser correctement les tâches 250 jours par an, à développer le potentiel des gens 250 jours par an et à obtenir beaucoup de confiance en soi.

Cela peut paraître trop beau pour être vrai : 250 journées par an de travail effectivement accompli et 250 journées par an de formation continue pour chaque salarié ! C'est pourtant bel et bien le résultat auquel parvient le cadre/coach.

3. LA NATURE DU CHANGEMENT

> Si nous ne changeons pas
> de direction, nous risquons de nous
> retrouver là où nous allons.

JAMAIS le monde professionnel n'a eu une telle soif de changement. L'idée que la culture traditionnelle des entreprises doit évoluer s'est imposée depuis quelques années, mais plus récemment on n'hésite pas à y rajouter la phrase « pour survivre ». Quelles en sont les causes ? Pourquoi ce qui était vrai hier ne l'est-il plus aujourd'hui ? Ne tomberions-nous pas dans le panneau du changement pour le changement ? Qu'est-ce qui nous dit que tout cela débouchera sur une réelle amélioration ? Et pour combien de temps ? Il y a de nombreuses réponses toutes faites à ces questions : nous avons déjà entrepris telle ou telle petite révolution, il n'y a pas si longtemps, et ça n'a pas changé grand-chose ! À peine en aurons-nous fini avec celle-ci, qu'il faudra changer encore… On sait ce que l'on quitte, on ne sait pas ce que l'on trouvera… ! Ne faisons rien, c'est encore une mode qui va passer.

On ne cesse d'entendre ce genre de propos. Personne n'échappe à l'angoisse devant cette inexorable montée de l'incertitude, mais ces questions soulèvent des problèmes réels, que nous devons pouvoir résoudre si nous voulons gérer efficacement les changements.

Il y a des raisons objectives qui légitiment le changement : l'assaut de la concurrence mondiale nous force à opter pour des unités plus légères, plus adaptables, plus efficaces, capables de répondre plus vite aux impulsions du marché. Les cadres se sentent parfois dépassés par les innovations technologiques – ils se retrouvent de plus en plus souvent à la tête d'équipes dont les compétences techniques sont supérieures aux leurs. L'évolution démographique, la construction de l'Europe, la globalisation, l'immigration et les multiples conséquences de l'essor d'Internet et de la communication instantanée contraignent les entreprises à modifier leurs façons de faire et leurs orientations.

Mais le défi le plus important auquel doivent faire face les entreprises est à l'évidence celui de la responsabilité légale et sociale qu'elles doivent assumer depuis qu'il est admis que le réchauffement climatique avéré trouve son origine dans l'action des hommes. Nous devons nous attendre à ce que les changements soient à l'avenir plus importants et plus soudains, et le ralentissement économique que nous traversons n'est sans doute que le moindre des maux dont nous allons souffrir. La direction que doivent suivre les entreprises et leurs succès commerciaux sont désormais, et bien plus qu'ils ne l'ont jamais été, inextricablement liés aux facteurs sociaux, psychologiques, environnementaux et économiques globaux. En outre, les attentes commerciales et financières des entreprises, ainsi que la pression accrue avec laquelle elles s'exercent, pèsent lourdement sur la culture qui les abrite, laquelle tend à faire valoir son point de vue et son pouvoir de consommateur de plus en plus violemment.

Changer pour quoi ?

Il faut donc que la culture de l'entreprise évolue – mais que doit-elle changer ? Et vers quoi doit-elle tendre ?

Si les réponses à cette question, comme à la plupart de celles que nous avons rappelées ci-dessus, sont davantage une affaire de perspectives que de consensus, il n'en reste pas moins que toute nouvelle culture d'entreprise devra favoriser de plus hauts niveaux de performances. Aucune société ne prendra en effet le risque des bouleversements associés à une telle mutation pour le seul plaisir de changer, ou simplement pour faire plaisir à ses salariés. Le changement de culture sera nécessairement conduit par une logique de performance, mais la définition de ce qu'est la performance est bien plus large aujourd'hui qu'auparavant. Les notions de compétition et de croissance perdent du terrain, alors que celles de stabilité, de durabilité et de collaboration ont de plus en plus de poids. Les entreprises et les individus qui ne changent pas leurs comportements pour passer de ce qui était acceptable hier à ce qui le sera demain ne survivront pas sur nos marchés hyper-compétitifs, hyper-segmentés et hyper-instables. Lorsque les opportunités de promotions et d'augmentations de salaire se raréfient dans la plupart des secteurs d'activité, comment une entreprise peut-elle conserver, gérer et motiver ses collaborateurs ?

Des expressions comme « notre ressource la plus importante, ce sont nos collaborateurs », « nous devons déléguer davantage de pouvoir à tous les niveaux », « libérons les potentiels de talent », « simplifions la structure et accroissons les responsabilités de chacun » ou encore « obtenons le meilleur de nos salariés » sont devenues des clichés. Leur sens est le même aujourd'hui qu'à l'époque où elles sont apparues, mais trop souvent elles sonnent creux. Elles font partie du domaine du discours bien plus que de celui de l'action.

Quant à lui, le coaching pour la performance réalise ce qu'il dit – c'est un moyen d'obtenir une performance optimale – mais il n'en demande pas moins une évolution fondamentale des attitudes, du comportement managérial et des structures d'organisation. Il donne de la matière à ces phrases un peu creuses que nous venons de rappeler.

Un nouvel état d'esprit

La plupart des entreprises avec lesquelles je travaille me contactent parce qu'elles sont engagées dans un processus de changement radical – ou, en tout cas, parce qu'elles le souhaitent. Elles ont compris que si elles veulent améliorer leurs performances, leur encadrement doit adopter un style de management fondé sur le coaching.

Ces entreprises ont réalisé que le coaching est le style de management caractéristique d'une culture transformée. Que c'est l'évolution du dirigisme classique vers le coaching qui entraînera celle de la culture d'entreprise tout entière. La hiérarchie cède la place au soutien, le blâme à l'évaluation objective, les facteurs externes de motivation à l'automotivation. Les barrières tombent à mesure que des équipes sont constituées, le changement n'est plus craint mais souhaité, la satisfaction de son patron se confond avec celle du client. La politique du secret et de la censure fait place à celle de l'ouverture et de l'honnêteté, la pression devient stimulation et la réactivité à court terme est remplacée par une visée stratégique à long terme. Ce sont quelques exemples des caractéristiques de la nouvelle culture des entreprises, mais chacune développera sa propre combinaison et ses priorités.

Implication

Nous assistons pourtant à l'émergence d'un nouvel élément, plus subtil, et si diffus qu'il peut échapper à certains.

La base exige désormais de participer à la prise des décisions qui affectent sa vie – au travail, dans ses loisirs, au niveau local, national, voire mondial. Il s'agit d'un véritable éveil des consciences. Les autorités traditionnelles – institutions, gouvernements – dont on se contentait naguère d'appliquer les décisions, sont à présent remises en question par les médias, les groupes de pression ou les individus concernés, qui vont parfois jusqu'à exiger qu'ils en rendent compte. C'est précisément ce qui s'est produit dans l'ex-bloc communiste, et ce qui a provoqué sa chute.

Il est aujourd'hui plus facile que jamais de se faire entendre. On voit se fissurer les murailles des citadelles réputées les plus imprenables, dont la respectabilité était la plus établie. Ceux qui ont quelque chose à cacher se barricadent et montrent les dents, mais pour la plupart, nous avons tout à gagner à ce changement, même s'il entraîne par ailleurs bon nombre d'incertitudes. Et peu importe qu'on voie dans cet éveil des consciences une évolution nécessaire ou la simple conséquence du rétrécissement de notre monde, immergé dans l'océan de la communication électronique. C'est désormais une réalité avec laquelle il faut compter.

De la contrainte au choix

Cette volonté d'être plus impliqué et d'avoir le choix s'inscrit au sein d'un changement plus large qui s'opère dans toute la société et que l'on décrit souvent comme le passage de la « contrainte » au « choix ». Qu'est-ce que cela veut dire en pratique? Prenons un exemple pour clarifier notre propos.

Nous recevons tous des publicités et des demandes d'organisations caritatives que nous ne voulons pas, qui nous encombrent et que nous considérons comme un empiètement sur notre liberté. Certains en reçoivent plus que d'autres et certains les détestent encore plus que les autres. Comme vous l'avez peut-être deviné, je fais partie de cette dernière catégorie. L'apparition d'Internet nous a permis d'obtenir ce que nous voulions quand nous le voulions et d'avoir par conséquent plus de choix.

En théorie, nous allons chercher sur Internet ce que nous voulons au lieu de devoir jeter à la poubelle ce que l'on met dans notre boîte aux lettres. Si seulement c'était aussi simple! Quand je consulte ma messagerie ou que je fais une recherche sur Internet, je m'aperçois souvent que mes ennemis ont une longueur d'avance et me bombardent de publicités diverses avant même que j'ai pu attraper la souris.

J'ai connu l'époque où nous n'avions que deux chaînes de télévision en Grande-Bretagne. Aujourd'hui, nous avons l'embarras du choix, nous pouvons choisir parmi des centaines de chaînes et même dans certains cas choisir la caméra pour suivre un événement sportif. C'est un autre exemple de cette mutation, mais même si nous avons réussi à imposer de pouvoir choisir ce que nous voulons regarder, nous devons toujours supporter des publicités agressives et non sollicitées.

La même mutation est en train de s'opérer dans le monde du management. Autrefois, on pouvait dire ou pousser les gens à faire ce que l'on voulait mais cela a changé et les gens exigent aujourd'hui d'être traités différemment. Ce n'est pas un pas en arrière comme certains rétrogrades acharnés voudraient nous le faire croire mais une mutation de la conscience de notre société collective que nous devons accueillir avec bienveillance car elle porte en elle la promesse de performances futures améliorées. Au plus profond d'eux-mêmes, les gens veulent avoir le choix et endosser des responsabilités, ce à quoi ils parviennent souvent. Cependant, même si les cadres parlent sans arrêt de responsabiliser les autres, ils font toujours preuve du même comportement.

Être responsable c'est avoir le choix et le choix implique d'être libre. Les gens commencent à reconnaître que c'est non seulement ce qu'ils recherchent mais qu'ils peuvent l'obtenir beaucoup plus facilement qu'ils ne le craignaient au sein de nos structures sociales complexes. Au lieu de se sentir menacés, les managers devraient prendre conscience qu'ils peuvent en profiter pour responsabiliser les autres pour qu'à leur tour ils donnent le meilleur d'eux-mêmes. De cette façon, tout le monde y gagne.

La culture de la sanction

On parle beaucoup aujourd'hui dans les entreprises de faire disparaître la « culture de la sanction » – mais on ne fait pratiquement rien dans ce sens. La sanction est la maladie endémique des entreprises, elle renforce une philosophie dirigiste. Le concept de sanction renvoie à l'histoire, à la peur et au passé. Nous avons au contraire besoin de nous mobiliser sur l'ambition, l'espoir et l'avenir. La peur d'être sanctionné ne supprime pas seulement la prise du moindre des risques, elle empêche également le repérage et la prise en compte objective des dysfonctionnements d'un système. Et les mesures correctives appropriées ne peuvent pas être prises sans ce feed-back essentiel. Une évolution en profondeur de la culture d'entreprise est donc impossible si la logique de la sanction n'est pas éradiquée. Pourtant, la plupart des entreprises, et la plupart des gens, auront beaucoup de mal à se départir de cette logique.

Une culture de la sanction met les gens sur la défensive, ce qui réduit leur ouverture d'esprit.

Le stress

Mais il existe une autre bonne raison d'augmenter le niveau de responsabilité des salariés. Aux États-Unis, le stress lié au travail atteindrait des niveaux critiques. Une enquête récemment menée par un institut d'études indépendant de Minneapolis a révélé que, quel que soit le contexte économique, la cause principale de la dépression professionnelle était toujours le manque de contrôle personnel que les employés avaient sur leur travail. En soi, ce fait suggère un urgent besoin de changement, le besoin d'une culture d'entreprise qui favorise la prise en charge individuelle du travail.

Mais pourquoi cette prise en charge personnelle est-elle si fortement corrélée au problème du stress ? L'estime de soi est la force vive de toute personnalité. Si on la fait disparaître, ou si on l'amoindrit, c'est la personne elle-même qu'on affaiblit. Le stress naît dans ces périodes de suppression de l'estime de soi. Donner à quelqu'un la possibilité de choisir et de contrôler son travail à chaque fois que cela est possible marque donc que l'on reconnaît et que l'on valide ses capacités et l'estime qu'elle se porte à elle-même. De ce fait, le stress est éliminé.

La peur du changement

Toutefois, pour bien des gens, c'est la peur du changement qui prédomine. Cela n'a rien de surprenant, quand on sait à quel point nous sommes désarmés lorsqu'il s'agit de préparer nos enfants au monde qui sera le leur. Leur univers sera sûrement très différent de ce que nous avons connu, et rien ne nous permet de préjuger de ce qu'il sera. Peut-être devons-nous nous contenter de leur transmettre les qualités de souplesse et de flexibilité qui leur permettront de s'y adapter.

Le changement ordinaire

Nos grands-parents n'avaient pas ce problème. Ce qu'ils ont appris à leurs enfants est resté en grande partie valable pendant toute leur vie. Ils ont pour la plupart bénéficié d'un contexte économique stable et, même si certains changements sociaux commençaient à se dessiner, la stabilité restait globalement la norme. C'est dans cet esprit de permanence que nous avons grandi, mais nous devons à présent nous adapter à des conditions qui semblent rien moins qu'éternelles ! Nos petits-enfants ne connaîtront sans doute jamais la stabilité telle que nous l'avons connue, mais comme ils auront grandi dans le changement, ils n'auront plus qu'à faire l'effort de s'adapter aux sauts de rythme de ce changement. C'est à notre génération qu'il revient d'assimiler l'idée que le changement est désormais la règle et d'en finir avec cette illusion de stabilité dont nous nous sommes trop longtemps bercés.

Dans un monde où tout ce que nous connaissons fluctue sans cesse, l'acceptation totale de la responsabilité personnelle devient une condition physique et psychologique vitale pour notre survie.

4.
LA NATURE DU COACHING

L'essence du bon coaching consiste
à renforcer l'**ouverture d'esprit** et
la **responsabilité**.

CERTAINS lecteurs se disent peut-être que je m'éloigne de mon sujet et que le rôle du manager et le contexte des grands changements actuels ne sont que des questions très accessoires… Ils ont tort. Car c'est le contexte même de la pédagogie. Si vous vous méprenez sur l'importance de ces problèmes, le coaching ne sera qu'un gadget de plus dans votre panoplie de bricoleur. On peut toujours amener quelqu'un à résoudre un problème ou à acquérir une nouvelle compétence en appliquant consciencieusement les méthodes et les procédures pédagogiques que décrit cet ouvrage, sans se préoccuper des principes qui les sous-tendent. Ce type d'intervention peut se révéler efficace, dans une certaine mesure, mais il n'atteindra jamais le summum des résultats potentiels.

C'est ainsi qu'ont débuté certains des meilleurs coachs. Je me rappelle en particulier un moniteur de ski que nous avons formé. Il n'était pas prêt à adopter les aspects les plus profonds de notre démarche. Il avait un comportement autocratique, dogmatique et parfois manipulateur, mais en appliquant systématiquement notre méthode à son apprentissage technique, il a obtenu des résultats qui l'ont ensuite convaincu que proposer à l'apprenant de choisir entre plusieurs options ouvrait la voie vers un potentiel insoupçonné.

Sa philosophie sur les pistes et hors des pistes a considérablement évolué. Non content d'être à présent l'auteur d'un manuel d'« autocoaching », pour l'apprentissage du ski et d'avoir conçu ce qui est, à mon sens, le meilleur système pédagogique pour ce sport, il est devenu l'un des plus grands experts du coaching dans le secteur des ventes.

Accroître l'ouverture d'esprit

L'**ouverture d'esprit** est le premier élément clé du coaching. Elle résulte de l'attention, de la concentration et de la clarté d'esprit. Être disponible, c'est être conscient de son environnement, être attentif par l'observation ou l'interprétation de ce que l'on voit, de ce que l'on entend, de ce que l'on ressent.

Tout comme pour notre acuité visuelle ou auditive, qui peut être faible ou excellente, il existe une infinité de degrés de perception de la réalité, mais à la différence de la vue et de l'ouïe, pour lesquelles le niveau moyen est plutôt bon, notre degré de perception ordinaire de la réalité est généralement bas. Une loupe ou un appareil auditif peuvent améliorer nos performances sensorielles, mais c'est par la pratique de l'attention qu'on peut affiner sa capacité de concentration et de perception mentale – sans dévaliser la pharmacie du coin !

> ***Je ne suis capable de contrôler que ce dont j'ai conscience. Ce qui échappe à ma perception me contrôle. C'est pourquoi l'ouverture d'esprit renforce mon pouvoir.***

Toute amélioration de nos capacités d'attention entraîne une nette clarification de notre perception des choses, comme le ferait une loupe.

L'observation de la réalité sur notre lieu de travail implique bien sûr des perceptions visuelles et auditives, mais pas exclusivement. Elle comprend surtout la collecte et la perception claire, fidèle, des informations et des faits pertinents, ainsi que l'aptitude à déterminer ce qui est pertinent. Cette faculté d'observation inclura la compréhension des systèmes, des dynamiques, des liens entre les choses et les gens, et de façon incontournable, un sens aigu de la psychologie humaine. Elle s'étend aussi à la conscience de soi, en particulier pour reconnaître quand et comment nos émotions et nos désirs viennent déformer notre perception de la réalité.

L'ouverture d'esprit permet la compétence

Dans l'acquisition des aptitudes physiques, la conscience des sensations corporelles joue un rôle crucial. Le meilleur moyen pour un athlète d'améliorer ses compétences physiques individuelles est d'affiner la perception interne qu'il a de son corps, pendant tel ou tel mouvement. Ce point essentiel passe au- dessus de la tête d'une majorité d'entraîneurs, qui persistent à imposer leurs vues techniques de l'extérieur. Lorsqu'un joueur focalise sa conscience kinesthésique sur un mouvement, les déséquilibres qu'il perçoit dans ce mouvement et les tensions qui nuisent à son efficacité sont rapidement atténués puis éliminés. Le résultat en est un style plus fluide et plus économique, qui se rapproche effectivement de la « technique » que prônent les livres, mais avec l'avantage essentiel que cette technique personnalisée est plus finement adaptée au système corporel spécifique de cet athlète – et non au corps anonyme, standard, qu'envisagent les livres.

> ***Il n'y a pas deux esprits, ni deux corps identiques. Comment pourrais-je vous donner les moyens d'utiliser les vôtres au meilleur de leurs capacités ? Vous seul pouvez le découvrir, en restant disponible.***

Un professeur, un formateur, ou un manager aura tendance à apprendre aux autres à faire les choses comme on lui a appris à le faire, ou comme elles « doivent » être faites selon telle ou telle méthode ou tel ou tel manuel. En d'autres termes, il enseigne sa façon de faire à son élève ou à son subordonné et perpétue ainsi certaines habitudes. L'apprentissage et l'utilisation d'une méthode « classique » pour faire les choses produisent initialement de bons résultats, mais les préférences et les caractéristiques de la personnalité de chacun sont inhibées, ce qui rend la vie plus facile au professeur, qu'il soit enseignant ou cadre.

Cela renforce également la dépendance envers l'expert, ce qui à son tour conforte l'ego du manager et son illusion de pouvoir.

> ***S'il n'existait qu'une façon juste de faire, Fosbury n'aurait jamais inventé une nouvelle façon de sauter en hauteur et Björn Borg n'aurait sans doute jamais gagné Wimbledon.***

L'alternative que propose le coaching en accroissant l'ouverture d'esprit permet aux attributs uniques de l'intellect et du corps de chacun de s'exprimer et de se développer tout en renforçant la capacité de s'améliorer par soi-même ainsi que la confiance en soi pour le faire. Le coaching renforce l'autonomie, l'estime de soi et la responsabilisation. Mais le coaching ne consiste pas à dire « voilà les outils, débrouillez-vous ». Notre niveau moyen d'ouverture d'esprit est en effet relativement faible. Livrés à nous-mêmes, nous aurions sans doute besoin d'une vie entière pour réinventer la roue et/ou développer des méthodes tout juste efficaces qui se transformeraient sans doute en mauvaises habitudes. Aussi, accroître l'ouverture d'esprit de chacun est une fonction essentielle du coach – au moins jusqu'à ce que nous puissions développer des techniques d'autocoaching susceptibles de permettre une amélioration et des découvertes permanentes.

Ce dont nous avons besoin pour accroître notre ouverture d'esprit est très variable.

Chaque activité met en œuvre diverses parties de nous-mêmes. Le sport est principalement physique, mais certains sports exigent en outre une grande attention visuelle. La musique demande une sensibilité auditive exacerbée, la sculpture ou la prestidigitation exigent un grand sens tactile. La vie dans une entreprise fait surtout appel à nos capacités mentales, mais pas seulement.

Ne vous laissez pas décourager par toutes ces considérations préliminaires sur la focalisation de l'attention et la perception de la réalité. On peut rapidement améliorer ses performances dans ce domaine grâce à un entraînement simple et au coaching.

Voici deux définitions qui vous faciliteront la tâche :

- percevoir la réalité (attention lucide), c'est savoir ce qui se passe autour de soi,
- affiner la conscience de soi (perception interne), c'est mieux percevoir ce qui passe en soi.

Input

Un autre mot qui peut aider à mieux saisir ce que nous entendons par « ouverture d'esprit » est « input ». Toute activité humaine peut être réduite à la séquence : input – process – output.

Par exemple, lorsque vous vous rendez en voiture à votre travail, l'input est représenté par les conditions de circulation, les rues, la météo, les variations de vitesse, le bruit du moteur de votre voiture, le confort, la tension ou la fatigue que vous ressentez. Vous pouvez accueillir positivement cet input, ou bien le rejeter, le percevoir dans ses moindres détails ou ne vous rendre compte que de ses éléments principaux.

Vous pouvez être absolument conscient de votre conduite ou absorber inconsciemment tous les éléments d'input nécessaires à votre sécurité tout en écoutant votre émission favorite à la radio. Quoi qu'il en soit, vous recevez cet input. Les meilleurs conducteurs percevront une plus grande quantité d'input, ou un input de meilleure qualité, qui leur fournira des informations plus précises et plus détaillées. Converties en actions (process), elles produiront un output adapté : vitesse et direction du véhicule.

Quelles que soient vos qualités au niveau du process, la qualité de votre output dépendra de la qualité et de la quantité de l'input. Accroître l'ouverture d'esprit, c'est donc aguerrir la perception de nos récepteurs d'input, adapter nos sens mais aussi faire fonctionner nos méninges.

Bien qu'une ouverture d'esprit élevée soit essentielle à de bonnes performances, nous sommes dotés d'un mécanisme qui recherche constamment à l'abaisser à un niveau tout juste suffisant pour se débrouiller. Même si cela semble dommage, c'est en fait essentiel si nous ne voulons pas crouler sous les informations inutiles. L'inconvénient c'est que si nous n'accroissons pas notre ouverture d'esprit et celle de ceux avec qui nous travaillons, nous n'aurons qu'un output minimal. Un bon coach saura augmenter et maintenir l'ouverture d'esprit au niveau approprié et ce dans tous les domaines nécessaires.

> ***Une attention plus élevée que la normale conduit à des performances plus élevées que la normale.***

Dans nos séminaires, nous définissons cette ouverture d'esprit comme de **l'input adapté de haute qualité.** Nous pourrions ajouter le terme **« autogénéré »** à cette définition, mais cela va en quelque sorte de soi dans la mesure où l'input ne saurait être de bonne qualité s'il n'était autogénéré. Le fait même d'être engagé dans une activité augmente cette qualité. Par exemple, si je vous dis « les fleurs du jardin sont rouges », cela représente un input extrêmement faible comparé à celui que vous obtenez si je vous demande « de quelle couleur sont les fleurs du jardin ? » et que vous êtes obligé d'aller voir par vous-même. Mais il serait encore meilleur que je vous demande de me décrire les tons de rouge de ces fleurs.

> ***Un feedback ou un input de qualité entraînera naturellement une capacité accrue à changer.***

Dans un cas, nous avons une image standard, dans l'autre une explosion infinie de la vie à travers une myriade de tons de rouge à un moment précis de la journée. Chaque minute qui passe verra cette image évoluer à mesure que le soleil se déplacera, et ne sera jamais identique à la précédente. C'est la raison pour laquelle l'input autogénéré est infiniment plus riche, plus direct et plus réel.

Un autre mot encore peut servir à caractériser l'ouverture d'esprit : c'est le feedback. Feedback de l'environnement, de votre corps, de vos actions, des outils et des instruments que vous utilisez par opposition au feedback venant des autres personnes.

La responsabilité

La **responsabilité** est l'autre concept clé, l'autre objectif du coaching. Dans le chapitre précédent, j'ai abordé la question du rapport entre l'évolution de la culture d'entreprise et le besoin croissant de rendre compte et de responsabilisation, collectivement comme individuellement. La responsabilité est déterminante si l'on veut améliorer ses performances. Lorsque nous choisissons d'accepter ou de prendre la pleine responsabilité de nos actes, nous nous sentons davantage impliqués et nos performances s'améliorent. En revanche, lorsque nous sommes contraints d'accepter ou de prendre cette responsabilité et si nous ne sommes pas totalement décidés à le faire, nos résultats ne s'améliorent pas. Certes, nous pouvons réaliser le travail qui nous est demandé, en particulier parce qu'il y a une sorte de menace implicite si nous ne le faisons pas, mais travailler sous la contrainte n'est pas fait pour améliorer les performances. La pleine et entière responsabilité est une question de choix. Examinons quelques exemples.

> ***Si je vous donne un conseil et que vous échouez, vous m'en tiendrez pour responsable. J'ai échangé mon conseil contre votre responsabilité et c'est rarement une bonne chose.***

La sanction

Si je vous donne un conseil, en particulier un conseil que vous n'avez pas sollicité, que vous le suiviez et que vous n'obteniez pas le résultat escompté, que ferez-vous ? Vous me critiquerez bien sûr, ce qui est une indication précise de l'idée que vous vous faites de la responsabilité. L'échec pourrait même être attribué autant à votre manque de mainmise sur le problème qu'à mon mauvais conseil. Dans le monde professionnel, lorsque le conseil est un ordre, ce niveau de propriété sur ses actions est au plus bas et cela peut conduire au ressentiment, aux manœuvres insidieuses de sabotage, voire à l'adhésion systématique aux thèses inverses. *Vous ne m'avez pas laissé le choix ; vous avez attaqué la confiance que j'avais en moi ; je ne peux pas la retrouver pleinement à travers des actions dont je ne me sens pas totalement responsable, aussi suis-je prêt à prendre la responsabilité d'une action qui pourra vous nuire. Bien entendu, cette position pourra également m'être préjudiciable, mais au moins me serais-je retrouvé moi-même !* Si cette argumentation (inconsciente) vous paraît exagérée, laissez-moi vous dire qu'il y a des millions de salariés aux prises avec des supérieurs incompétents qui la font quotidiennement.

Voici un autre exemple de la différence entre le niveau normal ou imposé de responsabilité et celle que l'on choisit ou que l'on accepte.

Le choix

Imaginez un groupe d'ouvriers du secteur du bâtiment :

– Fred, va chercher une échelle. Il y a en a une dans l'appentis.

Que fait Fred s'il ne trouve pas l'échelle ? Il revient et dit : « je n'ai pas trouvé l'échelle ».

En revanche, la question aurait pu être tournée de la façon suivante : « Nous avons besoin d'une échelle. Il y en a une dans l'appentis. Qui veut aller la chercher ? »

Fred se propose : « moi, je veux bien ». Mais en ne la trouvant pas dans l'appentis, que va-t-il faire ? Il va chercher ailleurs. Pourquoi ? Parce qu'il se sent responsable. Il veut réussir. Il trouvera une échelle pour lui-même, pour sa propre satisfaction. La formulation différente du problème initial lui a donné le choix, et il y a répondu positivement.

L'un de nos clients avait eu des problèmes récurrents de mauvaises relations professionnelles. Pour améliorer les choses, j'ai organisé une série de stages de formation pour les agents de maîtrise et les contremaîtres. Bien que la rumeur sur ces stages était plutôt positive quant à leur intérêt, ceux qui étaient appelés à y participer étaient invariablement soupçonneux, sur la défensive, réticents même. Je me rendis compte que leur mode de fonctionnement consistait à prendre systématiquement le contre-pied de ce que leur hiérarchie leur demandait de faire. Comme celle-ci leur avait demandé d'assister à ce stage, ils allaient également s'opposer à ce projet.

Pour sortir de cette impasse, je leur demandais dans quelle mesure ils avaient eu le choix d'assister à ce séminaire.

– Nous n'avons eu aucun choix, répondirent-ils de concert.
– Eh bien, vous avez le choix maintenant, leur répondis-je. Vous vous êtes acquittés de votre devoir d'obéissance envers votre entreprise puisque vous êtes ici. Bravo ! Maintenant, vous avez vraiment le choix. Que voulez-vous faire pendant les deux jours que va durer ce stage ? Vous pouvez apprendre beaucoup de choses, vous pouvez continuer à montrer votre opposition, vous pouvez ne pas prêter attention à ce que je dirai, vous pouvez vous occuper à toute autre chose. Écrivez, ce que vous souhaitez faire. Vous pourrez ne pas la montrer ou en faire profiter votre voisin. Quant à moi, je n'ai pas besoin de le savoir et je n'irai pas raconter à votre patron ce que vous avez ou n'avez pas fait. C'est votre choix »

Le coaching permet d'améliorer les points suivants : confiance en soi, motivation, choix, clarté, engagement, ouverture d'esprit, responsabilité et action.

L'ambiance changea brusquement. Il y eut comme un soupir collectif de soulagement, mais aussi un regain d'énergie et la plupart des stagiaires participèrent activement au séminaire. Le choix et la responsabilité peuvent faire merveille.

Ces exemples simples montrent bien à quel point le choix est important pour optimiser les performances. Cette amélioration n'est possible que si l'individu se sent responsable. Imposer cette responsabilité ne permet pas de faire en sorte que ceux à qui on l'impose se sentent vraiment responsables. Ils peuvent craindre l'échec et se sentir coupables d'échouer, mais ce sentiment n'a rien à voir avec celui de la responsabilité. Ce sentiment de responsabilité émane du choix, lequel n'est possible qu'en réponse à une question. Nous aborderons au chapitre suivant la façon dont on doit construire les questions dans le cadre du coaching.

Ouverture d'esprit et responsabilité

Quelle que soit l'activité considérée, l'**ouverture d'esprit** et la **responsabilité** sont deux qualités essentielles à l'efficacité. Pour son livre *Sporting Excellence*, David Hemery interrogea soixante-trois des meilleurs sportifs du monde, dans plus de vingt disciplines. Les réponses accusaient des variations considérables dans les autres domaines, mais tous s'accordaient à citer l'acuité de perception et la capacité de prise en charge comme les deux facteurs psychologiques les plus déterminants. Et quand on sait que notre attitude mentale est un facteur clé qui influe directement sur nos performances, quelle que soit la tâche envisagée, on saisit toute l'importance de cette information.

Le rôle de l'esprit est la clef du coaching

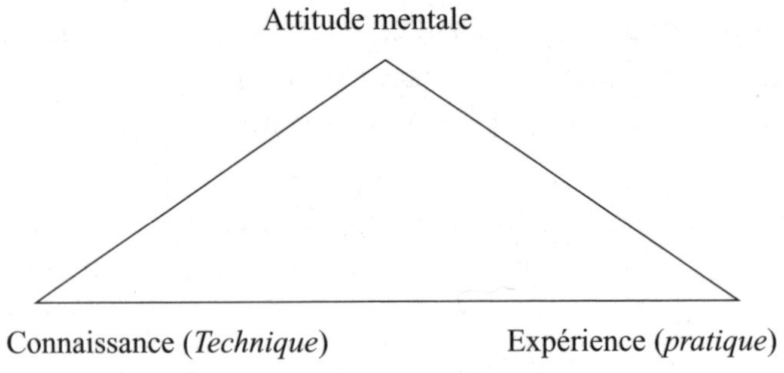

Tout se joue dans nos têtes

> ***Le mental ouvre toutes les portes, mais comment ouvre-t-on la porte du mental ?***

David Hemery demanda aussi aux sportifs de son enquête d'évaluer le rôle du mental dans leur pratique sportive : « Le verdict fut unanime et s'exprima en des termes aussi catégoriques que "total", "immense", "tout le jeu en dépend", "c'est avec la tête qu'on joue", "tout se passe là-dedans", ou "c'est la source de tous nos mouvements corporels !" – la plus timide des réponses étant : "Le mental joue un rôle égal à celui du corps". »

Pour être efficace dans son travail, il en va de même. L'attitude mentale est un facteur clé.

La technique et la forme physique sont en quelque sorte des équivalents sportifs des compétences et de l'expérience professionnelles. Mais ni l'une, ni l'autre ne vous garantissent une place sur le podium et nombre de champions ont même prouvé qu'elles ne sont pas toujours indispensables. L'essentiel, c'est d'avoir l'esprit du gagnant.

Un mental de vainqueur

Il y a une décennie, les entraîneurs tâchaient de développer chez les sportifs une efficacité technique et physique adaptée à leur discipline. L'importance suprême du mental n'était pas si unanimement reconnue. On considérait qu'un bon moral était un atout inné, et que les entraîneurs n'y pouvaient pas grand-chose. Erreur ! Ils influent considérablement sur le moral des sportifs par leurs méthodes autocratiques et leur obsession de la technique (mais de façon involontaire et le plus souvent négative !).

Les entraîneurs déniaient à leurs athlètes toute autonomie, en leur dictant mot pour mot ce qu'ils devaient faire. Ils niaient leurs capacités perceptives, en leur dictant ce qu'ils voyaient, ce qu'ils ressentaient. Ils accaparaient toutes les responsabilités et décourageaient les athlètes d'affiner leurs perceptions. C'est encore le cas de certains entraîneurs, comme de certains managers. Ils contribuent aux limitations de leurs équipes, tout comme à leurs succès. Mais comme il arrive qu'ils continuent à obtenir de ceux qu'ils dirigent des résultats convenables, rien ne les pousse à explorer d'autres façons de faire. Ils ne soupçonnent même pas ce qu'ils pourraient accomplir en changeant de méthode.

> ***Un coaching destiné à améliorer l'ouverture d'esprit et la responsabilité sert à court terme à mener une tâche à bien ou à long terme à améliorer sa qualité de vie.***

La pratique sportive a énormément évolué, ces dernières années. La plupart des grandes équipes emploient des psychologues sportifs qui s'occupent de l'entraînement mental des joueurs. Mais si on persiste, par ailleurs, à appliquer de vieilles méthodes d'enseignement, l'entraînement est condamné à défaire d'une main ce que le psychologue construit de l'autre. La meilleure manière de développer et d'entretenir une bonne attitude mentale, est de favoriser la perception et l'autonomie de façon continue, dans la pratique quotidienne comme dans le processus d'acquisition technique. Ce qui implique de changer d'approche pédagogique et d'abandonner l'enseignement magistral pour un véritable coaching, une véritable pédagogie de la responsabilité.

Un coach n'est ni un enseignant, ni un instructeur, ni un contrôleur, ni même un expert. Son rôle n'est pas de résoudre vos problèmes ni de prendre les décisions à votre place, mais plutôt de vous renvoyer un écho de votre propre démarche, de vous conseiller en vous stimulant dans votre prise de conscience, d'éveiller votre sens critique et votre perception – bref, de vous rendre les choses plus faciles.

Les qualités d'un coach

Nous demandons aux participants à nos séminaires de dresser la liste des qualités du coach idéal. Voici une liste type qui a globalement mon adhésion :

- patience,
- objectivité, détachement,
- attitude positive et encourageante,
- intérêt pour l'interlocuteur,
- capacité d'écoute,
- qualités de perception,
- vigilance,
- conscience claire de soi-même,
- qualités de mémoire et d'attention.

Nos stagiaires citent aussi parfois les qualités suivantes :
- compétences techniques.
- savoir,
- expérience,
- crédibilité,
- autorité.

Le coach en tant qu'expert

Je suis plus dubitatif quant à cette deuxième liste. Je me demande si un bon coach a vraiment besoin de posséder une longue expérience et une connaissance technique approfondie du domaine concerné. Il me semble que non. En tout cas, pas s'il intervient en toute bonne foi comme un « accoucheur » objectif, un catalyseur de prise de conscience. Mais si le coach lui-même n'adhère pas totalement aux principes qu'il prétend appliquer – c'est-à-dire développer le potentiel propre du coaché et sa capacité de prise en charge autonome de son travail – il peut effectivement penser qu'il aura besoin de connaître à fond le sujet pour pouvoir intervenir. Il ne s'agit pas de nier la valeur d'un conseil d'expert, mais chaque fois qu'un coach fait intervenir ses compétences techniques, c'est un pas en arrière pour la responsabilisation du coaché. Les coachs les moins efficaces ont tendance à abuser de leurs connaissances, ce qui réduit la portée de leur travail.

Les pièges du savoir

On pourrait croire que le coach idéal doit réunir de grandes compétences techniques et une longue expérience dans le domaine du coaching, mais il est souvent très difficile à un spécialiste de faire abstraction de ses connaissances pour intervenir avec le détachement nécessaire. J'aimerais illustrer ceci d'un exemple tiré du tennis. Une année, nos stages de tennis, victimes de leur succès, croulèrent sous l'affluence des participants, au point que nous n'eûmes bientôt plus sous la main un seul coach de tennis. Nous avons donc fait venir deux de nos coachs de ski, et nous les avons déguisés en moniteurs de tennis, avant de les lâcher sur les courts, dûment munis de leur raquette – en échange de la promesse de ne se servir de cet instrument sous aucun prétexte !

Nous ne fûmes pas autrement surpris de constater que leur travail de coach était d'une valeur sensiblement égale à celle du travail de leurs collègues. Ils avaient même fait mieux dans certains cas et, après réflexion, nous en avons compris la raison. Les coachs de tennis jugeaient les « fautes » de leurs joueurs selon des critères techniques, alors que les coachs de ski, incapables de reconnaître techniquement ces fautes, considéraient avant tout l'efficacité motrice de leurs stagiaires. L'inefficacité corporelle provient d'un manque de confiance en soi et des failles de la conscience du corps. Les coachs de ski dépistaient donc les problèmes à leur source, alors que les spécialistes du tennis s'arrêtaient à leurs symptômes – les fautes techniques. Nous avons dû ensuite approfondir le travail avec les coachs de tennis pour qu'ils apprennent à se détacher davantage de leur point de vue d'expert.

Travailler en amont

Envisageons maintenant le problème sous l'angle de l'entreprise. La directrice d'un service avait remarqué que la communication passait mal entre l'un de ses subordonnés et ses collègues d'un autre service. Elle savait que la solution serait de demander à ce collaborateur d'envoyer chaque semaine un mémo récapitulatif, mais elle savait aussi que ce mémo ne serait jamais correctement rédigé tant que cette personne souffrirait de ce blocage qui l'empêchait d'établir un vrai dialogue. Elle ne se contenta donc pas de lui imposer cette tâche. Elle entreprit avec lui tout un travail de fond, pour lui faire prendre conscience de sa résistance et l'aider à en venir à bout. Le blocage de la transmission des informations n'était que le symptôme. La vraie cause était le problème de communication de ce collaborateur.

On ne peut résoudre un problème qu'en l'attaquant en amont du point où il se manifeste.

Le manager – expert au coach ?

Un expert peut toujours devenir un bon coach, moyennant un certain effort de détachement. D'ailleurs, les managers sont généralement des experts, puisque tous les autres aspects de leur métier exigent d'eux de grandes compétences techniques dans de nombreux domaines.

Imaginez cependant le cas d'un chef de service dans une entreprise dont une partie du fonctionnement passerait sous gestion informatique. Si c'est un bon coach, il n'aura aucun mal à guider son équipe dans son apprentissage du nouveau logiciel, que ce dernier lui soit ou non familier. Grâce à ce travail de coaching, il balayera tous les doutes qui pouvaient planer dans son service sur ses capacités de leader. Il pourra prendre efficacement les commandes. Plus le travail de l'équipe qu'il dirige exige une haute technicité, plus il est précieux pour un manager de pouvoir compter sur ses compétences de coach.

> ***Notre potentiel n'est réalisé qu'en optimisant nos capacités propres et uniques, jamais en les calquant sur l'opinion qu'aurait un tiers de ce que serait la meilleure façon de faire.***

5.
LES BONNES QUESTIONS

Imposer quelque chose ou poser des questions fermées évite aux gens d'avoir à réfléchir. Poser des questions ouvertes les oblige à penser par eux-mêmes.

DANS le chapitre précédent, il est devenu clair que ce sont les questions qui suscitent le mieux l'**ouverture d'esprit** et la **responsabilité**. Il serait simple que n'importe quelle question produise cet effet, mais ce n'est pas le cas. Nous devons donc à présent examiner la pertinence de plusieurs types possibles de questions. Pour le faire, j'utiliserai une analogie sportive simple. Tout le monde sait que le conseil le plus fréquemment entendu sur le bord des cours de tennis est de « regarder sa balle ».

Dans de nombreux sports, il est en effet extrêmement important de regarder sa balle, mais ce simple conseil suffit-il à obtenir que chacun le fasse ? Non, évidemment, sinon nous serions tous bien meilleurs que nous ne le sommes au tennis. Un joueur de golf frappe sa balle plus fort et plus droit s'il est détendu, mais l'injonction « détends-toi » aura-t-elle sur lui cet effet ? Non, et elle aura même probablement l'effet inverse.

Si enjoindre quelqu'un de faire ce qu'il a besoin de faire ne produit pas l'effet escompté, qu'est-ce qui le pourra ? Essayons donc une question.

– **Est-ce que tu regardes la balle ?** Comment pourrions-nous répondre à cette question ? De façon défensive peut-être, et même en mentant un peu comme à l'école, lorsque le professeur nous demandait si nous écoutions attentivement.
– **Pourquoi est-ce que tu ne regardes pas la balle ?** Notre réponse à cette question risque d'être encore plus défensive – ou peut-être plus analytique. « Mais je le fais », « je ne sais pas », « je me concentrais sur ma prise de raquette » ou, de façon plus probable encore « parce que tu me déconcentres et que tu me rends nerveux ».

Toutes ces questions ne sont pas très efficaces, mais examinez au contraire celles qui suivent :
– Dans quel sens tourne la balle quand elle passe le filet ?
– À quelle hauteur vient-elle de passer le filet ?
– Sur ce coup, tournait-elle plus vite avant le rebond ou après ? Et pour les autres coups ?
– À quelle distance est-elle de l'adversaire quand tu peux commencer à voir dans quel sens elle tourne ?

Ces questions sont d'un tout autre ordre. Elles ont quatre effets importants par rapport aux autres questions ou aux injonctions :

Ce type de questions impose au joueur de regarder la balle. Il lui est impossible d'y répondre s'il ne le fait pas.

Le joueur devra être particulièrement concentré sur la balle pour pouvoir répondre correctement à ces questions, ce qui fournira une meilleure qualité d'input.

Les réponses que l'on cherche à obtenir sont descriptives. Elles ne font pas appel au jugement. Il n'y a donc pas de risque d'autocritique ou de perte de confiance en soi.

Ces questions permettent au coach d'obtenir un feed-back, et de vérifier ainsi la pertinence des réponses du joueur, donc sa concentration.

C'est à se demander pourquoi tant d'entraîneurs persistent à marteler des injonctions comme « regarde ta balle ! ». J'y vois deux raisons : d'une part, ils n'ont jamais vraiment cherché à savoir si cela était efficace ou non parce que l'on a toujours fait comme ça. D'autre part, ils sont davantage préoccupés par ce qu'ils disent que par l'effet que cela peut avoir sur leurs joueurs.

Le cœur du coaching

J'ai fait cette longue digression sur l'action apparemment toute simple qui consiste à regarder sa balle pour illustrer par une analogie ce qui est en fait le cœur même du coaching. Nous devons comprendre l'effet que nous cherchons à produire – l'**ouverture d'esprit** et la **responsabilité** – et ce que nous avons fait ou dit pour le produire. Ne faire que demander ce que nous cherchons à obtenir est inutile – nous devons poser les bonnes questions.

> ***Le coaching permet de se concentrer, de fixer son attention et son observation d'une manière proactive.***

Dans l'entreprise, des questions similaires permettent d'augmenter l'attention portée à tel ou tel domaine et à clarifier des situations : « où en est notre stock ? », « qu'est-ce qui vous pose le plus de problèmes ? », « quand l'ingénieur arrivera-t-il ? », « en quoi ce changement de prix affectera-t-il nos clients les plus récents ? ». Ces questions sont directives, spécifiques et elles appellent des réponses également spécifiques.

Ces exemples ont probablement suffi à vous convaincre que l'**ouverture d'esprit** et la **responsabilité** sont bien mieux sollicitées en posant des questions qu'en les exigeant. Il s'ensuit que la forme première d'interaction verbale que doit utiliser un bon coach est la forme interrogative. Nous devons donc maintenant étudier comment construire les types de questions les plus efficaces.

À quoi servent les questions ?

La plupart du temps, quand on pose une question, c'est pour obtenir une information. Je peux par exemple demander tel renseignement qui me manque pour résoudre tel problème. Je peux aussi le demander pour suggérer un conseil ou une solution à quelqu'un d'autre. Mais dans l'intervention pédagogique, les réponses sont d'importance secondaire. L'information demandée n'a pas forcément besoin d'être fournie de façon exhaustive, puisqu'elle n'est pas destinée à l'usage personnel du coach.

La seule chose qu'il lui importe de vérifier, c'est que le coaché, lui, dispose bien des informations nécessaires.

Les réponses du coaché indiquent à son pédagogue la ligne stratégique que devront adopter les questions suivantes, tout en lui permettant de déterminer si le coaché est lancé dans une voie productive et si ce qu'il fait correspond bien au but fixé ou aux objectifs généraux de l'entreprise.

Des questions ouvertes

Nous devons enfin préférer les **questions ouvertes**, qui appellent des réponses descriptives détaillées et favorisent l'observation objective, aux **questions fermées**, trop absolues, qui appellent des réponses oui/non qui n'encouragent pas le coaché à pousser plus loin son exploration du sujet. Les questions ouvertes amènent bien plus sûrement le coaché à développer son **ouverture d'esprit** et sa **responsabilité** dans le processus de coaching.

Les mots interrogatifs

Les questions les plus efficaces pour améliorer l'ouverture d'esprit et la responsabilité d'un élève commencent par des interrogatifs de quantification, qui incitent à déterminer une certaine quantité – QUOI, QUAND, QUI, COMBIEN ?

POURQUOI est à éviter, car il peut impliquer une critique voilée et provoquer une réaction d'autodéfense. Les questions introduites par POURQUOI et COMMENT, si elles ne sont pas judicieusement précisées, provoquent un raisonnement analytique qui peut s'avérer nocif pour la performance.

L'analyse (l'interprétation) et la perception (l'observation) sont deux modes mentaux tout à fait distincts, presque incompatibles et impossibles à mettre simultanément en œuvre avec une efficacité optimale. Si l'on veut obtenir un relevé précis des faits, mieux vaut suspendre temporairement leur interprétation et l'analyse de leurs conséquences. Il vaut mieux remplacer POURQUOI par une formule telle que « Quelles sont les raisons qui ont fait que… ? » et COMMENT par « Quels sont les moyens de », périphrases qui appellent des réponses plus spécifiques, plus concrètes et plus proches des faits.

Vers un niveau de détail toujours plus fin

Il vaut mieux commencer par des questions générales et les affiner peu à peu en demandant toujours plus de détails. Cette progression vers un niveau de détail plus élevé aiguise l'attention et l'intérêt du coaché.

Observez un échantillon de tapis. Quand vous en aurez examiné le poil, la couleur, le relief, le motif, en relevant peut-être, ici ou là, une tache ou un petit défaut, l'échantillon n'aura plus grand intérêt pour vous. Votre attention vagabondera, en quête d'un autre sujet d'investigation. Mais si vous approchez une loupe de votre échantillon, vous pourrez l'observer avec plus de précision et pendant plus longtemps. Un microscope ferait de votre bout de moquette tout un univers de formes, de couleurs, de textures et de bestioles qui pourraient vous occuper l'œil et l'esprit pendant des heures.

Il en va de même dans le domaine de l'entreprise. Le coach doit affiner ses questions ou les approfondir en demandant un degré de précision toujours plus grand, s'il veut éviter que l'attention de son élève ne se disperse et s'il veut lui faire prendre conscience de certains facteurs partiellement latents mais qui peuvent se révéler importants.

Les zones d'intérêt

Comment le coach peut-il juger de l'importance relative de tel ou tel aspect d'un problème, surtout dans un domaine où il ne dispose pas de compétences particulières ? Le grand principe est de calquer sa stratégie d'interrogation sur les zones d'intérêt du coaché et sur sa démarche mentale – et non pas sur celles du coach. Si le coach essaie de canaliser cette dynamique en l'orientant dans un sens ou dans un autre, il amoindrit le sentiment de responsabilisation du coaché. Mais que faire si ce dernier s'égare dans des considérations très accessoires, ou sort carrément du sujet ? Lui faire confiance. Il s'en rendra compte spontanément.

Si vous l'empêchez d'examiner des éléments qui éveillent son intérêt, ils risquent de happer son attention, provoquant des distorsions et des perturbations de toutes sortes, non seulement lors de la séance de coaching, mais aussi durant l'application de son plan d'action. Lorsque le coaché aura fait le tour des questions qui retenaient son intérêt et son attention, il lui sera bien plus facile de se concentrer sur ce qui lui apparaîtra comme l'action à entreprendre. Paradoxalement, il peut aussi s'avérer fructueux de s'attarder sur tous les aspects que le coaché semble vouloir contourner. Pour éviter de porter atteinte au sentiment de responsabilisation du coaché, ou à sa confiance en soi, on aura intérêt à sonder cette faille à l'aide d'une remarque suivie d'une question : « Il me semble que vous n'avez fait aucune allusion à... Avez-vous une raison particulière de ne pas le mentionner ? »

Les points aveugles

Les joueurs de golf et de tennis mettront sans doute à profit le corollaire sportif de ce principe : l'entraîneur peut demander à son élève de désigner la partie de son coup droit ou de son revers qu'il a le plus de mal à sentir, celle dont il a la perception la moins claire. On peut parier que ce « point aveugle » masque un défaut ou un déséquilibre du mouvement. Ensuite, lorsque le coach parviendra à stimuler chez son élève la perception qu'il a de cette zone, sa conscience du mouvement se rétablira et le rééquilibrage se fera spontanément, sans apport technique extérieur. On ne compte plus les propriétés curatives de la prise de conscience !

Les questions directives

Certains coachs médiocres se rabattent sur les questions directives, reconnaissant ainsi, de fait, qu'ils ne croient pas à ce qu'ils prétendent appliquer. Le coaché le sent immédiatement, ce qui réduit d'autant la confiance qu'il peut avoir dans le coach, et la valeur de son travail. Il vaut bien mieux que le coach dise sans détour au coaché qu'il a une suggestion à lui proposer, sans essayer de l'entraîner dans une certaine direction par des questions orientées ou d'autres moyens relevant de la manipulation. Évitons aussi toute question qui implique une critique. Par exemple : « Mais qu'est-ce qui vous a pris de faire ça !!! ? »

La question : « Y a-t-il d'autres problèmes ? » appelle une réponse négative.

La question « Quels autres problèmes peuvent se présenter ? » pousse en revanche à aller plus loin.

Être attentif aux réponses

Le coach doit accorder la plus grande attention aux réponses qui lui sont faites. S'il n'écoute que d'une oreille, il perdra la confiance de son élève, ainsi que le fil directeur de ses questions. Cet enchaînement doit se faire tout naturellement, de manière quasi immédiate. Les questions que l'on prépare mentalement avant de les poser ont un effet perturbateur sur le dialogue. Elles s'écartent du cheminement mental du coaché. Si le coach pense à la question suivante au lieu d'écouter sa réponse, le coaché se rendra compte qu'il ne lui prête qu'une oreille distraite. Il vaut nettement mieux écouter la réponse jusqu'au bout, et prendre ensuite le temps de réflexion nécessaire pour penser à la question suivante.

Savoir écouter est un talent rare. À l'école, on se borne à nous dire d'écouter. Notre capacité d'écoute ne fait l'objet d'aucun entraînement et d'aucun travail spécifique. C'est pourtant une compétence essentielle, qui exige pratique et concentration. Nous sommes pour la plupart capables d'écouter un bulletin d'information ou nos émissions préférées à la radio. Car c'est l'intérêt qui capte l'attention. Peut-être devrions-nous commencer par apprendre à nous intéresser aux autres... Mais quel plaisir, lorsqu'on écoute vraiment, et que l'on se sent écouté !

Entendons-nous vraiment ce que nous écoutons ? Voyons-nous vraiment ce que nous regardons ? Nous nous dupons nous-mêmes et nous dupons nos interlocuteurs si nous n'entendons pas vraiment ce qu'ils nous disent, et si nous ne maintenons pas le contact visuel avec eux. Mais nous cédons souvent à l'obsession que nous avons de nos propres pensées et de nos propres opinions. Nous sommes parfois animés d'une envie quasi compulsive de parler, surtout quand nous assumons des fonctions de conseil. J'ai entendu dire que, puisque nous avons deux oreilles et une seule bouche, nous devrions écouter deux fois plus que nous parlons ! Il semble bien que la compétence la plus précieuse et la plus difficile à acquérir, pour un coach, soit précisément l'art de se taire...

Le ton

Pourquoi faut-il écouter, et surtout que faut-il écouter ? Il faut se rendre réceptif au ton de la voix de l'interlocuteur, aux émotions qu'elle véhicule. Un débit monotone traduit généralement une idée ressassée, ancrée de longue date dans son esprit, alors qu'un ton animé indique l'éveil, l'émergence d'idées nouvelles. Le choix des mots peut être lui aussi très révélateur. Remarquez-vous une prédominance de certains termes ? Négatifs, conventionnels, puérils ? Tout cela permet au coach de mieux comprendre son élève et de l'aider plus efficacement.

Le langage du corps

Il revêt une importance primordiale et il faut « l'écouter » avec autant d'attention que l'on écoute le message verbal. Non pour faire des remarques insidieuses, mais pour poser les bonnes questions. Une posture projetée en avant exprime l'intérêt du locuteur pour ce qui se dit. Une tendance à se cacher la bouche de la main en parlant est révélatrice d'un état anxieux ou d'un manque de confiance en soi. Des bras qui se croisent sur la poitrine trahissent une résistance ou une certaine méfiance, tandis qu'une attitude d'ouverture et de disponibilité corporelle est signe de souplesse et de réceptivité.

Ces exemples me suffiront pour suggérer que si le langage corporel contredit le langage verbal, c'est généralement le corps qu'il faut croire.

Renvoyer un écho fidèle

Voilà donc pour l'écoute et l'observation attentive, qui, alliées à une conscience claire de ce qui se passe en lui-même, permettent au coach de mieux percevoir le message que lui transmet le coaché et de savoir exactement où il va. Il ne lui reste plus qu'à lui renvoyer un écho fidèle en récapitulant de temps à autre ce qui a été dit. C'est le meilleur moyen de s'assurer que le message a été correctement transmis, de rassurer le coaché sur l'attention qu'on porte à ses paroles et de lui permettre de vérifier que ce qu'il a dit traduisait bien sa pensée. Pour cette raison et pour bien d'autres que nous développerons plus loin, le coach aura tout intérêt à prendre des notes.

La conscience de soi

Le coach devra bien sûr rester en contact étroit avec sa propre réalité intérieure, pour pouvoir, au fil du dialogue, contrôler ses réactions, émotions ou opinions, y compris ses réactions par rapport à lui-même, sans oublier que son passé et ses préjugés (qui n'en a pas ?) peuvent à tout moment interférer avec l'objectivité de son écoute.

Le transfert

Parmi ces distorsions psychologiques, citons les mécanismes de projection et de transfert, que toute personne amenée à enseigner ou à diriger doit apprendre à dépister et à contrôler en soi. La projection, c'est le fait de discerner préférentiellement en autrui des traits positifs ou négatifs de son propre caractère. Le transfert est la réactivation de schémas affectifs et comportementaux initialement développés dans l'enfance envers d'importantes figures du passé (les parents, principalement) dans le cadre de relations actuelles.

Dans la vie professionnelle, le transfert d'autorité est la forme la plus classique de ce mécanisme. En fait, tout rapport hiérarchique tel que la relation manager/subordonné ou coach/élève provoque l'émergence de sentiments inconscients chez les deux parties. Beaucoup de gens ont tendance à abdiquer toute responsabilité face aux figures d'autorité – « Il sait, il détient la solution de tous les problèmes, il a plus d'expérience, etc. » – et adoptent un comportement régressif ou enfantin. Cela fait parfaitement l'affaire des managers autocrates qui ne demandent qu'à dominer et à exercer leur autorité, mais absolument pas celle du coach qui préfère stimuler chez son élève le sens de la responsabilité individuelle.

La rébellion et le sabotage du travail sont des réactions de transfert inconscientes. Lorsque la direction ne laisse aucune marge de décision aux employés, les transferts individuels agissent comme des catalyseurs de la frustration collective et des sentiments d'aliénation du personnel. Chez un grand constructeur automobile, on prenait le pouls du climat social sur les chaînes de montage au nombre de pièces correctes retrouvées dans les poubelles… !

Le contre-transfert

Le mécanisme du transfert peut aussi se compliquer. Lorsque par exemple le tenant de l'autorité, coach ou manager, réagit lui-même inconsciemment en fonction de sa propre histoire au transfert qu'il provoque chez son interlocuteur, en perpétuant la relation de dépendance ou de révolte. C'est le contre-transfert. Un bon manager ou un bon coach doit pouvoir reconnaître cette tendance en lui-même, afin de compenser ses effets perturbateurs en renforçant délibérément le pouvoir de son élève ou de son subordonné. S'il néglige de le faire, les distorsions qu'engendrent les mécanismes inconscients finissent par empoisonner les relations et, à long terme, risquent de saper l'ensemble de son travail de management.

Les questions du coach nécessitent une attention soutenue si l'on veut y répondre, aiguisent la concentration afin d'augmenter la précision des réponses et créent un mécanisme de feed-back. Donner des ordres ne permet rien de tout cela.

Questions utiles

Voici quelques questions que je trouve toujours particulièrement utiles quand je coache quelqu'un. En fonction de votre propre expérience, vous pouvez en avoir d'autres. Elles doivent avant tout être authentiques.

La question « Quelque chose à ajouter ? » posée après la plupart des réponses donnera lieu à un approfondissement. Un silence, qui permet également au coach de réfléchir, donnera le même résultat.

La question « Si vous connaissiez la réponse, quelle serait-elle ? » n'est pas aussi stupide qu'il y paraît car elle permet à la personne coachée de se projeter au-delà du blocage :

- Quelles en seraient les conséquences pour vous ou pour les autres ?
- Quels critères utilisez-vous ?
- Quel est l'élément le plus dur/difficile pour vous ?
- Quel conseil donneriez-vous à un ami dans votre situation ?
- Imaginez que vous discutiez avec la personne la plus sage que vous connaissiez et à laquelle vous pouvez penser. Que pourrait-elle vous dire ?
- Je ne sais pas quel sujet aborder maintenant. Que feriez-vous ?
- Que gagneriez/perdriez-vous en faisant/disant cela ?
- Si quelqu'un vous disait/faisait cela, que ressentiriez/penseriez/feriez-vous ?

6.
L'ENCHAÎNEMENT DES QUESTIONS

Objectifs, Réalité, Options, Actions.

Nous avons donc défini le rôle essentiel que jouent l'**ouverture d'esprit** et la **responsabilité** dans l'acquisition de compétences nouvelles et l'amélioration des performances. Le schéma ci-dessous illustre les nombreuses ramifications et la diversité d'aspects des avantages que l'on peut tirer de la mise en œuvre de ces concepts. Chaque succession de flèches descendantes représente une séquence d'effets induits.

Nous avons également décrit le contexte du coaching, les rapports coach/manager, la culture d'entreprise et la nécessité de s'adapter au changement. Nous avons exploré le rôle et l'attitude du coach et nous avons montré que les questions constituaient la base du dialogue qui s'établit entre lui et son élève. Voyons à présent quelles sont les questions à poser et dans quel ordre.

Dialogue informel ou structuré ?

Le coaching peut se faire de façon non structurée, sous forme d'échanges verbaux informels que le coaché pourrait très bien ne pas reconnaître comme du coaching. Les techniques de coaching font merveille dans le fonctionnement quotidien, par exemple lors d'un briefing ou d'un compte rendu de mission, mais dans ce cas, ce n'est que du management. Cela cesse d'être un outil de management pour s'intégrer dans le fonctionnement quotidien de l'entreprise, ce qui est, à mon sens, l'utilisation la plus efficace du coaching. À l'inverse, on peut aussi envisager une session de coaching parfaitement planifiée et structurée, avec un sujet et un objectif bien déterminés. De ces deux formes de travail, similaires dans leur principe, la première est la plus courante, mais il faut décrire en détail la seconde dont les étapes sont précisément différenciées.

Coaching individuel

Pour plus de clarté, je m'en tiendrai à l'exemple d'une séance de coaching entre deux personnes ; mais il va de soi que les principes s'appliquent de la même façon dans le cas d'une séance collective ou dans le cadre de l'autocoaching. Nous reviendrons plus longuement sur ces deux derniers cas de figure. Une séance de coaching peut concerner deux personnes de même niveau hiérarchique, un manager et son subordonné, un professeur et son élève, celui qui demande conseil et son conseiller, etc. Mais la relation coach/élève peut s'établir en sens contraire, de façon généralement implicite – entre un employé et son chef, par exemple – et avec de bien meilleures chances de succès que si le subordonné se borne à signifier à son supérieur ce qu'il voudrait qu'il fasse !

Le processus « grow »

En anglais les initiales des quatre mots clés GOAL, REALITY, OPTIONS et WILL composent opportunément le mot GROW (progresser), dont je me servirai par la suite, pour son intérêt mnémotechnique.

Voici les quatre rubriques à traiter, dans l'enchaînement des questions :

- définition d'un OBJECTIF (*Goal*) pour la session, à court et à long terme.
- examen approfondi et objectif de la RÉALITÉ (*Reality*) et exploration de la situation présente.
- recherche des OPTIONS (*Options*) possibles.
- PLAN D'ACTION : que faire (*Will*) en définissant QUI devra faire QUOI, QUAND et en évaluant le pourcentage de chances pour que cette tâche soit effectivement accomplie, etc.

Cet enchaînement suppose qu'il est préférable de passer par chacune de ces quatre rubriques, ce qui est d'ailleurs en général le cas lorsqu'un problème est abordé pour la première fois. Souvent, toutefois, le coaching sera utilisé dans le cadre de tâches ou de processus qui auront déjà été discutés et qui sont déjà en cours de réalisation. Dans ce cas, le coaching peut démarrer et s'achever avec n'importe laquelle de ces quatre rubriques.

Il peut paraître étrange de fixer des **objectifs** avant d'examiner la **réalité**. La logique semble nous suggérer l'opposé, dans la mesure où nous avons à l'évidence besoin de cerner la réalité d'une situation avant de fixer quelque objectif que ce soit. Eh bien, ce n'est pas exact. Les objectifs fondés seulement sur la réalité constatée risquent d'être négatifs (une simple réponse à un problème) limités par les performances du passé, peu créatifs parce qu'uniquement conçus comme des extrapolations de la situation actuelle, de moindre ambitions par rapport à ce qui est effectivement réalisable, voire contre-productifs. Des objectifs fixés à court terme peuvent même nous éloigner d'objectifs à plus long terme. Mon expérience en matière de définition d'objectifs à l'occasion de session de formation au travail en équipe m'a appris que l'on cherche systématiquement à fixer des objectifs en fonction de ce qui a déjà été accompli et non en fonction de ce qui pourrait l'être dans le futur. Dans bien des cas, les équipes n'essaient même pas d'envisager ce qui pourrait être possible.

Les objectifs fixés par rapport à une solution idéale à long terme, et en définissant de façon réaliste les étapes successives pouvant mener à la réalisation de cet idéal, sont en général bien plus porteurs, créatifs et motivants. Laissez-moi illustrer ce point déterminant par un exemple. Si nous souhaitons résoudre un problème d'embouteillage sur une route importante en fixant des objectifs « réalistes avant tout », il est probable que nous aboutirions à des solutions qui consistent à faciliter le trafic actuel, par exemple en élargissant la route. Ce type de solutions peut en fait aller à l'encontre d'un objectif à long terme qui serait plus ambitieux : identifier le modèle idéal de trafic au niveau régional dans un avenir déterminé puis identifier les différentes étapes nécessaires à l'accomplissement de ce modèle.

C'est la raison pour laquelle je conseille, dans la plupart des circonstances, d'en passer par l'enchaînement des quatre rubriques que je viens de décrire.

Au-delà du processus « GROW »

Je tiens cependant à souligner qu'appliqué en dehors d'un travail spécifique d'ouverture d'esprit et de responsabilisation, ce processus « GROW » ne présente en soi que peu d'intérêt. La philosophie du management regorge de ces formules mnémotechniques qu'on présente parfois comme des panacées – ce qu'elles ne sont certes pas. Elles ne prennent leur sens que dans certains contextes déterminés et celui de GROW est la vigilance consciente et la responsabilisation.

Imaginez un chef qui dirait à ses employés :

« Ce mois-ci, mon **objectif** est de vendre mille zinzins. La **réalité** c'est que vous n'avez pas été très brillants le mois dernier, puisque vous n'en avez placé que quatre cents – bande de cossards que vous êtes ! Notre concurrent a mis sur le marché un meilleur produit, c'est donc à vous de rattraper le coup et de vous décarcasser un peu. J'ai parfaitement étudié toutes les **options** qui s'offrent à nous. Pas question de revoir notre packaging ni d'augmenter notre budget de publicité. Voilà donc le **plan d'action** que je veux vous voir appliquer… »

Ce chef a effectivement suivi à la lettre le modèle GROW, mais sans poser une seule question. Il n'a stimulé aucune prise de conscience chez ses employés et, bien qu'il soit persuadé du contraire, il ne les a absolument pas encouragés à prendre en charge leur travail, puisqu'il ne leur a laissé aucune possibilité de choix.

Les procédés utilisés par un coach, un conseiller, un psychothérapeute ou un gourou sont similaires : ils visent à développer l'ouverture d'esprit et la responsabilité de ceux qu'ils conseillent.

Contexte et flexibilité

Si vous devez vous souvenir d'un seul des principes de cet ouvrage, je préfère de très loin que ce soit celui de l'**ouverture d'esprit** et de la **responsabilité**. Il y a tout de même un grand avantage à appliquer la méthode GROW dans votre travail de coaching – c'est qu'elle marche !

Il convient toutefois de la réadapter en fonction des circonstances. Il est par exemple des cas où l'on ne pourra qu'esquisser l'**objectif** tant qu'on n'aura pas examiné en détail la **réalité**, il faudra donc revenir en arrière pour repréciser l'objectif avant de continuer.

Même un **objectif** initialement défini avec le plus grand soin peut s'avérer erroné ou inadéquat, à la lumière du travail destiné à mieux percevoir la **réalité**.

En établissant la liste des **options**, il faut confronter chacune d'elles à l'**objectif** que vous vous êtes fixé, en vous demandant si elle vous permettra bien de vous en rapprocher. Enfin, quand vous avez déterminé votre **plan d'action** – quoi faire, quand ? – vous devez impérativement effectuer une dernière vérification globale pour vous assurer qu'il sert bien le but que vous vous êtes fixé.

Examinons maintenant chacune de ces phases, en précisant, pour chaque étape, les questions les plus propres à stimuler l'**ouverture d'esprit** et la **responsabilité**.

7. FIXER L'OBJECTIF

Mes résultats sont meilleurs quand je veux faire quelque chose que quand je dois le faire. « Je veux » pour moi, « je dois » pour l'autre. L'automotivation est une question de choix.

LE sujet a été abondamment traité dans une foule d'ouvrages et il n'est pas indispensable de revenir sur les objectifs, leur intérêt et la façon dont il convient de les définir. Ces questions suffiraient d'ailleurs à remplir un livre ! J'espère toutefois que les spécialistes de ce domaine me pardonneront de souligner rapidement quelques aspects du processus qui revêtent une importance particulière dans le coaching.

L'objectif pour la séance

Il faut toujours commencer une séance de travail en se fixant un ou plusieurs objectifs. Si c'est le coaché qui a demandé la réunion, c'est à lui de définir ce qu'il en attend. Et si la séance se tient à l'initiative du coach ou du manager, pour résoudre un problème précis qu'il énoncera, il peut aussi demander au coaché s'il veut obtenir autre chose de cette séance. Des questions telles que :

- Qu'attendez-vous de cette séance ?

- J'ai trente minutes à vous consacrer – où souhaitez-vous avoir abouti, au terme de cette demi-heure ?
- Que pourrions-nous faire d'utile, pendant cette réunion ?

Provoqueront des réponses telles que :
- Un plan d'action pour le mois prochain.
- J'aimerais avoir une idée claire des deux prochaines étapes du travail et obtenir votre accord là dessus.
- Une décision sur la direction à prendre.
- Je voudrais mieux saisir les données du problème.
- Fixons ensemble un budget pour ce travail.

L'objectif général

Venons-en à l'objectif ou aux objectifs à fixer pour les questions en cours, et commençons par bien établir la différence entre objectifs globaux et partiels.

Un objectif global – ultime – devenir le leader du marché, décrocher le poste de directeur des ventes ou la médaille d'or aux prochains J.O. – est rarement sous votre contrôle absolu, puisque vous ne pouvez pas savoir d'avance ce que feront vos concurrents, et que cela ne dépend pas de vous.

Un objectif de performance – Vous fixer un objectif de performance, c'est déterminer le niveau de résultat qui devrait vous assurer de bonnes chances d'atteindre ce but ultime. L'objectif de performance est en majeure partie sous votre contrôle et il vous permet de mesurer vos progrès. Citons pour exemple d'objectif de performance : « Faire en sorte que 95 % de notre production passent les contrôles de qualité du premier coup » ; « Vendre cent bidules le mois prochain », ou « Courir le 400 m en moins d'une minute à la fin de septembre. » Il est toujours plus facile de se fixer un but de performance, qui est à votre portée, qu'un but global, qui ne l'est pas. Chaque fois que c'est possible, on a toujours intérêt à assortir les buts globaux d'objectifs de performance. Le but global donne l'élan et la dynamique d'ensemble, mais l'objectif de performance permet de déterminer des normes de travail et de s'y tenir.

L'importance essentielle des objectifs de performance

Aux Jeux Olympiques de 1968, on attendait sur le podium du saut en longueur le Gallois Lynn Davies, médaille d'or aux Jeux précédents, avec Igor Terovanesian, un champion russe et l'Américain Ralph Boston. Lorsque surgit un outsider américain, Bob Beamon qui, dès les premiers essais porta soixante centimètres plus loin le record du monde. Comme ce record n'avait progressé que d'une quinzaine de centimètres en trente-deux ans, l'exploit relevait du prodige. Davies, Boston et Terovanesian en furent totalement démoralisés. Boston et Terovanesian réalisèrent quinze centimètres de moins que leur record personnel et se classèrent troisième et quatrième. Quant à Davies, il sauta trente centimètres de moins. Il reconnut par la suite que s'il s'était fixé un objectif de performance ou un record personnel à battre, sur lequel il aurait focalisé toute son énergie, au lieu de se laisser obnubiler par la médaille d'or, il aurait remporté la médaille d'argent. J'imagine à quel point ont pu être démoralisés les nageurs qui, 40 ans plus tard, en Chine, ont assisté à la razzia phénoménale de 11 médailles d'or par Michael Phelps.

Avoir des objectifs de performance ne suffit pourtant pas, et d'autres éléments rentrent en jeu. Prenons par exemple Rebecca Stevens, la première femme britannique à avoir réussi l'ascension de l'Everest. Elle donne des conférences sur ses exploits dans des entreprises mais également dans des écoles. Il est à parier qu'après avoir assisté à l'une de ses conférences, plus d'un écolier est revenu à la maison en suppliant ses parents de l'emmener faire de l'escalade. « J'escaladerai l'Everest » peut être considéré comme une affirmation enfantine mais c'est également un rêve personnel, une vision qui pousse à agir. Quelquefois, il suffit que l'on nous pose une bonne question pour que nous nous rappelions ce qui nous a inspirés au départ et poursuivions le but que nous nous sommes fixé. Nous pourrions appeler cela un objectif rêvé.

Après avoir escaladé pendant de nombreuses années, Rebecca Stevens avait atteint un niveau suffisant pour que l'ascension de l'Everest apparaisse comme un objectif raisonnable, si tant est que l'on puisse considérer comme raisonnable une telle entreprise ! Cependant, elle avait encore un énorme travail de préparation, d'entraînement et d'acclimatation à effectuer. Si elle n'avait pas été prête à s'investir à fond dans ce processus, l'Everest serait resté à l'état de rêve pour elle. « Jusqu'où êtes-vous prêt à vous investir dans le processus ? » est une question que je pose souvent dans la phase de définition des objectifs de chaque activité. Je l'appelle le processus ou même l'objectif de travail.

L'appropriation des objectifs

Évidemment, les chefs d'entreprise sont toujours libres de fixer eux-mêmes les objectifs à atteindre. Mais ils se contentent trop souvent de transmettre ces objectifs le long de la chaîne hiérarchique comme autant d'impératifs catégoriques imposés d'en haut. C'est un déni de la responsabilisation de ceux à qui l'on demande d'atteindre ces objectifs, et leurs résultats en souffrent inévitablement. Un directeur avisé préfère garder un certain détachement vis-à-vis de ses propres buts s'il veut motiver son état-major. Chaque fois que c'est possible, il encourage ses collaborateurs à fixer eux-mêmes leurs objectifs. Mais même si votre grand chef ne suit pas cette sage stratégie, même s'il tient à vous imposer des objectifs pour tel travail, tout n'est pas perdu, puisque votre directeur de production peut encore laisser à son personnel la responsabilité et la liberté de déterminer la manière dont sera organisé le travail, qui s'en chargera et quand.

Le coaching pour faciliter l'appropriation

Même dans le cas d'un objectif absolument impératif, on peut toujours laisser à ses subordonnés une certaine latitude. Je parlais récemment de l'entraînement au maniement des armes à feu avec une équipe d'officiers de police. Quelle latitude laisser aux « élèves » quant aux règles de sécurité, qui ne souffrent pas la moindre entorse, lors du maniement de ces armes ? Je leur suggérai qu'au lieu de leur faire étudier les règles sur le terrain, ils pourraient organiser une table ronde où les juniors proposeraient leur propre série de règles de sécurité. Il y a toutes les chances pour que leur liste recoupe largement les articles du règlement officiel. Et si elles s'en écartent sur certains points, le coach peut, avec un minimum d'intervention, leur faire explorer ce qui a provoqué cette variation. Ce travail permettrait aux juniors de mieux cerner l'intérêt du règlement de sécurité et donc de mieux l'appliquer.

L'objectif de qui ?

Ne sous-estimons jamais le poids de la liberté de choix et de la responsabilisation, en termes d'automotivation. Par exemple, si une équipe de vente présente un objectif inférieur à ce que souhaite son chef, ce dernier devrait soigneusement évaluer les conséquences de son acte avant d'imposer son propre chiffre. Tout bien pesé, il se pourrait qu'il ait intérêt à ravaler son amour-propre et à adopter le chiffre avancé par ses subordonnés. Un chiffre imposé d'en haut peut finalement provoquer une baisse des résultats globaux de l'équipe, et ce, même si l'objectif du chef était au départ plus ambitieux que celui de l'équipe. D'abord parce que les coéquipiers risquent de juger ce chiffre irréaliste et de se décourager. Ensuite et surtout parce que cette absence de choix les aura totalement démobilisés. Évidemment, si le chef est sûr de ce qu'il avance, il lui reste une solution : il peut adopter dans un premier temps le chiffre que lui propose l'équipe, et ensuite les pousser à la hausse en les aidant à mieux discerner les barrières qui les empêchent d'aller plus loin, et à les surmonter. L'objectif qui sera ensuite établi ne sera plus un impératif extérieur, mais le résultat d'un travail commun dont ils se sentiront solidaires.

Les qualités d'un bon objectif

Il faut donc étayer votre objectif ultime, qui n'est pas entièrement sous votre contrôle, par des objectifs de performance qui, eux, dépendent de vous. Mais comment définir le « bon » objectif? Il doit être non seulement SMART :

- **S**pécifique,
- **M**esurable,
- **A**ccessible,
- **R**éaliste,
- déterminé dans le **T**emps, mais :
  - explicite,
  - compris,
  - pertinent,
  - éthique,

  Et aussi :
  - motivant,
  - légal,
  - écologique,
  - adapté,
  - enregistré.

Il serait inutile de s'attarder sur l'intérêt de chaque critère, mais quelques remarques s'imposent :

Quand un but est inaccessible, on perd tout espoir, mais s'il ne constitue pas un défi à relever, on perd toute motivation. Ces deux critères définissent une fourchette dans laquelle devraient se situer tous les objectifs.

Il est essentiel de formuler les objectifs sur un mode positif. Que se passe-t-il, lorsqu'on fait l'inverse? Par exemple : « Nous ne devons pas rester la lanterne rouge des équipes de vente régionales ! » Sur quoi l'attention se polarise-t-elle ? Sur le fait d'être la lanterne rouge – évidemment ! Si je vous dis : « Ne pensez surtout pas à un ballon vert ! » Qu'est-ce qui vous vient aussitôt à l'esprit ? Et si vous dites à un enfant : « Ne casse pas ton verre » ou « Ne renverse pas d'eau sur le tapis ! »

Une formulation négative se transpose très facilement au mode positif. Exemple : « Nous allons nous classer quatrièmes au palmarès des équipes de vente, voire encore mieux » ou « Je vais récupérer ce premier service, quoi que fasse l'adversaire. »

Nous avons tendance à obtenir ce sur quoi nous nous concentrons. Si nous avons peur de l'échec, nous nous concentrons sur l'échec et c'est ce à quoi on aboutit.

L'objectif doit faire l'objet d'un accord ferme et unanime entre toutes les parties concernées – le grand chef (même s'il est secrètement convaincu que ça devrait être à lui de le définir), l'équipe qui se chargera du travail, et son manager. Sans ce consensus, le sentiment de prise en charge et de responsabilisation de l'équipe s'étiole et les résultats en souffrent inévitablement.

Si j'affirme qu'un objectif doit être respectueux de l'éthique, de la loi et de l'environnement, ce n'est pas pour jouer les pères la vertu. C'est simplement que chacun d'entre nous a son propre code, dans ces différents domaines, et que la seule façon de s'assurer la pleine adhésion de tous ses employés, c'est de satisfaire aux critères les plus exigeants. Aujourd'hui, les salariés les plus jeunes ont souvent des critères éthiques plus élevés que leurs supérieurs hiérarchiques plus âgés. Ces derniers en sont souvent surpris et avancent en général l'excuse que l'on a « toujours fait comme ça ». En outre, l'obligation de rendre

Le coaching cherche à éliminer les obstacles extérieurs et intérieurs qui se dressent devant l'accomplissement d'un objectif.

des comptes dans l'entreprise comme dans l'ensemble de la société et les conséquences désastreuses que peuvent avoir les faux-pas, éventés et portés sur la scène médiatique par les journalistes ou les associations de consommateurs, devraient suffire à dissuader ceux qui pourraient se laisser tenter par les avantages à court terme de certaines manœuvres suspectes. Dans *Sporting Excellence*, David Hemery cite cette remarque de Sir Michael Edwardes :

> « Vous ne convaincrez pas les meilleurs de venir travailler pour vous si votre pratique professionnelle ne satisfait pas aux plus hauts critères d'intégrité. Chaque fois que vous réaliserez mille livres d'économies douteuses, la démobilisation que vous provoquerez parmi vos meilleurs éléments vous en fera perdre vingt fois plus. »

Enfin, précisons qu'il faut parfois faire l'effort de s'assurer que tous les objectifs sont parfaitement compris. Trop souvent, des présupposés erronés viennent perturber la perception de certains, même quand il s'agit d'objectifs qu'ils ont personnellement contribué à déterminer.

Objectif olympique

L'exemple le plus convaincant de réussite en matière de définition d'objectif, vient lui aussi des Jeux Olympiques.

Parmi les spectateurs admiratifs qui virent Mark Spitz rafler ses sept médailles d'or en natation aux jeux de 1972, se trouvait un jeune nageur américain inconnu du nom de John Nabor. John décida aussitôt que la médaille d'or du 100m dos serait pour lui, en 76. Bien qu'il eût déjà remporté le championnat junior des U.S.A., il était encore à cinq secondes du temps qui lui aurait permis d'espérer gagner aux Jeux. Sur une si courte distance, pour un nageur si jeune, c'était un handicap écrasant.

Mais il persista. Il commença par se fixer comme objectif de performance un nouveau record du monde, puis il divisa son handicap de cinq secondes par le nombre d'heures d'entraînement qu'il pourrait accumuler en quatre ans. Il découvrit qu'il devrait améliorer son temps d'une poussière de seconde pour chaque heure. C'était difficile, mais pas impossible, à condition de travailler avec autant d'intelligence que de ténacité – ce qu'il fit.

Ceux qui doivent gagner, gagnent gros. Ceux qui ont peur de perdre, perdent gros.

Début 76, il avait tellement progressé qu'il fut bombardé capitaine de l'équipe de natation U.S. pour les Jeux de Montréal. Là, il décrocha la médaille d'or pour le 100 m et le 200m dos, pulvérisant dans le premier cas le record du monde de l'équipe et, dans le deuxième, le record olympique. Belle stratégie d'objectif… ! Nabor était puissamment motivé par un but final clairement défini, qu'il poursuivit en se fixant un objectif de performance situé dans les limites de ce qu'il pouvait réaliser et étayé sur un plan de travail rigoureux et systématique. Il posa ainsi les trois marches du podium qu'il devait finalement gravir :

Une séance type

Au fil des quatre chapitres suivants, qui décrivent plus concrètement le déroulement d'une séquence du coaching, j'illustrerai les différents points développés par un dialogue entre Jean et Michel, son coach, durant une séance de travail imaginaire. Jean est responsable du budget dans une agence de publicité. Son ascension fulgurante s'est un peu ralentie, ces deux dernières années – peut-être à cause d'une baisse d'énergie elle-même due à l'âge et à sa tendance à abuser de la bonne chère. Il a récemment décidé de contre-attaquer et s'est mis au jogging. Mais l'ennui, le sentiment d'échec et de culpabilité, le manque de motivation, ont eu raison de ce bel élan. Il s'en est ouvert à Michel, un collègue, qui lui a proposé de lui servir de coach.

Objectif global

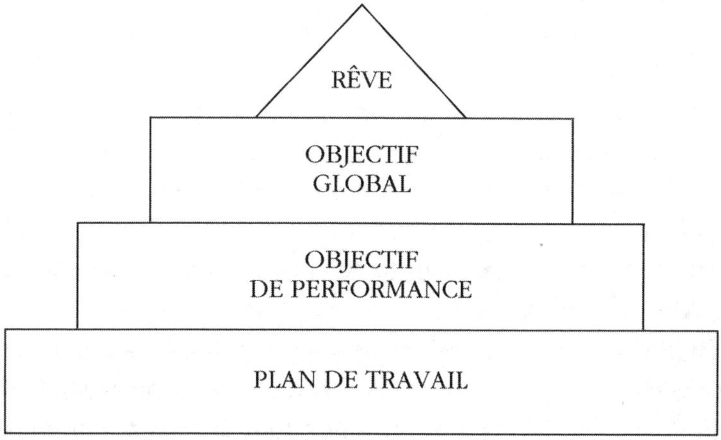

MICHEL – Parfait, Jean. Que souhaites-tu obtenir de cette demi-heure de réflexion ?

JEAN – Une espèce de plan d'action pour améliorer ma forme physique.

MICHEL – Pour le restant de tes jours, tu veux dire ?

JEAN – Non. Ça, ce serait voir un peu trop grand. D'ailleurs, une fois lancé, il y a toutes les chances pour que je décide de réajuster mes objectifs. Non, ce qu'il me faudrait, c'est un plan de travail réaliste, sur trois mois par exemple.

MICHEL – Parlons quand même un peu du long terme. Quel intérêt, pour toi, d'être en meilleure forme ?

JEAN – J'ai un terrible sentiment d'échec personnel et mon travail en souffre. Je veux retrouver le plaisir d'être bien dans ma peau.

MICHEL – Je vois. Alors, quelles capacités physiques voudrais-tu retrouver ?

JEAN – J'aimerais perdre une dizaine de kilos et, dans quelques mois, je voudrais pouvoir grimper un escalier quatre à quatre et courir après le bus sans cracher mes poumons… et, pourquoi pas, prendre plaisir à courir.

MICHEL – À quel poids veux-tu revenir et pour quelle date ?

JEAN – Quatre-vingt-quinze kilos, pour la fin de l'été. J'ai donc sept kilos à perdre.

MICHEL – Pour quel jour, au juste ?

JEAN – Pour le 20 septembre…

MICHEL – Comme nous sommes le 19 février, voilà qui te laisse donc sept mois…

JEAN – Mmmh. Un kilo par mois… mais ça ira peut-être plus vite, au début.

MICHEL – Combien veux-tu avoir perdu, pour le premier juin ?

JEAN – Quatre kilos.

MICHEL – Mais tu pourrais revenir à ce poids juste en surveillant ton régime, sans obtenir d'amélioration radicale de ta forme physique. Quels moyens auras-tu d'évaluer tes progrès sur ce plan ?

JEAN – Début septembre, je courrai trente kilomètres par semaine, et je maintiendrai ce régime les mois suivants.

MICHEL – Tu peux te fixer une vitesse à atteindre ?

JEAN – Non, inutile. Si j'arrive à les faire, ça sera déjà pas mal, et je verrai bien si je cours de façon satisfaisante.

MICHEL – La vitesse que tu fixes n'a pas d'importance en soi, Jean. Mais donne-toi tout de même un objectif. Qu'est-ce qui te paraît réalisable ?

JEAN – Ok ! Dix kilomètres/heure.

Jean a donc défini son objectif. Il s'est fixé un but à long terme, et un repère de mi-parcours. Ses objectifs sont spécifiques, mesurables et on peut supposer qu'ils présentent tous les critères que nous préconisons. Puisqu'il est libre de tout impératif professionnel, dans ce cas, il a toute latitude pour se fixer des objectifs réalistes. Mais ne devrions-nous pas nous intéresser d'un peu plus près à cette fameuse **réalité**…

8.
QU'EST-CE QUE LA RÉALITÉ ?

Lorsque la réalité est claire, les
objectifs apparaissent
plus nettement.

VOICI donc nos objectifs fixés. Nous devons maintenant nous faire une idée claire de la situation à laquelle nous sommes confrontés. On pourrait penser qu'une bonne compréhension de la situation est un prérequis indispensable à toute définition d'objectif. Au contraire. Une analyse n'a de sens et de valeur que si elle est faite dans un but déterminé. Même si on ne peut définir que très sommairement ses objectifs avant d'avoir étudié les faits en détail, c'est par là qu'il faut commencer. Ensuite, quand nous aurons mieux exploré la réalité, rien ne nous empêchera de repréciser nos objectifs, ni même de les revoir complètement.

Les origines sportives du coaching

L'objectivité est un instrument essentiel pour approcher de la **réalité**. Or, notre objectivité souffre des distorsions qu'engendrent nos opinions, nos jugements de valeur, nos préjugés, nos angoisses, nos espoirs ou nos craintes. Percevoir la réalité, c'est appréhender les choses telles qu'elles sont. La conscience de soi, c'est reconnaître les facteurs internes qui perturbent notre perception de la réalité. La plupart des gens se considèrent comme des modèles d'objectivité. Mais l'objectivité absolue n'existe pas. Nous ne pouvons qu'espérer, au mieux, en approcher – mais plus nous en approchons, mieux c'est.

Le détachement

Pour appréhender correctement la **réalité**, le coach et son élève doivent donc déjouer ces sources de distorsions potentielles. Cela exige de la part du coach une bonne dose de détachement et l'aptitude à formuler des questions qui entraîneront des réponses concrètes. Ainsi, « Quels sont les éléments qui vous ont poussé à faire ce choix ? » a des chances d'entraîner des réponses plus précises que « Pourquoi avez-vous décidé de faire ça ? » – formulation qui risque d'inciter l'interlocuteur à se justifier ou à trouver une réponse conforme à ce qu'il suppose que le coach souhaite entendre.

Décrire sans juger

Le coach doit préférer les termes purement descriptifs à ceux qui impliquent un jugement de valeur et, si possible, inciter son élève à en faire autant. Ceci afin de favoriser l'examen détaché et objectif des faits et de court-circuiter toute autocritique stérile qui induirait des distorsions de perception. Le diagramme qui suit illustre ce point :

Le triangle de la communication

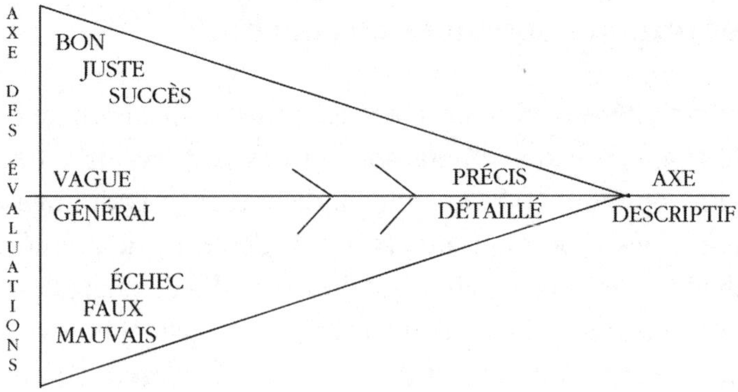

Les termes que nous employons dans nos conversations courantes, comme dans une bonne partie de la communication d'entreprise, se situeraient plutôt vers l'extrémité du diagramme. Lors d'une séance de coaching, on essayera de revenir le plus possible vers la droite. Plus nos formulations seront précises, concrètes, descriptives, moins elles seront entachées de jugement, et plus le coaching sera efficace.

Il faut aussi tenter de se maintenir au plus près de l'axe horizontal. Supposez que l'on vous dise que votre exposé était « nul » – ce terme ne vous donne aucune indication sur les moyens d'y remédier. En revanche, si l'on vous dit que votre exposé était « clairement structuré » et « abondamment illustré », mais « monotone » et « au-dessus du niveau d'information de l'assistance », vous avez en main plusieurs précieux éléments pour progresser.

Certains qualificatifs sont purement descriptifs – ceux qui expriment la couleur ou la dimension, par exemple. D'autres peuvent prendre une connotation de valeur, mais seulement en fonction d'un objectif fixé. D'autres encore, tels que les épithètes « vivant » ou « faible », prennent presque toujours valeur d'appréciation. Mais certains expriment intrinsèquement un jugement – bon, mauvais, vrai, faux.

Si vous vous contentez de dire à un archer qu'il a manqué sa cible, cela ne pourra que le hérisser, mais si vous précisez que sa flèche est arrivée trois centimètres au-dessus de la cible et un centimètre et demi à droite, cela risque de l'intéresser davantage. La description est constructive. La critique pure déstabilise sans rien apporter.

Dans le cadre d'une évaluation objective des possibilités individuelles, on aura toujours intérêt à poser des questions concrètes et précises. C'est, en particulier, le moyen le plus fiable d'évaluer ses propres capacités, et nous y reviendrons plus longuement au chapitre 14. Mais quel que soit le domaine d'application considéré, l'aptitude à formuler des questions efficaces joue un rôle essentiel.

Une plus grande attention

À un niveau habituel d'attention, un coach peut certes poser des questions et recevoir des réponses qui vont aider celui qu'il coache à organiser ses idées, mais il ne pourra pas obtenir des niveaux plus profonds d'attention. C'est quand le coaché doit marquer une pause afin de réfléchir avant de répondre, que le niveau d'attention est accru. Il doit alors chercher plus avant dans son niveau de conscience du problème pour y trouver l'information qu'on lui demande, un peu comme si il devait aller la chercher au fond de son placard d'archives. Une fois atteint, ce niveau d'attention est élevé à la conscience du coaché qui s'en trouve doté de capacités nouvelles. **Nous avons une possibilité de choix et de contrôle sur ce dont nous sommes conscients, alors que ce que nous ignorons nous contrôle.**

Suivre la démarche du coaché

Un bon coach s'efforce de suivre d'aussi près que possible le cheminement mental de son élève, tout en appréciant sa pertinence vis-à-vis de l'ensemble du sujet. Si le coaché s'en éloigne trop, il peut être utile de lui faire préciser le lien entre ce qu'il vient de dire et le sujet. Une question telle que « Quel est le rapport avec notre problème ? » lui permettra soit de revenir au fait, soit de justifier sa digression, sans l'empêcher de poursuivre son cheminement mental.

Le coaching peut venir de l'initiative de la personne coachée ou de celle du coach. Il peut également suivre un planning pré-établi.

En suivant le fil de pensée du coaché plutôt que le sien, le coach gagne la confiance de celui qu'il guide dans la mesure où ce dernier se rend compte que ses besoins et ses centres d'intérêt sont pris en considération. Imaginons par exemple, une situation professionnelle : Alice, cadre supérieur, souhaite obtenir des renseignements et corriger un problème apparent dans le département de Pierre. Si elle aborde le sujet de façon frontale, Pierre pourra se sentir menacé et rester sur la défensive. Dans ce cas, la description qu'il pourra faire de ce qui se passe sera probablement « arrangée » afin de minimiser le problème. D'un autre côté, si Alice laisse à Pierre le soin de conduire l'entretien, abordera-t-il la question qui intéresse la première ? Sans doute pas immédiatement, mais si Alice est patiente, si elle retient les commentaires qui lui brûlent les lèvres, alors Pierre se sentira davantage en confiance pour aborder le problème lui-même. Il est bien rare que dans sa position, quelqu'un n'ait aucune conscience du problème, même si on ne souhaite d'emblée se l'avouer ni l'avouer aux autres.

Lorsque le supérieur hiérarchique est perçu comme un soutien plutôt que comme une menace, la personne en cause sera bien plus à l'aise pour soulever les problèmes qui peuvent exister. Dans ce cas, un diagnostic objectif et un vrai dialogue sont possibles et peuvent amener une solution rapide du problème.

La culture de l'erreur et du blâme qui continue de dominer dans de nombreuses entreprises est un frein important. Elle est à l'origine du « syndrome de la réalité tronquée » et d'attitudes du type « je vais vous dire exactement ce que je pense que vous voulez entendre, ou ce qui mettra à l'abri de tout problème ». De ce fait, toute action entreprise en correction le sera à partir d'une connaissance partielle ou fausse de la situation. Le dirigeant avisé devra donc commencer par une appréciation beaucoup plus générale de la situation et laisser ses subordonnés conduire la conversation. Il pourra même choisir d'aider l'un de ses subordonnés à résoudre un problème mineur, établissant en cela une relation de confiance basée sur une action concrète et gommant toute menace. Cette approche est bien plus à même de conduire à la véritable cause du problème plutôt qu'à la constatation de ses seuls effets sur la marche de l'entreprise. **Les problèmes doivent être traités au niveau immédiatement inférieur à celui auquel leurs conséquences se manifestent si on veut les éradiquer complètement.**

Utiliser les perceptions sensorielles

Dans la plupart des situations professionnelles, la réalité se compose de faits, de chiffres, d'incidents qui sont advenus, de mesures prises pour y remédier, d'obstacles à surmonter, des ressources et de la force de travail disponibles, etc. – bref, d'objets mentaux dont l'esprit est à la fois la source et la cible.

Toutefois, s'il s'agit pour le coaché d'acquérir une aptitude physique, telle que l'apprentissage d'un nouvel outil (des locomotives aux raquettes de tennis), le coach devra faire appel à son sens tactile, auditif et visuel.

La conscience corporelle entraîne un rééquilibrage spontané. À première vue, cela peut sembler difficile à croire. Mais fermez un instant les yeux et concentrez intérieurement votre attention sur les muscles de votre visage. Vous remarquerez peut-être un froncement de sourcil, ou une crispation de la mâchoire qui vous avaient jusque-là échappé et, presque simultanément, vous sentirez se détendre les muscles mobilisés, ce qui amènera aussitôt la relaxation. Le même principe s'applique dans le cas d'un mouvement corporel plus complexe. Si votre attention se porte sur les éléments corporels qui participent au mouvement, vous repérerez toutes ces petites tensions qui nuisent à l'efficacité de votre mouvement et elles seront, de ce fait, automatiquement relaxées, avec pour corollaire une amélioration immédiate de vos performances.

C'est le principe de base de toute la nouvelle pédagogie de la technique sportive. **L'attention portée aux perceptions corporelles améliore l'efficacité globale du corps, qui permet à son tour d'engranger de nouveaux acquis techniques.** C'est une conception intériorisée de la technique qui s'acquiert, non plus comme un idéal extérieur à laquelle le sujet coaché doit se conformer avec plus ou moins de bonheur, mais de l'intérieur. On obtient alors une technique beaucoup plus spécifique, plus finement individualisée et mieux adaptée au système corporel de chacun. Quelle démarche vous paraît la plus susceptible de vous amener à donner le meilleur de vous-mêmes ?

Canaliser les émotions

Les perceptions sensorielles ne sont qu'un versant de la conscience de soi. L'autre versant en est la sphère émotionnelle et la façon dont elle influe sur les problèmes interpersonnels – entre autre, sur le lieu de travail. Voici quelques questions utiles :

- Que ressens-tu quand le chef te convoque à l'improviste ?
- Quelle a été ta réaction émotionnelle à la dernière vague de licenciements ?
- De quoi as-tu peur, exactement ?
- Où ressens-tu la tension dans ton corps ?
- De quelle manière inhibes-tu ton potentiel ?
- Quel sentiment prédomine en toi, quand tu as conscience d'avoir fait du bon travail ?
- Peux-tu fixer une note de un à dix pour évaluer tes chances de faire un bon exposé, cet après-midi ?

Évaluer les attitudes

Nous devons aussi appliquer cette vigilance intérieure à nos pensées et à nos attitudes mentales, au moment où nous les expérimentons – comme d'ailleurs aux sentiments qui, en temps normal, échappent plus ou moins à notre conscience. Nous vivons tous, parfois depuis l'enfance, avec des opinions et des convictions indéracinables qui nuancent nos perceptions et nos relations à autrui. Si nous négligeons de reconnaître leur existence et de compenser l'effet déformant qu'elles exercent sur nous, elles perturberont notre perception de la réalité.

L'interconnexion du corps et de l'esprit – La plupart de nos idées sont chargées d'émotions. Toutes nos émotions ont des répercussions corporelles, et nos sensations corporelles déclenchent à leur tour des mécanismes mentaux. Ce qui revient à dire que les tensions, les blocages ou les inhibitions peuvent être déjoués au niveau mental, comme au niveau corporel ou émotionnel, et que tout progrès sur l'un de ces trois plans entraîne (généralement) une amélioration sur les autres plans.

Si l'on se force ou qu'on essaie de changer, cela provoque une tension corporelle et des actions désordonnées qui mènent trop souvent à l'échec.

On peut par exemple venir à bout d'un état de stress chronique en dénouant les tensions corporelles, en améliorant la perception des sentiments qui alimentent une éventuelle compulsion à se surmener, ou en dépistant certaines attitudes mentales telles que le perfectionnisme. Il peut se révéler nécessaire de travailler séparément sur ces trois plans. Je vous renvoie ici au principe de base énoncé par Timothy Gallwey : le joueur améliore ses résultats en supprimant ou en atténuant les obstacles intérieurs à la performance extérieure.

Poser ses limites

Je dois aussi mettre en garde les coachs en herbe : un coach peut s'apercevoir qu'il a poussé un peu trop loin son exploration des pulsions et des motifs secrets de son élève. C'est un risque inhérent à la nature du coaching, qui ne se borne pas à masquer les symptômes, mais se propose d'attaquer les causes du mal. Le travail peut donc se révéler plus ardu que lorsqu'on se borne à colmater les brèches des relations interpersonnelles, dans un service, à coup de mémos ou de directives autoritaires. Mais en termes de résultats, c'est nettement plus payant.

Toutefois, si vous vous estimez insuffisamment formé ou que ce travail vous rebute, n'insistez pas. Lorsque vous soupçonnez qu'un problème relationnel majeur a des racines trop profondes, mieux vaut le confier à un professionnel expérimenté. La frontière entre le coaching et le conseil psychologique est claire : le coaching se propose avant tout d'influer sur l'avenir alors que les effets du conseil sont généralement rétroactifs et curatifs.

De plus, le coaching traite de questions directement liées au travail alors qu'il faudra recourir à un psychologue expérimenté si le problème est récurrent ou prend son origine dans l'enfance de l'individu.

Questionner la réalité

Les questions de « réalité » doivent, tout particulièrement, suivre l'enchaînement que nous avons décrit plus haut (« regarde ta balle »). Nous reprenons ci-dessous, dans des termes un peu différents, les rubriques successives de cet enchaînement :

- exiger une réponse est essentiel pour **amener le coaché à réfléchir**, à examiner, à observer, à sentir et à se sentir impliqué ;
- les questions doivent nécessiter une **grande concentration** afin d'obtenir le maximum de détails ;
- les réponses que l'on cherche à obtenir doivent être **descriptives et non pas subjectives ou faisant appel au jugement de valeur**, et ce afin d'en assurer l'honnêteté et l'exactitude ;
- les réponses doivent être d'une qualité et d'une fréquence suffisamment importantes pour permettre au coach d'y réagir et de prolonger l'échange.

C'est dans cette phase de perception de la réalité que le coach devrait poser le plus de questions commençant par QUOI, QUAND, OU, QUI et COMBIEN? COMMENT et POURQUOI sont à réserver aux cas où aucune autre formulation ne conviendrait et à n'utiliser qu'exceptionnellement. Il devra prêter une attention particulière à tout indice (visuel ou auditif) qui puisse lui permettre d'orienter sa stratégie d'interrogation. Rappelons que l'on s'attache avant tout à stimuler la perception du coaché. Le plus souvent, le coach lui-même n'a pas besoin de connaître en détail l'historique d'une situation donnée. Il lui suffit de s'assurer que son élève en a une idée parfaitement claire. C'est un gain de temps considérable par rapport au cas de figure où le conseiller ou le mentor doit avoir en main tous les éléments du problème pour apporter la meilleure réponse.

Voici une question qui manque rarement sa cible : « Quelles mesures avez-vous prises pour y remédier, jusqu'ici ? » Que l'on fait suivre de : « Quel a été l'effet de ces mesures ? » Ces questions mettent l'accent sur la valeur des actions entreprises, et sur l'écart entre l'action et la réflexion, face à une difficulté. Lorsqu'on demande à quelqu'un qui réfléchit à un problème depuis longtemps, ce qu'il a fait pour le résoudre, il découvre souvent qu'il n'a rien entrepris de concret.

Les solutions précoces

Devant un problème qui exige une solution, on a souvent la surprise de constater qu'une exploration détaillée de la **réalité** suffit à faire émerger cette solution dès la troisième ou quatrième séance de coaching. Les chaînes d'actions à entreprendre que l'on découvre ainsi, au stade de l'exploration de la **réalité**, voire à celui de la définition des **objectifs**, s'accompagnent souvent d'un « Eurêka ! » victorieux qui donne au coaché un supplément d'élan pour mener à bien son travail. L'énergie qu'apporte cette prise de conscience est si précieuse que les coachs doivent s'attarder délibérément à ces deux stades préliminaires et résister à la tentation de passer trop vite à l'examen des **options**.

Gardons-nous donc de commettre cette erreur et revenons à la séance entre Michel et Jean.

MICHEL – Nous avons mieux défini tes objectifs, Jean. Maintenant, examinons un peu la situation telle qu'elle se présente. Combien pèses-tu, actuellement ?

JEAN – Cent deux kilos, tout habillé.

MICHEL – À quand remonte ta dernière pesée ?

JEAN – À la semaine dernière.

MICHEL – Il y a une balance dans la pièce d'à côté. Tu veux bien vérifier ? JEAN – (Quelques instants plus tard…) Oh, mince ! Je pèse cent six kilos…

MICHEL – Tu es un gros mangeur ?

JEAN – Oui. Je suis accro au chocolat. Et j'adore les plats en sauce. MICHEL – Tu as fait des excès ces derniers jours ?

JEAN – Oui. Plus que d'habitude. Tu sais… quand j'ai des soucis… MICHEL – Qu'est-ce qui te préoccupe particulièrement, ces jours-ci ? JEAN – Ma santé, mon âge. J'ai aussi quelques angoisses pour mon emploi.

MICHEL – Qu'est-ce qui t'inquiète le plus ?

JEAN – Ma santé, je crois. Je pense que si je parviens à redresser la barre de ce côté-là, mon moral et donc mon travail s'amélioreront d'eux-mêmes.

MICHEL – Bon. Travaillons là-dessus, pour aujourd'hui. On pourra consacrer une autre séance à ton moral et à ton travail. De quels aliments abuses-tu ?

JEAN – Des plats en sauce et des desserts.

MICHEL – À chaque repas ?

JEAN – La plupart du temps, oui. Mais au moins une fois par jour.

MICHEL – Et plutôt chez toi, ou quand tu sors ? Au déjeuner ou au dîner ?

JEAN – Au dîner, chez moi. Et quand nous dînons à l'extérieur, c'est-à-dire au moins deux fois par semaine.

MICHEL – Avec des amis ou en tête-à-tête avec ta femme ?

JEAN – Avec ma femme, surtout.

MICHEL – Et c'est une grosse mangeuse, elle aussi ?

JEAN – Pas spécialement. Mais elle sait que j'adore ça, alors elle me laisse faire…

MICHEL – Tu aimes donc un peu trop les sauces et les sucreries. Tu en abuses quand tu es inquiet et ceci, plutôt le soir et en famille… Et la boisson ?

JEAN – Je prends parfois un demi au déjeuner, et une bouteille de vin de table, le soir.

MICHEL – Combien de demis t'es-tu offerts, ces sept derniers jours ?

JEAN – Voyons voir… une petite douzaine…

MICHEL – Et la semaine d'avant ?

JEAN – À peu près autant, si je me souviens bien.

MICHEL – Bon. Si nous parlions de tes activités physiques ?

JEAN – D'accord. Je me suis enfin mis au jogging.

MICHEL – Combien de temps cours-tu et à quelle fréquence ?

JEAN – Un quart d'heure, à peu près deux fois par semaine.

MICHEL – Quel jour as-tu couru, cette semaine ?

JEAN – Je n'ai rien fait. J'étais trop crevé.

MICHEL – Et la semaine d'avant ?

JEAN – Le dimanche matin. J'avais prévu une autre séance, mais j'avais des crampes aux mollets.

MICHEL – Les inconvénients de la course à pied te découragent-ils ?

JEAN – Parfois. J'ai terriblement mal aux chevilles, aux cuisses et aux mollets. Et j'ai le souffle court – c'est infernal.

MICHEL – As-tu essayé d'autres genres d'exercices : la marche, le vélo, ou même de prendre l'escalier au lieu de l'ascenseur… ?

JEAN – Non, mais de temps en temps, je vais au sauna.

MICHEL – Et ça te convient ? Tu trouves que ça te fait du bien ?

JEAN – Ça a le mérite d'atténuer mon sentiment de culpabilité. Et ce n'est pas trop contraignant…

À présent, Jean est bien plus objectif dans sa perception de la **réalité**. Il a une idée plus claire du point où en sont ses activités physiques et son comportement alimentaire. Sa réflexion et sa prise de conscience peuvent maintenant s'ancrer dans une réalité solide. Mieux : il peut exactement situer son point de départ.

Michel lui propose alors de reconsidérer son objectif de quatre-vingt-quinze kilos, qui n'est peut-être pas très réaliste au vu de son poids effectif. Mais Jean enrage tellement de se trouver soudain confronté à cette rude réalité, qu'il maintient son objectif de quatre-vingt-quinze kilos, même si cela lui impose de perdre en moyenne plus de trois livres par mois. Michel admet que ça reste possible.

Justement, Michel propose à Jean une séance de travail sur le terrain, pendant qu'il court, pour atténuer les tensions qu'il ressent – ce qui nous fournira un exemple de coaching appliqué à l'acquisition d'une compétence physique. Ils conviennent d'aller courir ensemble, à une cadence confortable pour tous les deux et se fixent comme but de séance de déterminer le rythme et le style de foulée le plus efficace, et l'attitude mentale la plus adaptée.

MICHEL – Bon, trouvons une vitesse de croisière qui te paraît à peu près confortable. Qu'est-ce que tu ressens dans ton corps ?

JEAN – J'ai les mollets crispés.

MICHEL – Concentre bien ton attention sur tes mollets et décris-moi en détail toutes tes sensations.

JEAN – Je sens une tension derrière la jambe, en bas. Un peu au-dessus de la cheville.

MICHEL – Et tu la sens à quel moment, au juste ? Constamment, dans les deux jambes ?

JEAN – Non. Seulement au moment où je prends appui. Et plutôt dans le mollet droit.

MICHEL – Évalue la tension de ton mollet droit en lui donnant une note sur dix, dix étant le maximum de tension qu'on puisse imaginer.

JEAN – En fait, ça va déjà un peu mieux. Mais on pourrait dire cinq. Et à gauche, seulement trois.

MICHEL – Et maintenant ?

JEAN – C'est descendu à trois.

MICHEL – Parfait. Garde l'œil là-dessus, et dis-moi quand tu atteins deux.

JEAN – (Un peu plus tard…) Ça y est. Mes deux mollets sont à deux, maintenant. Et peut-être même moins. Tout est rentré dans l'ordre. Mais je m'aperçois que j'ai mal aux bras, quand je les balance.

MICHEL – Parfait. Observe ce qui se passe au niveau de tes bras et décris-moi tout ça.

JEAN – Dès que j'y fais attention, ils se relaxent. Maintenant, on dirait que j'ai trouvé une position d'épaules plus basse.

MICHEL – Et c'est plus commode ?

JEAN – Ça oui ! Pas le moindre doute.

MICHEL – Vu d'ici, effectivement, ton mouvement paraît plus fluide, plus aisé.

JEAN – J'ai l'impression de courir beaucoup plus confortablement. D'habitude, à partir de cette distance, je suis déjà à bout de souffle. Mais là, ma respiration reste bien cadencée.

MICHEL – Justement. Observe un moment ta respiration. Sans essayer d'y changer quoi que ce soit. Sois bien attentif à chacune des inspirations et des expirations…

JEAN – Ma respiration s'est encore ralentie… Mais je deviens un vrai coureur de fond, ma parole… !

MICHEL – Quelle est la qualité que tu souhaites acquérir, pour ta foulée ?

JEAN – L'aisance. Tu en parlais tout à l'heure… je commence à sentir quelque chose qui y ressemble.

MICHEL – OK. Évalue ton aisance sur une échelle de un à dix.

JEAN – Au début, c'était peut-être quatre, mais je suis remonté à six.

MICHEL – Et quelle partie de ton corps tu as observée, pour fixer cette note ?

JEAN – Bizarre… mais c'est mes épaules.

MICHEL – Et maintenant ?

JEAN – Maintenant, c'est plutôt huit. Je me sens des ailes !

MICHEL – Oui. Et nous sommes revenus à notre point de départ avec trois minutes d'avance sur le temps que tu t'étais imparti.

JEAN – Incroyable ! J'ai l'impression que je pourrais refaire quinze minutes comme une fleur…

MICHEL – Mais tu y arriveras bientôt ! Bravo. Tu as compris comment la perception interne permet de dépister les zones de tension et d'obtenir une meilleure relaxation. De plus, ça donne du piquant au travail. C'est un excellent remède contre l'ennui. On trouve de l'intérêt aux pires corvées, quand on les envisage de cette façon.

JEAN – À aucun moment tu ne m'as dit comment faire pour mieux courir, mais je crois avoir trouvé moi-même cette aisance qui me manquait. Ça me paraît très encourageant, comme résultat, et ça m'ouvre des tas d'autres possibilités, dans toutes sortes de domaines !

Lorsqu'on aide quelqu'un à acquérir une compétence purement physique, sur le terrain ou lors d'une simulation en temps réel, le processus de coaching (décliné sous ses différentes formes, bien sûr) s'achève à ce stade. L'amélioration de la performance survient à la faveur de la concentration de l'attention lors d'une exploration détaillée de la réalité, comme ce fut le cas pour Jean. Mais nous verrons que s'il veut obtenir un progrès plus général de sa santé et de son bien-être (et quand on veut approfondir la plupart des problèmes professionnels qui exigent une planification et une analyse précises, ainsi qu'un suivi régulier, il en va de même), il devra poursuivre le travail et en passer par deux autres étapes.

9.
QUELLES SONT VOS OPTIONS ?

Lorsque vous êtes convaincu
de ne plus avoir d'autres idées
sur un sujet, faites l'effort
d'en trouver encore une.

LA phase **options** n'a pas pour but d'isoler *la* bonne réponse, mais d'établir une liste de toutes les alternatives, de toutes les possibilités qui s'offrent à vous. C'est ici la quantité qu'on vise, plutôt que la qualité, ou la viabilité de chaque option. Il s'agit d'élargir autant que possible la base des possibilités parmi lesquelles nous pourrons choisir les différentes composantes de l'action à entreprendre.

Si nous nous laissons entraver dans cette collecte par les préjugés, l'autocensure, la peur du ridicule et des obstacles, ou le besoin d'énoncer d'emblée une solution cohérente, nous risquons de laisser passer des idées potentiellement précieuses, et nous limiterons inutilement notre choix.

Un choix aussi étendu que possible

Le coach fera de son mieux pour amener son coaché, ou l'équipe qu'il dirige, à formuler le plus grand nombre possible de ces options. Pour y parvenir, il devra créer un environnement assez sécurisant pour convaincre les participants de livrer leurs idées ou leurs réflexions sans s'autocensurer et sans craindre le jugement du coach ou de leurs pairs. Toutes les propositions, même les plus apparemment fantaisistes, seront notées, généralement par le coach lui-même, au cas où elles contiendraient en germe une idée qui prendra tout son sens et son intérêt à la lumière de suggestions ultérieures.

Les préjugés négatifs

Nous vivons tous avec une foule de préjugés dont nous avons à peine conscience. Ces présupposés négatifs comptent parmi les plus redoutables obstacles à notre recherche de solutions créatives dans tous les aspects de notre vie.

En voici quelques exemples :

- c'est impossible, ça ne se fait pas,
- personne n'a jamais fait ça comme ça,
- ils n'accepteront jamais,
- ça coûterait trop cher,
- ça prendrait trop de temps,
- les concurrents ont déjà dû y penser.

Et cette liste n'a rien d'exhaustif…

Notez que toutes ces formulations impliquent un aspect négatif, un renoncement. Un coach avisé préfère inciter ses coachés à se poser la question « Que se passerait-il si… ? »

Exemples…

- et si vous aviez un budget suffisant ?
- et si vous aviez plus de personnel ?
- et si vous connaissiez la réponse, quelle serait-elle ?
- et s'il n'y avait pas cet obstacle, que feriez-vous ?

Ce genre de question permet de contourner temporairement la censure de l'esprit rationnel et de laisser s'exprimer des idées plus créatives. Ensuite, les obstacles seront peut-être moins insurmontables qu'ils ne l'avaient d'abord paru. L'un des membres de l'équipe pourra trouver le moyen de contourner tel ou tel problème. En combinant certains éléments des différentes propositions, on parvient à trouver du possible jusque dans l'impossible… !

Le jeu des neuf points

Dans nos stages de formation au coaching, nous utilisons le « jeu des neuf points », exercice bien connu, illustrant graphiquement les présupposés autorestrictifs qui limitent notre champ d'investigation mental. Pour ceux qui ne connaîtraient pas l'exercice, ou qui l'auraient oublié, en voici l'énoncé.

Le jeu des neuf points

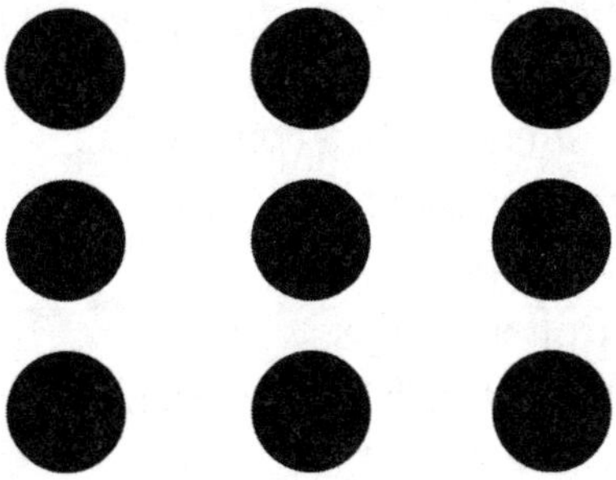

Peut-on joindre ces neuf points à l'aide de quatre droites, sans lever son crayon et sans repasser sur une ligne déjà tracée ?

Vous avez peut-être déjà repéré certains présupposés à éliminer. Rien ne vous empêche, par exemple, de sortir du cadre. Rien ne vous empêche non plus de ne faire que trois lignes, voire moins. Quels préjugés vous entravent encore ?

Personne ne vous oblige à faire passer votre ligne par le centre des points – mais, ça, je suis sûr que vous y aviez déjà songé… Alors en deux lignes… ? Et même en une seule… ? Et qu'est-ce qui vous empêche de déchirer la page, de l'enrouler en cône ou de la plier en accordéon ? Le dépistage de tous ces préjugés restrictifs nous donne la liberté nécessaire pour trouver des solutions novatrices à nos vieux problèmes.

D'abord, débusquer le présupposé erroné – ensuite, la solution coule presque de source, vous trouverez quelques exemples de solutions au jeu de 9 points page 283.

Trier les options

Avantages et coûts – Quand on dispose d'une liste assez complète, la phase **plan d'action** peut se borner au choix de la meilleure proposition de la liste. Mais dans le cas d'un problème plus complexe, comme le sont généralement ceux de l'entreprise, il peut être utile de passer la liste en revue, en évaluant les avantages et les coûts de chaque solution proposée. Là encore, ce travail sera fait par les coachés. C'est très souvent une combinaison de plusieurs idées qui apparaîtra finalement comme la meilleure option. À ce stade, j'invite quelquefois la personne coachée à attribuer à chaque option une note allant de 1 à 10.

L'intervention du coach – Que doit faire le coach s'il possède un savoir, une expérience ou des compétences spécifiques dans le domaine considéré, et que le coaché ou les coachés ne découvrent pas ce qui est à ses yeux la solution la plus évidente ? À quel moment le coach doit-il faire intervenir ses compétences ? Tout simplement lorsqu'il constate que le coaché a épuisé toutes ses possibilités. Et comment peut-il intervenir sans porter atteinte au sentiment de prise en charge totale de ses coachés ? Il peut annoncer, par exemple : « J'ai une ou deux autres possibilités à vous soumettre. Est-ce que ça vous intéresse ? » Très peu de coachés refusent. Ils peuvent toutefois demander au coach d'attendre qu'ils aient achevé d'explorer telle ou telle direction. Les suggestions du coach devraient ensuite être considérées sur le même plan que toutes les autres options.

Dresser la carte des options – Pour éviter la hiérarchie qui s'établit entre les options lorsqu'on note la liste sous forme d'une colonne verticale, qui induit automatiquement un ordre d'importance, on peut les inscrire éparpillées au hasard sur une page, un peu à la manière des cruciverbistes.

Voyons maintenant comment Michel, passionné de sport et d'activités physiques, mène son travail de collecte des options avec Jean qui attend quelques bons conseils de son « expert ».

MICHEL – Alors, Jean, qu'est-ce que tu pourrais faire, pour perdre du poids et améliorer ta forme ?

JEAN – Je pourrais courir plus souvent, plus vite ou sur plus de distance.

MICHEL – Et puis ?

JEAN – Manger et boire moins.

MICHEL – Et puis ?

JEAN – Faire des repas plus légers.

MICHEL – Quelles autres formes d'exercice pourraient te convenir ?

JEAN – Je pourrais par exemple m'inscrire à un gymnase…

MICHEL – Et puis ?

JEAN – Je pourrais faire de la natation, ou commencer le squash – d'ailleurs, ça fait longtemps que j'y pense. Ou alors le golf.

MICHEL – Et tu ne vois rien que tu pourrais faire d'emblée, dans ta vie de tous les jours, sans investissement spécial, sans t'inscrire à un club… ?

JEAN – Non, je ne vois pas. Je ne pourrais pas faire du vélo, parce que je n'en ai pas et que je n'ai pas l'intention d'en acheter un.

MICHEL – Mais si tu en avais un…

JEAN – Je pourrais laisser ma voiture et me déplacer à vélo. Pour venir au bureau, par exemple. Je pourrais même venir à pied et monter l'escalier quatre à quatre, au lieu de prendre l'ascenseur.

MICHEL – Exact. Et c'est tout ?

JEAN – Pourquoi, tu ne trouves pas que ça suffit ?

MICHEL – Ça t'intéresserait d'avoir une autre option ?

JEAN – Bien sûr, si tu vois autre chose.

MICHEL – Et des exercices de musculation à faire chez toi, avec un plan de travail approprié ?

JEAN – Oui. Ça aussi, c'est une possibilité.

Jean et Michel étudient ensuite leur liste en comparant les avantages et les inconvénients de chaque option. Le golf prend du temps. Le squash est une activité plus intense et plus physique, mais il exige un long apprentissage. Il faut du temps pour tirer profit de ce sport. Jean n'habite pas à proximité d'une piscine, mais la natation peut se pratiquer sans risques. Ils examinent aussi les avantages de divers régimes alimentaires et l'intérêt qu'il y a à pouvoir rester sobre dans l'environnement professionnel.

En forme pour travailler

Et à ceux qui m'objecteraient que mon exemple reste très éloigné du contexte de l'entreprise, je soumets cette citation de Sir Michael Edwardes, interviewé par David Hemery dans son livre *Sporting Excellence*.

> « J'ai toujours une certaine réticence à engager dans une de mes équipes une personne souffrant d'un excès de poids, ou d'une mauvaise condition physique. Cela me laisse soupçonner un manque de discipline personnelle. À soixante ans, je joue au squash trois fois par semaine et une fois au tennis. Je n'ai pas une once de graisse et j'ai plus d'énergie qu'il y a dix ans. Je suis globalement en meilleure forme que mes adversaires et c'est à mon sens un point essentiel. Je ne veux voir parmi mes collaborateurs que des gens en bonne forme physique. »

D'aucuns pourraient trouver cette déclaration politiquement incorrecte, mais cela ne la rend pas moins pertinente. Il y a un lien évident entre la bonne condition physique, mentale et émotionnelle, donc pourquoi le nier ?

Jean a donc en main toutes les **options** qui s'offrent à lui. Il s'est fait une idée claire de leurs avantages et inconvénients respectifs. Il va maintenant devoir faire son choix.

10.
QU'ALLEZ-VOUS FAIRE ?

Un temps pour décider,
du temps pour préciser.

L'objectif de cette ultime étape de la séquence de coaching est de transformer votre réflexion en décision. Il s'agit de bâtir un **plan d'action** en vue de satisfaire aux impératifs qui ont été clairement définis, dans le cadre de circonstances clairement analysées, à partir d'un choix d'options le plus large possible.

Les questions qui suivent conviennent dans pratiquement tous les cas de figure. Bien sûr, le coach devra poser d'autres questions subordonnées pour mieux élucider chacun de ces points, mais cet ensemble de questions fondamentales vous fournit un bon schéma de base pour mener cette étape de la prise de décision.

Même présentés avec des trésors de diplomatie, les ordres d'un chef autocratique se heurtent souvent au silence résigné de ses subordonnés, à des résistances, voire à de la rancœur. Mais à ce stade, un coach peut formuler ses questions avec un certain « punch » sans risquer de froisser qui que ce soit, parce qu'il ne s'agit pas pour lui d'imposer sa propre volonté, mais de stimuler celle de ses coachés. Le coaché garde toujours la souveraineté du choix et la responsabilité de l'action à entreprendre – même s'il décide de ne rien faire du tout. Il ne se sent donc pas agressé par les questions du coach, fussent-elles posées sur un mode très direct. Il peut même trouver un certain plaisir à dépister ses propres contradictions. S'il se sent l'objet d'une quelconque contrainte, cela peut signifier que le coach révèle involontairement son désir de voir le coaché opter pour telle ou telle direction.

Réfléchissons maintenant à l'intérêt et à l'efficacité des questions suivantes, ainsi qu'à la meilleure manière de les amener…

Qu'allez-vous faire ? – Ne pas confondre avec « Que pour-riez-vous faire? » ou « Qu'est-ce que vous pensez faire? », ni avec « Quelle solution vous paraît la meilleure ? » – questions qui n'impliquent pas de décision ferme. Le coach commence par énoncer cette question d'une voix claire, sur un ton qui indique bien que l'heure du choix a sonné. Il peut ensuite la faire suivre d'une autre question telle que : « Laquelle de ces voies alternatives allez-vous suivre ? » Dans la plupart des cas, le plan d'action inclura plus d'une option, ou combinera plusieurs éléments des différentes options.

Les options n'ont été qu'esquissées. Le coach doit donc poser des questions qui amèneront ses coachés à mieux préciser l'action à entreprendre. Voici les plus importantes de ces questions :

Quand le ferez-vous ? – C'est la plus épineuse de toutes. Nous avons tous en tête des tonnes de choses que nous aimerions faire, ou que nous allons faire « incessamment sous peu ». Mais ces projets n'aboutissent que lorsque nous les situons dans le temps. Et il ne suffit pas toujours de dire « le mois prochain… » Si on veut vraiment que les projets prennent corps, il faut leur assigner des coordonnées temporelles très précises.

Dans le cas d'une action simple, la réponse doit être formulée sur le modèle « mardi prochain, le 12, à dix heures du matin ». Mais le plus souvent, il faudra préciser une date de début et une date d'achèvement. Dans le cas d'une action répétitive, il convient de spécifier l'intervalle entre deux de ses occurrences : « Nous nous réunirons le premier mercredi de chaque mois, à neuf heures. » Il appartient au coach d'exiger de ses coachés qu'ils tiennent leurs engagements temporels. Les coachés essayeront peut-être de tricher un peu, mais le coach doit tenir bon.

Cette action vous permettra-t-elle d'atteindre votre objectif ? – Une fois l'action définie et située dans le temps, il est essentiel, avant de continuer, de s'assurer qu'elle va dans la bonne direction et qu'elle est conforme à la fois aux buts fixés pour la séance et aux objectifs à long terme. S'il omet de vérifier ces deux points, le coaché risque ensuite de découvrir qu'il s'est énormément écarté de la voie qu'il s'était fixé. Dans ce cas, il faudrait, non pas changer précipitamment de cap, mais s'assurer si, de fait, ce n'est pas le but qui doit être redéfini compte tenu des événements qui ont pu intervenir depuis qu'il a été fixé.

Quels obstacles risquez-vous de rencontrer ? – Il faut se préparer mentalement à tout ce qui pourrait survenir et faire obstacle au bon déroulement de l'action. On peut se heurter à des circonstances extérieures défavorables, mais aussi à des conditions intérieures, telles que le manque de résolution du coaché. Certains ont peur d'aller au bout de leurs engagements. Ils sont à l'affût du moindre obstacle qui puisse leur fournir une bonne excuse pour renoncer à ce qu'ils ont entrepris. Ce type d'attitude peut être diagnostiqué et prévenu au cours du travail de coaching.

Qui a besoin d'être tenu au courant ? – Il arrive trop souvent dans les entreprises que les projets soient modifiés à l'insu des intéressés, qui devraient en être informés en priorité. Ils n'en entendent parler que bien plus tard, ou par personne interposée, ce qui est désastreux pour les relations et la cohérence du groupe. Le coach devra donc dresser la liste des gens concernés et s'assurer de l'établissement d'un plan d'information qui permettra de les tenir au courant.

À qui aurez-vous besoin de demander de l'aide ? – Cette question peut être subordonnée à la première, mais l'aide peut se présenter sous différentes formes. Il peut s'agir d'un arrangement pour faire intervenir des ressources ou des personnes extérieures. Ce peut être le simple fait d'informer un collègue de votre projet et de lui demander de vous rappeler telle chose, ou de vous aider à maintenir le cap. Faire part de votre intention d'agir à une tierce personne suffit parfois à vous garantir que vous ferez bien ce que vous avez prévu.

Quand et de quelle manière interviendra cette aide ? – Rien ne sert de savoir que l'on a besoin d'un coup de main, si l'on ne prend pas les mesures nécessaires pour l'obtenir. Le coach devra insister jusqu'à ce que les mesures à prendre en ce sens soient parfaitement précisées.

Y a-t-il d'autres éléments à prendre en compte ? – Une indispensable question fourre-tout, après laquelle le coaché ne pourra plus reprocher au coach d'avoir oublié un point important. C'est au coaché de s'assurer qu'il n'a rien omis.

Évaluez sur une échelle de un à dix vos chances de mener à bien l'action ou l'ensemble d'actions dont nous sommes convenus – Il n'est pas question d'évaluer ici les chances qu'a l'élève d'atteindre les résultats souhaités, mais le degré de résolution avec lequel il va mettre en œuvre son plan d'action. La réussite de l'opération peut dépendre de facteurs impondérables, tels que l'accord ou les actions de tierces personnes.

Qu'est-ce qui vous empêche d'atteindre 10 ? Si vous vous donnez une note inférieure à huit, réfléchissez à la façon dont vous pouvez réduire votre part de travail, ou vous donner plus de temps pour le faire, de manière à évaluer vos chances à huit, ou plus. Si votre note reste inférieure à huit, renoncez à entreprendre cette action, car il est peu probable que vous parveniez à la mener à bien.

L'exécution

Il ne s'agit bien sûr pas de saper le moral du coaché, mais l'expérience montre que lorsqu'on évalue à moins de huit les chances qu'on a d'accomplir une tâche, on en vient rarement à bout. Il est toutefois fréquent que le coaché, confronté à cet aveu d'échec, trouve tout à coup en lui l'énergie nécessaire pour la mener à bien.

Au travail comme à la maison, nous avons tous nos « bêtes noires » – ces tâches qui résistent à tous nos efforts pour les liquider. Nous les incluons consciencieusement dans nos listes des « travaux en cours ou prévus » et elles y traînent indéfiniment, mois après mois, année après année. Nous finissons par en concevoir une certaine culpabilité, mais nous n'en venons jamais à bout. « Comment je me débrouille pour toujours éviter de faire ça !! ? » marmonnons-nous. Mais après tout, pourquoi ne pas accepter de bon cœur ce constat d'échec… ? Si vous savez d'emblée que vous ne ferez pas telle ou telle chose, rayez-la de votre liste ! Et si vous voulez bannir de votre vie le sentiment d'échec, n'inscrivez-y que des tâches que vous êtes vraiment résolu à mener à leur terme !

Souvenez-vous que le coaching vise à aider la personne coachée à développer sa confiance en elle et à maintenir cette confiance à un certain niveau. Nous devons donc coacher les gens pour qu'ils réussissent, non seulement pour eux mais également pour l'entreprise tout entière.

Clore le cycle du coaching

À ce stade s'achève le cycle du travail. Reste au coach à remettre à son élève un compte rendu détaillé, clair et précis, où seront notées la succession des actions à entreprendre et les réponses du coaché aux questions que faire ? Il le lui fait lire, et lui demande si ce texte reflète bien ce qui a été dit, s'il donne une description fidèle de son plan d'action, s'il lui est parfaitement compréhensible. Il s'assure aussi que le coaché a bien l'intention de l'appliquer. Personnellement, je signale à mes coachés qu'ils peuvent toujours s'adresser à moi par la suite, en cas de besoin. Je prends parfois l'initiative de rétablir le contact au bout de quelque temps pour leur demander des nouvelles de leur plan d'action. Ce genre de détail leur permet de mieux prendre conscience de l'importance que revêt pour moi leur travail. Je tiens à ce qu'ils quittent la séance de travail rassurés sur leur valeur propre et sur les chances qu'ils ont d'accomplir convenablement leur travail. Une tâche abordée avec confiance et détermination est généralement une tâche accomplie.

Voyons comment Michel conclut son travail avec Jean :

MICHEL – Je te relis la liste d'options que nous avons établie... Courir plus souvent, plus vite et sur de plus longues distances ; manger et boire moins, d'une façon plus équilibrée ; s'inscrire dans un gymnase ; fréquenter la piscine ; faire du squash ; du golf ; circuler à vélo ; marcher ; monter les escaliers quatre à quatre ; faire de la gym ou des poids et haltères à la maison. Qu'est-ce que tu vas choisir de faire, dans tout ça ?

JEAN – Je vais certainement continuer le jogging, au minimum trois fois par semaine et pendant vingt minutes.

MICHEL – Et tu commences quand ?

JEAN – La semaine prochaine. Ma première séance aura lieu mardi.

MICHEL – Quels seront ensuite les jours et l'heure de chaque séance ?

JEAN – Ce sera généralement le mardi et le jeudi, dès mon retour du travail, et le dimanche matin. Le dimanche, je pourrai en faire une demi-heure.

MICHEL – Feras-tu autre chose ?

JEAN – Oui. Je vais supprimer les sauces et le chocolat.

MICHEL – Et pour la boisson... ?

JEAN – Ah... j'espérais que tu me l'épargnerais, celle-là ! Mais d'accord ! Je supprime le vin et je ne prendrai pas plus d'un demi par jour.

MICHEL – Est-ce que c'est vraiment réaliste ? Tu crois que tu peux t'en tenir à un demi par jour, quand tu sors avec des copains ?

JEAN – Sans doute pas, mais j'ai une idée sur la question... Disons plutôt sept demis par semaine. Comme ça, si je dépasse la dose, je peux toujours me rattraper les jours suivants.

MICHEL – ça me paraît raisonnable. Effectivement, ça aura le même résultat, mais ce sera plus facile à appliquer. Quand est-ce que tu commences ?

JEAN – Dimanche.

MICHEL – Et tu envisages d'autres formes d'exercice physique ?

JEAN – Je vais prendre rendez-vous pour deux ou trois leçons de squash, pour voir si ça me plaît et si ça me convient.

MICHEL – Quand ça ? Jean – Je savais que tu me poserais la question... ! J'appelle le prof aujourd'hui et ma première leçon aura lieu la semaine prochaine.

MICHEL – Et la leçon suivante ?

JEAN – La semaine d'après.

MICHEL – Y a-t-il autre chose ?

JEAN – Ben, pour le vélo... Je ne vais sûrement pas commencer ça en novembre. Mais je garde cette idée pour le printemps. J'y repenserai le 1er avril...

MICHEL – (Sortant son agenda) Compte sur moi pour te le rappeler ! Et tu ne m'auras pas si facilement...

JEAN – Entre-temps, je peux aussi faire quelques exercices à la maison.

MICHEL – Quels exercices ? À quelle fréquence ?

JEAN – Tu t'y connais mieux que moi ; qu'est-ce que tu en penses ?

MICHEL – Nous y reviendrons. Tu vois autre chose ?

JEAN – Là, ça devrait suffire pour atteindre mon objectif !

MICHEL – Sans doute. Mais est-ce un plan réaliste ?

JEAN – A mon avis, oui.

MICHEL – Quels obstacles prévois-tu de rencontrer dans l'application de ton plan ?

JEAN – Noël. ça va être dur d'éviter les excès de table... Et certains jours, le mauvais temps pourrait m'empêcher de courir. C'est à peu près tout ce que je vois... Ah... j'oubliais ! Et ma tendance naturelle à flemmarder !

MICHEL – Comment tu penses t'en dépatouiller ?

JEAN – Pour Noël, je m'accorderai une semaine d'indulgence et, comme je serai en vacances la semaine d'après, je compenserai par deux séances de jogging supplémentaires.

MICHEL – Et s'il neige, ou s'il y a trop de verglas pour que tu puisses sortir... ?

JEAN – Je remplacerai le jogging par de la natation ou du squash. Bon, je sais ce que tu vas me demander... Quarante minutes de squash ou vingt longueurs de bassin.

MICHEL – Et pour ta flemme, qu'est-ce que tu comptes faire ? Qui n'a pas ce genre de problèmes...

JEAN – J'aurai sans doute besoin d'un petit coup de pouce, de temps en temps.

MICHEL – J'y venais : auras-tu besoin d'aide et auprès de qui tu penses la trouver ?

JEAN – Ma femme me surveillera à table et me rappellera mes séances de jogging. Je lui en parle dès ce soir.

MICHEL – Qui d'autre pourra te donner un coup de main ?

JEAN – Toi, par exemple. Tu peux me téléphoner de temps en temps. Quelque chose comme tous les mois. Et j'aimerais bien que tu me montres quelques bons exercices à faire chez moi. Je n'ai pas envie d'investir des sommes folles dans des accessoires de musculation et tout le tintouin...

MICHEL – Parfait. Voilà un exercice d'abdominaux pour lequel tu n'as pas besoin qu'on te tienne les pieds, et c'est tout aussi efficace (petite démonstration). Tu commences par faire trois séries de dix, et tu augmentes graduellement le nombre de mouvements par série. Tu peux aussi faire des mouvements d'assouplissement et quelques pompes. Toujours en procédant par séries de dix ou douze, plutôt qu'en essayant de forcer. Si tu en fais dix minutes chaque jour, c'est parfait.

JEAN – D'accord. Je ferai ça tous les matins en me levant. Et si je me défile un matin, je pourrai toujours me rattraper le soir. Si je rate un jour entier, je ferai deux séances le lendemain.

MICHEL – Quand est-ce que tu commences ?

JEAN – Demain matin.

MICHEL – Je suis un peu surpris par la résolution avec laquelle tu abordes un programme aussi ambitieux, au vu de tes antécédents. À combien évaluerais-tu les chances que tu as de l'appliquer correctement pendant les trois prochains mois ? Fixe-toi une note de un à dix.

JEAN – C'est vrai. C'est un rude programme… je dirais sept.

MICHEL – Y a-t-il un poste que tu pourrais supprimer ou alléger, pour pouvoir faire un peu remonter cette note ?

JEAN – ça me paraît un poil trop ambitieux. J'ai des doutes pour le squash, parce que je ne pourrai pas le pratiquer seul, au début. Et pas toujours au moment qui me conviendra. Si je laisse tomber cette idée, je pense que je peux évaluer mes chances à neuf.

MICHEL – Parfait. Une dernière petite chose. Est-ce que ce plan d'action te permettra d'atteindre ton objectif ?

JEAN – Mon objectif de départ a légèrement évolué, durant notre travail de réflexion, mais je pense que grâce à ce programme, j'atteindrai largement mes objectifs et j'ai tout à fait confiance en mes chances de réussir.

Cet exemple est volontairement schématique. Les séances de coaching réelles sont souvent plus compliquées que celle-ci et on peut s'attendre à rencontrer de plus fortes résistances de la part des coachés. Mais ce dialogue illustre bien le cheminement global du travail et les principes de base du coaching.

Comme nous l'avons déjà vu, la plupart des séances de travail se déroulent d'une façon moins structurée et moins formelle. Le plus souvent, un non-initié ne devinerait même pas qu'il assiste à une séance de coaching. Il ne verrait qu'une conversation amicale entre deux personnes, dont l'une écoute l'autre avec une attention et une considération toutes particulières, en essayant de l'aider. Mais que le travail avance de façon informelle ou organisée, les principes demeurent : affiner l'**ouverture d'esprit** du coaché face à la réalité et favoriser sa prise de **responsabilité**. Ce sont les principes clés d'un bon coaching.

DEUXIÈME PARTIE

LA PRATIQUE DU COACHING

11.
QU'EST-CE QUE LA « PERFORMANCE » ?

Le coaching est un outil
très efficace si la qualité
d'une performance ou les leçons
à tirer d'une expérience sont
importantes à vos yeux.

L'UN de mes dictionnaires définit la performance comme « l'exécution d'une tâche requise ». Mais cette définition me laisse sur ma faim : elle me fait irrésistiblement penser au « minimum requis » – le principe du moindre effort. Il va sans dire que ce n'est pas dans ce sens que j'utilise ce terme dans cet ouvrage.

La vraie performance, c'est d'aller au-delà de ce qu'on attend de vous. C'est de fixer soi-même les records à battre en plaçant la barre au-dessus de ce qu'on vous demande. C'est évidemment l'expression du potentiel personnel de chacun… ce qui nous amène à la deuxième définition du dictionnaire : « Un exploit, une prouesse, une démonstration publique de virtuosité. » Voilà qui nous rapproche des buts du coaching.

Par définition, la pleine expression du potentiel de chacun exige de sa part une prise en charge ou une responsabilisation totale. Si ce n'était pas le cas, il ne s'agirait pas de votre potentiel personnel, mais, en partie du moins, de celui de quelqu'un d'autre. Le coaching est donc l'outil rêvé pour porter le potentiel humain et les performances à leur point culminant. Les ordres, les contraintes, les menaces et les divers moyens de persuasion, explicites ou non, n'ont jamais convaincu personne de fournir des performances optimales de façon durable, même s'ils peuvent amener les employés à exécuter convenablement leur travail.

Tout chef d'entreprise, tout manager, doit se demander quel niveau de performance il attend de son équipe, quelle qualité de résultat il veut en obtenir. Il peut aussi se demander à quoi ressemblerait une vraiment bonne performance... Le coaching peut permettre d'accomplir des performances qui dépassent à la fois les espérances de leurs auteurs et l'attente de leur coach ou de leur manager.

On peut très bien fonctionner en pilote automatique en ayant l'esprit ailleurs mais pour améliorer ses performances, il faut se concentrer et ne pas se laisser distraire.

Dans la sphère sportive, le succès et l'échec sont bien délimités. Les règles sont simples. Tout se joue sur un laps de temps très court. L'aisance, l'efficacité physique et le moral jouent un rôle déterminant. Personne n'a de mal à trouver en soi la motivation nécessaire. Les médias aimeraient nous faire croire que tout sportif ne rêve que de faire fortune et de se couvrir de gloire. C'est peut-être vrai de quelques-uns, mais dans leur immense majorité, ils poursuivent des objectifs plus subtils, tels que la recherche de son identité, l'estime de soi, la quête de l'excellence et du perpétuel dépassement – des récompenses intangibles et intimes qui n'ont de valeur qu'aux yeux de ceux qui les expérimentent.

Dans la sphère professionnelle, le succès n'est pas aussi tapageur que sur la scène sportive internationale. Il faut généralement plus de temps pour y parvenir. La qualité de la vie sur les lieux de travail, dans ces locaux où l'on passe tant d'heures par semaine, est d'une importance bien plus déterminante. Peu de chefs d'entreprise accèdent à la célébrité et, quand ils font parler d'eux, c'est rarement pour leurs mérites... Mais d'un autre côté, la vie professionnelle recèle une foule de possibilités et offre de multiples occasions de s'accomplir sur le plan personnel, de se fixer librement des objectifs individualisés et d'atteindre à un épanouissement optimal. On peut regretter que ceux qui considèrent leur travail comme une occasion d'accomplissement et de développement personnel soient si rares. Pour la plupart des employés, les tâches quotidiennes sont des corvées, dont il faut se débarrasser au prix d'un effort minimum, plutôt que des défis à relever. En ce cas, comment s'étonner de la médiocrité de leurs performances ?

Les aventures de la Saucisse Johnsonville

Laissez-moi vous raconter une histoire bien ancienne. J'ai à cœur de le faire précisément pour vous démontrer qu'autrefois des leaders avertis étaient capables de faire des choses qui amenaient des résultats exceptionnels, choses que bien des leaders d'aujourd'hui ont toujours du mal à comprendre. Pourquoi tant de dirigeants sont-ils rivés à leur passé, à leurs habitudes, à leur mode traditionnel de réflexion et à leurs errements ? Que faut-il donc pour que les gens changent ? Faut-il qu'ils meurent ? Qu'ils renaissent ? Ou une sérieuse crise économique y suffit-elle ?

Voici donc l'histoire de la Saucisse Johnsonville, une entreprise de charcuterie familiale, établie dans le Wisconsin, que dirigeait en 1980 un certain Ralph Stayer. M. Stayer a publié dans le numéro de novembre-décembre 90 de la *Harvard Business Review* un article intitulé « Comment j'en suis venu à laisser les commandes à mes ouvriers », dont je citerai de larges extraits.

Tout allait pour le mieux chez Johnsonville : le développement, les ventes, les bénéfices… L'entreprise était florissante. Mais…

> « Ce qui m'inquiétait plus que l'essor de la concurrence, écrit Ralph Stayer, c'était cet écart entre le potentiel et les performances réelles. Personne ne gaspillait délibérément le temps, l'argent ou le matériel, mais les employés ne s'investissaient pas dans leur travail. Ils arrivaient le matin, faisaient sans grand enthousiasme ce qu'on leur avait demandé de faire et rentraient chez eux… »

Et d'aucuns reconnaîtront cet état d'esprit, qui n'est que trop répandu… Mais Ralph Stayer poursuit en soulignant le rôle essentiel de la responsabilisation dans l'expression du potentiel de chacun, et donc dans l'amélioration des performances. Comme il en convient lui-même, il est alors passé d'un système de contrôle autoritaire à un système « d'abdication autoritaire ». Il contraignit son équipe de direction à assumer toute la responsabilité du fonctionnement de l'usine. Il espérait que les cadres comprendraient d'eux-mêmes ce qu'il attendait d'eux – mais il n'en fut rien.

> « Au début des années 80, j'ai appris que la responsabilité ne se transmettait pas de force. Il faut que les gens soient prêts à la recevoir, qu'ils la demandent et même qu'ils l'exigent. J'ai découvert que si je voulais convaincre mes employés, je devais apprendre à devenir un meilleur coach. »

Il changea radicalement d'approche. Les ouvriers de l'atelier de fabrication se virent confier le soin de goûter leur production et se chargèrent du contrôle de la qualité. Ils prirent l'initiative d'améliorer leur produit et son conditionnement. Puis le personnel souleva le problème des contre-performances.

> « Nous leur avons proposé notre aide pour établir des critères de performance et nous leur avons donné quelques conseils pour engager la discussion avec les employés dont le travail n'était pas satisfaisant, mais toujours en soulignant bien qu'ils restaient les responsables et les experts en leur domaine – celui de la production – et qu'il leur appartenait de prendre les choses en main à leur manière. J'ai souvent dû me mordre la langue pour m'empêcher d'intervenir, mais ils ont parfaitement assumé ce problème. Ils ont même décidé de licencier certains éléments qui refusaient de satisfaire aux critères de performance fixés par l'équipe. »

Le personnel de Johnsonville prit ainsi d'assaut une grande part du fonctionnement de l'entreprise. Ils abandonnèrent les termes « employé », « ouvrier » ou « subordonné » en faveur du terme générique de « coéquipier ». Cette révolution terminologique donne le ton de la nouvelle culture de l'entreprise. Les critères de promotion sont à présent les aptitudes de pédagogue, de coordinateur, de facilitateur et non plus les compétences de gestionnaire ou d'encadrement au sens traditionnel. Dans son article, Stayer remarquait encore que le personnel…

> « tenait à s'assurer que je pratiquais moi-même les vertus que je prêchais. Je me suis donc attaché à prouver ma sincérité dans les petites choses. J'ai installé sur mon bureau une pancarte proclamant que "toute question contient sa réponse" et, chaque fois que quelqu'un venait m'en poser une, je me demandais si j'étais vraiment le mieux placé pour y répondre – ce qui n'était ordinairement pas le cas. Invariablement, les gens venaient me trouver pour que je prenne des décisions à leur place. Au lieu de leur livrer des réponses toutes faites, j'inversais alors les rôles. Je leur retournais leurs questions pour leur rendre la responsabilité de leurs propres problèmes. »

Au bout de quelques années, les « coéquipiers » de l'entreprise avaient suffisamment progressé dans leur maîtrise du fonctionnement de la production pour prendre de vraies décisions stratégiques, ce qu'ils firent avec succès. Stayer commençait à se sentir comme une sorte de consultant dans sa propre entreprise.

> « Quand j'ai déclenché ce grand chambardement, il y a dix ans, j'avais hâte de voir arriver le jour où tout rentrerait dans l'ordre et où je pourrais réintégrer mes fonctions "normales" de chef d'entreprise. Mais j'ai découvert que le renouveau était précisément le principal travail de tout chef d'entreprise efficace, parce qu'il détermine le présent et l'avenir. C'est un travail que l'on n'achève jamais. Une autre chose que j'ai apprise, c'est que la source de l'enthousiasme qui a transfiguré Johnsonville n'était pas tant le changement en lui-même que tout ce qui avait été mis en œuvre pour l'obtenir. La prise en charge du travail, l'acquisition de compétences nouvelles, le désir perpétuel de s'améliorer, voilà ce qui nous passionne et nous pousse en avant. » L'amélioration des performances de toute personne – y compris vous-même – ou de tout groupe implique un processus de renouvellement permanent dans la façon dont on conçoit l'entreprise et dont on la gère. Un tel changement n'est pas une opération ponctuelle, c'est une véritable odyssée ! Et comme tout voyage, il part d'un point précis (**réalité**) avec une destination clairement définie (**objectif**). Pour accomplir les changements qui nous rapprocheront de l'excellence, je préconise donc de concentrer nos efforts sur les objectifs, les prévisions, l'analyse du contexte, les actions et l'acquisition de compétences nouvelles.

Performance

Stayer a mis en pratique toutes ses idées. Ses « coéquipiers » ont atteint un niveau de performance tout à fait remarquable et ont amélioré la qualité de la vie à Johnsonville d'une manière elle aussi exceptionnelle. Il faut une bonne dose d'audace pour lancer une entreprise dans une telle révolution. Mais tout responsable qui tient à s'assurer de l'excellence de sa production, et qui veut se donner les chances de survivre dans un avenir précaire ferait bien d'envisager de tels chambardements.

Mais par où commencer ?

Le coaching pour l'amélioration de ses propres performances ou de celles d'autrui, individuellement ou en groupe, est une méthode simple et immédiate dès lors qu'on comprend bien ses principes de base. L'application d'un style de management dérivé du coaching est le premier pas vers un renouvellement complet de la culture d'entreprise.

Apprentissage

De nombreuses entreprises commencent à prendre conscience qu'elles doivent devenir « apprenantes » si elles veulent stimuler et motiver leurs collaborateurs et pouvoir répondre à une demande de changement quasi permanent. On constate à cet égard que les notions de performances, d'apprentissage et de satisfaction sont inextricablement liées. Les trois choses sont optimisées par un haut niveau d'ouverture d'esprit et par un objectif fondamental de coaching, même s'il est possible de se concentrer essentiellement – de façon temporaire – sur le développement exclusif de l'une de ces trois dimensions. *A contrario*, lorsque l'une des trois dimensions est négligée, tôt ou tard les deux autres en pâtissent. Par exemple, un haut niveau de performance ne peut être maintenu s'il n'y a pas apprentissage ou satisfaction.

Satisfaction

Beaucoup de sportifs professionnels connaissent des périodes au cours desquelles ils n'éprouvent plus de plaisir à pratiquer leur discipline. De la même façon, la satisfaction que l'on peut éprouver à se dorer au soleil sur une plage ne dure en général que quelques jours, après quoi il est habituel de chercher d'autres occupations. Les établissements scolaires qui n'offrent pas à leurs élèves la possibilité de pratiquer le sport ou les arts plastiques et qui répriment toute manifestation de satisfaction sont incapables de maintenir le haut niveau d'apprentissage qu'elles prétendent offrir. La définition même du mot performance, dans le cadre du coaching, devrait donc inclure les termes d'apprentissage et de satisfaction.

12.
APPRENDRE ET SE FAIRE PLAISIR

Nous ne sommes pas obligés
de savoir comment on doit faire
quelque chose pour être capable de
l'accomplir. Nous avons appris à
marcher, à courir, à faire
du vélo ou à rattraper une balle
sans instructions.

LA plus grande partie de ce livre traite de l'apprentissage. Celui des gestes techniques de tel ou tel sport nous a fourni de nombreux exemples qui ont permis d'illustrer le processus du coaching. Mais l'usage étendu des méthodes d'apprentissage dans le sport, au travail et dans les établissements d'enseignement montre bien à quel point nous comprenons mal comment nous apprenons. L'un des éléments de ce problème tient au fait que les entraîneurs, les cadres ou les enseignants sont davantage préoccupés par des gains à court terme, un bon résultat à l'examen ou le simple accomplissement d'une tâche qu'ils ne le sont par un véritable apprentissage ou l'amélioration de la qualité des performances. Cela doit absolument changer dans la mesure où les résultats obtenus jusqu'à présent ne permettent tout simplement plus de résister à la concurrence. Il faut donc trouver de meilleurs moyens.

Les participants à nos sessions de coaching sont frappés de voir à quel point les principes du coaching sont évidents et de bon sens, tout autant que par leur logique irréfutable – une fois que l'on a accepté de sortir des vieux modèles tyranniques et redondants de pensée qui nous ont enseigné à ne jamais rien remettre en question. De nombreux stagiaires trouvent également utile d'envisager l'apprentissage selon une approche aujourd'hui largement admise dans les centres de formation professionnelle. Cette approche présente quatre stades d'apprentissage :

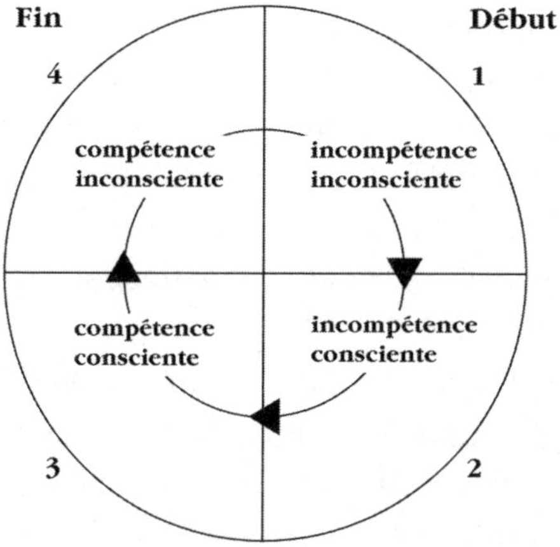

- **incompétence inconsciente** = faible performance, pas de différenciation ni de compréhension :
- **incompétence consciente** = faible performance, prise de conscience des carences et des faiblesses.
- **compétence consciente** = performance améliorée, effort conscient mais contraint (non naturel).
- **compétence inconsciente** = meilleure performance atteinte, naturellement, de façon homogène et automatique.

Le cycle de l'apprentissage nous amène généralement tour à tour à travers chacun de ces segments. À mesure qu'un élément de l'apprentissage devient totalement acquis, et si nous avons la volonté de continuer à nous améliorer, nous nous embarquons pour un nouveau cycle.

Devons-nous toujours, systématiquement, suivre ce cycle en quatre stades, ou bien existe-t-il des exceptions ou des raccourcis ? Un enfant apprend à marcher et à parler, à envoyer une balle et à la rattraper, à courir et à faire du vélo en passant assez vite du stade de l'**incompétence inconsciente** à celui de la **compétence inconsciente**. Plus tard, lorsqu'un adolescent apprend à conduire une voiture, les quatre stades de l'apprentissage sont clairement identifiables, l'apport du moniteur étant mis en pratique au stade de l'incompétence consciente puis à celui de la **compétence consciente**. Après le passage du permis de conduire, l'apprentissage se poursuit au stade de la compétence consciente puis évolue vers celui de la **compétence inconsciente** à mesure que l'acte de conduire est plus profondément intégré. Assez vite, nous sommes en mesure de conduire de façon automatique, tout en concentrant nos pensées ailleurs, sur une conversation ou la musique de l'autoradio. Nos capacités de conduite continuent lentement à s'améliorer avec l'expérience.

L'apprentissage peut également être accéléré en repassant consciemment par tous les stades du cycle. Il y a deux façons de s'y prendre. Soit on utilise un moniteur pour les étapes 2 et 3, soit on suit un processus d'autocoaching. La première solution répond à l'hypothèse que l'on sera incapable de déterminer les erreurs que l'on va commettre et ce qu'il faudrait faire différemment. Nous laissons la responsabilité de nos progrès en matière de conduite à quelqu'un d'autre.

Avec la méthode de l'auto-coaching, nous conservons cette responsabilité, éteignons la radio pour nous concentrer sur notre conduite, observer et analyser notre façon de conduire. Si l'on s'y prend consciencieusement, objectivement et honnêtement, les zones d'amélioration de notre conduite auront tôt fait d'être découvertes. Il peut s'agir d'une utilisation intempestive du levier de vitesse, d'une mauvaise appréciation de la vitesse et de la distance, ou d'une tension dans les bras et les épaules qui provoque une fatigue prématurée. Nous sommes alors dans la phase d'**incompétence consciente**, et sur le point de passer à l'étape suivante en faisant l'effort d'économiser l'embrayage, de surveiller le compteur et de toujours conserver une bonne distance de sécurité par rapport au véhicule qui nous précède. Au bout du compte, grâce à la répétition consciente de ces instructions, ces améliorations se transforment en habitude et nous nous retrouvons dans la phase de **compétence inconsciente**.

Il existe cependant une très importante variation du thème de l'autocoaching, et qui est bien plus efficace encore. Au lieu de faire l'effort de modifier certaines carences en matière de conduite qui ont été identifiées dans la phase d'**incompétence consciente**, nous pouvons obtenir de meilleurs résultats, plus facilement, de la façon suivante.

Ne pas essayer

Il faut identifier la qualité de ce que l'on souhaite obtenir, par exemple, en matière de souplesse de changement de vitesse. Puis, au lieu d'essayer de changer les vitesses plus souplement, il faut simplement observer comment nous les changeons. Pour quantifier cette observation, on peut imaginer une échelle de un à dix, dix représentant le changement de vitesse le plus souple qui soit. Il suffit alors de conduire normalement, simplement en notant à chaque fois la qualité de nos changements de vitesse. Sans effort apparent, les notes vont peu à peu s'améliorer et, en un temps qui vous surprendra par sa brièveté, elles oscilleront entre neuf et dix.

La **compétence inconsciente** apparaît peu à peu, la surveillance des changements de vitesse s'estompe, et la souplesse de cette manœuvre devient constante, même dans des conditions de conduite difficiles ou lorsque l'on conduit un autre véhicule que le sien. Si cette qualité baisse, il suffit d'un ou deux kilomètres de **compétence consciente** et de notation pour revenir au meilleur niveau. Cet apprentissage sans effort, cette amélioration des performances surprend par sa rapidité et la qualité de ses résultats.

En termes de processus d'apprentissage, il y a un saut direct de l'**incompétence consciente** à la **compétence inconsciente** sans passage par l'étape de la **compétence conscience**. La présence du moniteur nous permet des aller-retour fréquents entre le stade de l'**incompétence consciente** et celui de la **compétence consciente**, moyennant un important investissement en temps et en argent. Mais il apporte cette dimension consciente par ses critiques et ses conseils, qui sont extérieurs à l'apprenant. Et plus le moniteur est critique et dirigiste, moins l'apprenant est en mesure de s'approprier le savoir. Un monde sépare le fait d'essayer sans arrêt de faire quelque chose correctement, et le fait de contrôler objectivement sans arrêt ce que nous faisons. C'est cette dernière façon de faire, avec le feedback en boucle qu'elle implique, qui produit un apprentissage de qualité et l'amélioration des performances – cette méthode fonctionne sur le mode de l'autorisation plutôt que sur celui de la contrainte. L'autre façon de faire, plus stressante, est moins efficace et pourtant bien plus couramment utilisée.

Se faire plaisir

Certains pourraient s'étonner que je consacre un chapitre entier à cette notion de plaisir dans un livre destiné avant tout à un usage professionnel. Je n'en suis pas moins convaincu que ce serait une bonne chose, mais je vais néanmoins me limiter à quelques paragraphes.

> ***L'attention concentrée ou la concentration décontractée décrivent le même état de réception passive.***

Nous ressentons avant tout du plaisir par l'intermédiaire de nos sens. Le confort dans lequel nous vivons aujourd'hui en Occident nous expose de moins en moins aux sensations extrêmes des événements normaux d'une vie de travail. Aussi avons-nous inventé des activités sportives et de détente pour retrouver ces sensations. Nous pouvons rechercher des expériences toujours plus extrêmes, mais nous pouvons également les ressentir en améliorant la capacité de nos sens. À mesure que nous sommes plus conscients de nos sensations, certaines expériences très ordinaires peuvent devenir littéralement sensationnelles. Des activités quotidiennes peuvent être à l'origine d'immenses plaisirs si nous en faisons l'expérience plus complètement avec tous nos sens en éveil.

Cette acuité des sens peut être obtenue de différentes façons : modération, abstinence, méditation, entraînement, médication, mais aussi, sans risque, par l'autocoaching. En cherchant à déterminer exactement ce que l'on ressent, ce que l'on touche, ce que l'on entend, ce que l'on voit, ce que l'on sent, ce que l'on goûte et même, ce que l'on pense – et en se concentrant pour répondre le plus précisément possible – nous augmentons à la fois notre acuité sensitive et notre plaisir. Cela développe en nous une meilleure perception du monde environnant et augmente la qualité de nos actions.

> ***L'estime de soi, la confiance et la performance sont des processus lisses. L'apprentissage et le plaisir doivent également avoir cette qualité si l'on veut obtenir des performances durables.***

Une autre forme de plaisir vient de l'expérience que l'on peut faire de réaliser plus complètement son potentiel personnel. A chaque fois que nous réalisons quelque chose de plus difficile, qu'il s'agisse de courage, d'activité physique, de souplesse, de dextérité ou d'efficacité, nous atteignons une dimension inconnue d'acuité sensitive, augmentée par un flux plus important d'adrénaline. Le coaching travaille directement sur les sens, surtout dans le domaine des activités physiques et sportives. C'est pourquoi sa nature même augmente le plaisir. Dans la pratique, les frontières entre performance, apprentissage et plaisir sont donc gommées et, même, disparaissent complètement dans les expériences extrêmes. Loin de moi l'idée de préconiser ces « expériences extrêmes » dans le cadre professionnel, mais elles nous permettent de bien comprendre la façon dont le coaching fonctionne.

13.
LA MOTIVATION ET LA CONFIANCE EN SOI

La carotte et le bâton sont des stimulants persuasifs et fréquemment utilisés. Mais si vous traitez les gens comme des ânes, ils se comporteront comme des ânes.

Le secret de la motivation est le Graal que chaque chef d'entreprise rêverait de découvrir. En effet, la carotte et le bâton, facteurs apparents de motivation, sont de moins en moins efficaces et il n'est guère de responsable qui doute que l'automotivation serait bien plus efficace. Mais forcer quelqu'un à se motiver lui-même est en soi une contradiction. L'automotivation est une donnée éminemment personnelle, hors de portée du plus interventionniste des patrons. Nous savons bien que c'est un facteur psychologique clé, mais où en est la clé ? Il semble que cette motivation soit plus facilement acquise dans le domaine du sport que dans l'environnement professionnel, bien que de nombreux sportifs et leurs entraîneurs cherchent constamment à l'augmenter. Que peut donc nous apprendre le sport à ce propos ?

La plupart des disciplines sportives font appel au corps et à l'esprit pour qu'ils mettent en œuvre, ensemble, une compétence particulière qui repose sur différentes combinaisons d'équilibre, de coordination, de souplesse, d'effort et de force. Plus nous utilisons notre corps au mieux de son potentiel, plus nous prenons de plaisir aux sensations que nous éprouvons à le faire. C'est la raison pour laquelle la pratique du sport est si gratifiante, au point que l'on en devient parfois dépendant. C'est loin d'être le cas pour l'activité intellectuelle ou le travail manuel, en tout cas pour la majorité d'entre nous. Il est clair que le sport jouit ici d'un avantage certain en termes de motivation. Mais d'autres facteurs entrent en ligne de compte.

Les bénéfices externes que l'on retire du sport sont plus immédiats, plus « séduisants » et, surtout, plus importants en termes financiers et de notoriété. Mais, et c'est bien plus intéressant pour notre propos, les performances sportives, à quelque niveau que cela soit, appartiennent exclusivement à ceux qui les accomplissent (ils en ont la responsabilité totale). À cela s'ajoute le fait que le choix d'une discipline sportive, quelle qu'elle soit, est souvent motivé par un désir de s'affirmer et de renforcer son estime de soi. Ces éléments sont pour une grande part responsables de l'automotivation des sportifs et constituent l'essentiel des recettes du succès.

Dans la mesure où l'activité professionnelle est peu gratifiante, en tout cas pour ceux d'entre nous qui ne travaillent pas pour leur compte personnel, les employeurs doivent avoir recours à des facteurs externes de motivation. Or, nous avons tous besoin d'argent. Que l'argent motive est donc hors de doute. Mais lorsqu'il s'agit d'augmentations modestes, férocement négociées et accordées dans un grincement de dents, il ne motive que modérément.

La carotte et le bâton

Depuis que le travail existe, les gens ont eu recours à des combinaisons de menaces et de récompenses pour obtenir que d'autres fassent ce qu'ils veulent. Si l'on remonte au temps de l'esclavage, il n'y avait que le bâton et pas de carottes. Au fil du temps, les carottes sont apparues dans l'espoir que les travailleurs améliorent leurs performances ; et c'est d'ailleurs ce qui se produisit, dans une faible mesure en tout cas. On s'est ensuite efforcé de laver les carottes, puis de les cuire, puis d'en proposer de plus grosses. On s'est également évertué à adoucir les coups de bâton, voire à le cacher pour prétendre qu'on l'avait jeté… jusqu'à ce qu'on en ait à nouveau besoin. Ces différentes manœuvres ont également – légèrement – amélioré les performances.

Mais nous sommes aujourd'hui de plus en plus confrontés à des pressions financières sur les salaires et il y a de moins en moins de possibilités de promotion. Nous voudrions encore améliorer les performances mais notre réserve de carottes est épuisée et l'usage du bâton est systématiquement qualifié de politiquement incorrect. Le système de motivation nous lâche. Mais, à mon avis, il était grand temps, d'autant qu'il n'a jamais vraiment bien fonctionné. En règle générale, on peut en effet constater que les gens n'obtiennent pas de résultats professionnels à hauteur de leur potentiel. Il suffit de les comparer avec ce qu'ils sont capables de réaliser dans des situations d'urgence ou de crise pour s'en rendre compte.

La carotte et le bâton font référence à la conduite des ânes, et, de mon point de vue, la performance de ces animaux n'a rien de particulièrement intéressante. J'espère ne froisser personne en disant que les ânes cherchent en général à en faire le moins possible. Si nous traitons les gens comme des ânes, ils agiront comme des ânes. Nous devons donc modifier de façon fondamentale notre conception de la motivation. Si les gens doivent être vraiment performants, ils doivent s'automotiver.

Il est établi de longue date que la sécurité de l'emploi et la qualité de vie au travail revêtent une importance considérable pour une large proportion de la population. Quand l'un ou l'autre de ces facteurs sont absents, voire les deux, c'est l'argent, le facteur externe de motivation le plus évident, qui prend l'importance la plus grande. « Puisque c'est tout ce que nous pouvons obtenir ici, nous nous battrons pour chaque franc supplémentaire ». L'argent est donc perçu, donné et reçu en tant que mesure de la valeur. Mais il y a aussi une explication psychologique au fait qu'il occupe une place si importante.

La motivation et la théorie de Maslow

Dans les années 50, le psychologue américain Abraham Maslow rompit avec la tradition qui voulait qu'on étudiât la nature humaine exclusivement sous le prisme de la pathologie. Il choisit au contraire d'observer des gens qui avaient réussi, à la personnalité affirmée et accomplie, avant de conclure que nous pourrions tous connaître cette réussite. Maslow affirma que cet épanouissement était en fait l'état naturel de l'homme. Pour lui, tout ce que nous avions à faire, c'était de surmonter les blocages internes qui freinaient notre développement et notre épanouissement. Maslow fut donc le fondateur d'un courant extrêmement optimiste de la psychologie, qui cherche aujourd'hui encore à supplanter le behaviorisme en tant que modèle privilégié de comportement. Cet optimisme psychologique est essentiel si nous voulons adopter le coaching comme style de management.

Maslow est bien connu dans le monde de l'entreprise pour sa « pyramide des besoins ». Ce modèle pose que les besoins les plus essentiels de l'homme sont l'eau et la nourriture, et qu'il ne se soucie de rien d'autre – sauf peut-être d'avoir un téléphone portable – tant qu'il ne les a pas satisfaits. Une fois assuré de ne manquer ni de nourriture, ni d'eau, nous commençons à nous préoccuper de trouver un toit et des vêtements et d'assurer notre sécurité. Lorsque ces besoins sont satisfaits, au moins en partie – ce qui est le cas dans nos sociétés occidentales –, nous sommes sollicités par des besoins sociaux, en particulier celui de faire partie d'un groupe. Ces besoins sont en partie satisfaits par la famille, mais pas uniquement.

La pyramide des besoins selon Maslow

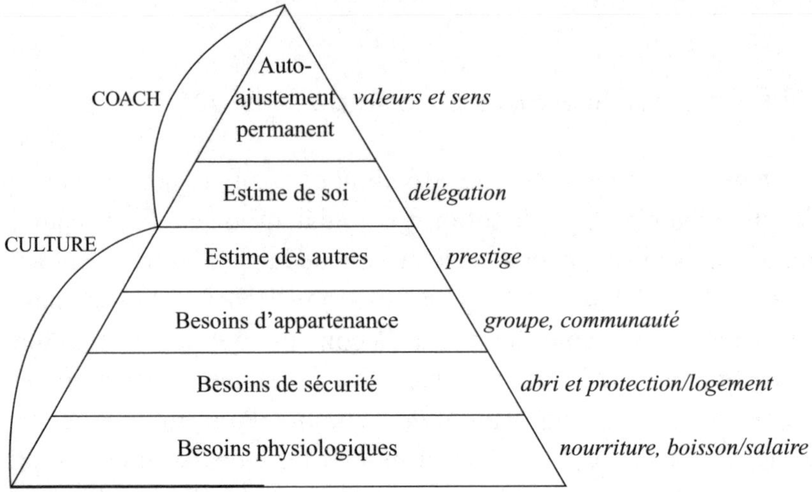

Nous cherchons ensuite à satisfaire un autre besoin : celui d'être apprécié, estimé par les autres, ce que nous faisons à travers des notions comme le pouvoir, la victoire ou la reconnaissance. Ce besoin « extraverti » est ensuite remplacé par un autre, plus subtil : celui de l'estime de soi. Nous en demandons alors davantage à nous-mêmes et fixons nos propres critères d'appréciation de nous-mêmes plutôt que d'utiliser ceux des autres.

Pour Maslow, l'état psychologique le plus abouti est celui de l'« autoajustement permanent ». Il apparaît lorsque les besoins d'estime des autres et de soi sont satisfaits et que l'individu n'est plus poussé par le besoin de prouver quoi que ce soit, à lui ou aux autres. Maslow parle alors d'une personnalité qui s'auto-actualise, plutôt que d'une personnalité autoactualisée, ce qui aurait signifié un état non évolutif, alors qu'il voyait ce processus comme constamment en cours. Le besoin associé à cet état est un besoin de sens et de raison de vivre. Les individus parvenus à ce stade veulent que leurs activités et leur existence aient une valeur, qu'elles soient une contribution à l'existence des autres.

La motivation dans le cadre professionnel

En quoi cela est-il lié à la motivation ? Les gens vont davantage chercher à s'impliquer dans des activités qui les aident à satisfaire leurs besoins psychologiques. Il est vraisemblable qu'ils ne sont qu'en partie conscients de ce processus, parce que l'activité professionnelle s'est spontanément développée de telle façon qu'elle contribue à la satisfaction de ces besoins. Cependant, plus nos systèmes de motivation vont correspondre aux besoins, tels que définis par Maslow, de ceux que nous cherchons à motiver, plus ils seront heureux.

L'activité professionnelle permet de satisfaire les besoins primaires : le salaire permet de se nourrir, de s'habiller et de se loger. Les aides au logement et les restaurants d'entreprise peuvent également aider à satisfaire ces besoins. D'autre part, l'activité professionnelle intègre les gens dans une communauté de travail. Elle permet d'être promu, éventuellement d'acquérir un certain prestige, des augmentations de salaire et même des avantages en nature (voiture, logement de fonction...) à travers lesquels on sollicite l'estime des autres. C'est donc que les facteurs habituels de motivation dans le cadre professionnel – des compensations financières, sous différentes formes – permettent effectivement de satisfaire les besoins primaires, les besoins sociaux et même le premier niveau des besoins d'estime. Jusque-là tout va bien.

Un bref coup d'œil sur l'histoire nous montre qu'il y a quelques dizaines d'années, on accordait davantage d'importance aux aides au logement et à l'emploi, aux clubs sportifs et à toute sorte d'activités associatives qu'aujourd'hui, et beaucoup moins aux promotions et au prestige. En d'autres termes, la société d'aujourd'hui cherche collectivement à satisfaire des besoins d'un niveau un peu plus élevé que par le passé. Les systèmes de gratification professionnelle commencent à prendre en compte cette évolution.

Le besoin que va désormais chercher à satisfaire une plus large part de la population est un besoin de confiance en soi. Or, nos environnements professionnels et nos méthodes de management sont bien mal adaptés pour permettre la satisfaction de ce type de besoins. Et cette mauvaise adaptation vient du fait que la nature même de la confiance en soi est contraire aux objectifs des managers.

Mais de façon périodique, la récente pression économique qui se traduit par des réductions d'effectifs, une plus grande insécurité de l'emploi et des augmentations de salaire minimales conduit un grand nombre de salariés à rechercher la satisfaction de besoins d'un ordre inférieur. De ce fait, le spectre des besoins « de base » est devenu plus grand. Pire encore, beaucoup d'entreprises n'ont pas été en mesure de proposer les « carottes » traditionnelles en matière d'estime des autres : promotions, avantages en nature, etc. Comment, dès lors, les entreprises pourraient-elles motiver leurs salariés ? Elles doivent continuer à leur permettre de satisfaire leurs besoins élémentaires tout en modifiant radicalement leur façon de faire pour permettre à leurs salariés de satisfaire leur besoin émergent de confiance en soi.

La confiance en soi

Maslow a utilisé l'expression générale « besoins d'estime » et a établi la distinction importante entre « l'estime des autres » et « l'estime de soi », mais je préfère utiliser des termes plus descriptifs, à savoir, pour l'estime des autres parler de « statut » et de « reconnaissance », et pour l'estime de soi, parler de « confiance en soi ».

Le besoin de confiance en soi n'est pas satisfait par le prestige ou les privilèges, lesquels sont plus symboliques que vraiment gratifiants. Il l'est lorsque l'on vous juge capable de décider. En d'autres termes, lorsqu'il y a une véritable délégation de pouvoir et que vous avez l'opportunité de révéler tout votre potentiel. C'est l'essence même du coaching. En revanche, dire à quelqu'un ce qu'il doit faire, c'est lui ôter du pouvoir, brider son potentiel et le démotiver.

L'éthique professionnelle et l'avenir

Certains salariés, en particulier les plus jeunes, semblent être à ce stade du besoin d'autoajustement permanent. Ils veulent que leur travail ait une valeur, qu'il ait du sens et une raison d'être. Remplir les poches des actionnaires ne satisfait plus ce besoin. Les entreprises doivent être beaucoup plus attentives à leur éthique, à leurs valeurs et aux besoins de tous leurs partenaires : salariés, clients, collectivités territoriales, société au sens large.

Ce problème est de plus en plus souvent souligné par les collaborateurs et les dirigeants au cours des séminaires que j'anime. Et si les directions sont à la recherche d'un changement de style de management, il est évident que leurs salariés le réclament haut et fort. Si l'on ne veut pas décourager ces jeunes professionnels, ceux que Maslow classe dans la catégorie des personnalités les plus mûres, il faut que cette évolution se concrétise rapidement, car ces changements prendront du temps à être mis en œuvre.

Mais le temps presse. Il nous en reste si peu, en fait, que j'ai consacré à cette question importante plusieurs des nouveaux chapitres de cette nouvelle édition. Ce domaine est en passe de devenir l'un des principaux champs d'activité des coachs qui devront acquérir un nouveau niveau de compréhension.

Choisir un comportement de management

Sur les quatre critères qui nous poussent à choisir notre comportement de management, le développement de nos salariés et collaborateurs est souvent le moins prioritaire. En premier sur la liste, nous trouvons la pression du temps, puis la peur, la qualité du travail ou du produit et, bon dernier, le développement des employés. Le manque de temps et une peur excessive nous conduisent souvent à adopter un modèle autoritaire ; le coaching au contraire est plus adapté pour répondre à des impératifs de qualité du travail et de développement des employés.

La confiance en soi est à la performance professionnelle ce que le sang est à la vie.

Il n'est pas surprenant que le coaching passe au second plan après les visions à court terme et les exigences de rentabilité pour les actionnaires. Pourtant, les choses sont en passe de changer avec les nouveaux employés. Lors des entretiens d'embauche, ils veulent savoir de quelles opportunités de formation et de développement personnel ils pourront bénéficier et à quel style de management ils peuvent s'attendre. Ils ne recherchent ni ne veulent un emploi pour la vie et ils partiront si leurs attentes ne sont pas satisfaites. Ils recherchent également des éléments qui les aident à développer leur confiance en eux, par un exemple un management fondé sur le coaching.

Cette notion est étayée par le fait que de nombreux jeunes employés atteignent souvent le stade de la confiance en soi dans la pyramide des besoins de Maslow. La majorité des membres de notre société occidentale postindustrielle, y compris de nombreux cadres, en est encore au stade du statut et de la reconnaissance. Ce décalage peut entraîner deux problèmes : l'un d'eux est que les patrons supposent que leurs employés sont soit dans la même phase qu'eux, soit en dessous dans la pyramide et ne comprennent donc pas qu'il est important que leurs employés croient en eux-mêmes. L'autre est que les employés ne respectent plus leur patron qui semble moins évolué psychologiquement. Leur besoin de maintenir leur statut ou leur comportement autoritaire donne lieu à des plaisanteries ou à du mépris.

La confiance en soi est un étalon utile pour évaluer l'impact de notre comportement sur les autres. Toute instruction, critique, limite dans le choix, manifestation de la hiérarchie, toute cachotterie rabaisse de manière subtile la confiance que les employés ont en eux. Le coaching, la confiance, l'ouverture, le respect, les compliments honnêtes, la liberté de choix et bien sûr la réussite, au contraire, l'augmentent.

Maslow et le leadership

La troisième partie de ce livre est consacrée aux relations qu'entretiennent le leadership et les meilleures performances, mais je voudrais d'ores et déjà, ici, expliquer plus en détails comment le leadership peut être perçu à travers le prisme de Maslow.

Outre un désir évident et commun d'estime des autres, et un sentiment de satisfaction personnelle, les gens qui souhaitent diriger sont nombreux à ne pas savoir *pourquoi* ils le veulent. Je soutiens que ce qui fait un bon leader est davantage dans la question « dans quel but ? » que dans « par quels moyens ? ». Pour illustrer ce point, dans la mesure où les besoins physiologiques sont les premiers que nous ressentions, imaginez la situation suivante : vous aviez soif et vous avez décidé de conduire votre famille jusqu'à un point d'eau. Cela peut passer pour une action bienveillante mais vous êtes-vous assuré que les autres avaient effectivement soif avant de vous mettre en route ? Étiez-vous sans conteste le mieux à même de guider le groupe, ou votre jeune frère avait-il davantage l'habitude de faire cette route ? Cherchiez-vous l'approbation de vos proches ou l'admiration des plus jeunes ?

Est-ce que votre mère, qui connaissait également le chemin vers ce point d'eau, n'aurait pas été un meilleur guide dans la mesure où elle aurait été plus à même de régler son pas sur celui des plus faibles de la troupe ? Avez-vous consulté votre grand-père qui connaît les aléas de la météo et les habitudes des grands animaux prédateurs mieux que personne ? Votre désir d'exprimer votre virilité vous a-t-il poussé à prendre la tête de cette équipée ? Ce périple n'était-il pas une opportunité de renforcer la confiance en lui de l'un de vos frères ou sœurs en l'encourageant à guider l'expédition ? Avez-vous dirigé cette opération parce que vous vous sentiez le mieux à même de faire front à l'attaque éventuelle d'un prédateur, ou l'avez-vous fait parce que vous vouliez jouer le rôle du héros dans le cas où une attaque de ce genre se produirait ? Ne vouliez-vous pas plutôt marcher en tête en sachant que les meutes de loups attaquent régulièrement les plus faibles individus qui peinent à suivre le groupe ?

Diriger peut apparaître comme l'expression d'un acte bienveillant, mais en de nombreuses circonstances, c'est aussi l'expression d'une combinaison de nombreuses autres forces en jeu. L'expédition pouvait-elle, en outre, avoir de nombreux avantages, si d'autres éléments étaient pris en compte ? Sans oublier le rôle des consultations auprès du grand-père et des autres membres de la famille. Peut-être la solution idéale aurait-elle été de placer votre jeune frère à la tête du groupe, puis votre mère qui aurait eu la charge de régler le pas de la troupe, puis vous-même, au milieu, ayant la responsabilité de parer à toute attaque ? Si cela c'était passé comme cela, nous aurions pu parler de bon leadership. Et vous, comment évaluez-vous votre performance lorsque vous vous replacez dans le contexte de cet exemple ?

Le statut et la reconnaissance

J'imagine que si nous en étions toujours au niveau de la satisfaction des besoins primaires, nous observerions moins de manœuvres intrigantes et de leadership abusivement exercé. Aujourd'hui, nous voulons être accepté et aimé, et nous adoptons pour cela des stratégies et des comportements qui vont nous permettre d'obtenir ce résultat. Par exemple, les leaders qui sont avant tout motivés par ce souhait d'être accepté et aimé cherchent à être perçus comme des dirigeants compatissants et suffisamment humbles pour être appréciés tout en étant assez forts pour endosser la responsabilité de la direction. Ils sont à la recherche de la popularité et, de ce fait, ne corrompent pas et n'exercent pas de fortes pressions sur les gens. Mais prenez garde, il est plus d'un gentil leader qui cache un revolver dans son dos et qui est susceptible de jouer la classique alternance du bon flic et du méchant flic. Travailler avec un leader vraiment gentil est une situation plutôt confortable, peu exigeante, assez sûre, et on obtient de lui (ou d'elle) une assez bonne implication dans le travail de groupe.

Cependant, les résultats et la capacité à se renouveler peuvent être longs à se manifester.

Tout cela semble assez innocent, mais attendez un peu que ce leader « gentil » atteigne le niveau du statut et de la reconnaissance. Il – c'est en général un homme – est alors susceptible de devenir étonnamment directif et exigent, et de demander des progrès et des résultats dont il semblait peu se soucier auparavant. Ses costumes auront tendance à devenir plus onéreux et il va acheter une voiture plus luxueuse. Il est désormais entré dans le jeu du pouvoir, et les choses ne vont pas s'arranger. Vous pouvez envisager de quitter le navire parce que, même si auparavant vous pouviez le voir comme votre égal, ce ne sera plus jamais le cas, et il est plus qu'improbable qu'il accepte désormais de venir déjeuner avec vous à la cafétéria. Tout cela se produit indépendamment de l'acquisition de toute compétence de leadership, d'une plus grande intelligence émotionnelle ou d'un plus grand savoir-faire ; ou de leur absence.

Le problème vient du fait que nous ne nous situons pas à un seul des niveaux de Maslow à un moment donné. Nous oscillons entre plusieurs niveaux en fonction de facteurs externes et internes. La combinaison complexe de subpersonnalités dont nous sommes faits (un sujet sur lequel j'en dirai davantage au chapitre 24) peut recouvrir plusieurs niveaux et les faire de ce fait entrer en conflit les unes avec les autres. C'est une situation qu'il nous est assez difficile de gérer, mais qui l'est encore plus pour les autres qui nous perçoivent alors comme imprévisibles. Pour rendre les choses encore plus délicates, tout ceci se passe au niveau de l'inconscient, et le sujet ne sait pas complètement ce qu'il fait ni pourquoi il agit comme il le fait.

Le leadership et la confiance en soi

La plupart des dirigeants d'entreprise ont aujourd'hui atteint le niveau « statut et reconnaissance » de Maslow, et c'est justement à ce niveau qu'ils peuvent faire le plus de dégâts. Ils sont souvent arrogants, directifs, dominateurs et pleins de suffisance. Ils sont prêts à tout pour être mieux payés, même s'ils n'en ont pas plus besoin qu'ils ne le méritent, mais c'est un moyen d'évaluer et d'affirmer leur statut.

Mais si un dirigeant d'entreprise parvient à éviter ces pièges et progresse jusqu'au niveau suivant, le besoin de confiance en soi, alors son leadership s'améliore. Les dirigeants qui cherchent à atteindre ce niveau, ou ceux qui s'y trouvent, essayent vraiment de faire les choses « justes », plutôt que d'en avoir l'air ou de simplement faire les choses qui semblent appropriées. C'est seulement en étant authentique que l'on fait l'expérience de cet état de bien-être qui est indissociable de la confiance en soi. Ce dont il s'agit ici, bien entendu, c'est de l'émergence de valeurs altruistes plus larges. Il s'agit de diriger pour les autres plutôt que pour soi-même.

Tout leadership qui s'exerce à un niveau inférieur à celui-là comporte une part d'égoïsme, quelles que soient les autres compétences dont peut faire preuve le dirigeant. Ce leadership n'est utile à ceux qui sont dirigés que pour autant qu'ils aient les mêmes ambitions. Un leader qui exerce au niveau de la confiance en soi n'est pas moins motivé, mais il cherche moins à se mettre en avant que celui qui aura atteint le niveau supérieur, celui de l'ajustement personnel continu. On associe quelquefois à ce niveau la dimension du service, lequel est souvent perçu comme la réponse à une quête de sens et d'objectif, quelque chose que les gens trouvaient auparavant dans leur religion mais qu'ils cherchent désormais ailleurs, y compris dans leur environnement professionnel. Servir les autres se manifeste sous de nombreuses formes, est particulièrement gratifiant et constitue une réponse universelle au besoin de service.

À la fin de sa vie, Maslow a ajouté un autre niveau qu'il a baptisé « autoréalisation ». Mais, comme je l'ai dit, le développement personnel est un voyage, pas une destination. Des commentateurs récents ont également défini ce niveau d'autoréalisation de façon moins ambitieuse, et ont flatté les dirigeants en suggérant qu'ils y étaient parvenus. Je ne partage pas cette analyse. Pour moi, une personne ne peut être décrite comme ayant atteint ce niveau que si elle a dépassé celui du statut et de la reconnaissance, et qu'elle a abandonné tout intérêt personnel. Les apprentis leaders vont aiguiser leurs compétences de direction aux niveaux inférieurs au fur et à mesure qu'ils vont prendre la mesure de leur fonction, mais leur capacité à contrôler les autres devrait être limitée jusqu'à ce qu'ils aient achevé leur développement.

Évidemment, la plupart des jeunes dirigeants cherchent, à un moment ou à un autre de leur développement personnel, à démontrer leur savoir-faire aux autres (recherche de statut et de reconnaissance). À l'occasion d'une crise, d'une guerre, d'une catastrophe, ils peuvent se trouver contraints de prendre la direction des opérations. Il est d'ailleurs intéressant de remarquer que, confrontés à ces situations, les individus les plus jeunes y puissent les ressources pour faire l'expérience, voire acquérir, des compétences que Maslow associe à des niveaux supérieurs de leadership. En pratique, le niveau où nous nous trouvons sur l'échelle de Maslow a peu de rapport avec notre âge. De plus en plus de jeunes dirigeants font preuve d'une maturité indépendante de leurs années d'expérience et plus grande que celle de leurs responsables hiérarchiques, ce qui provoque un renversement de crédibilité – et de respect – au sein de l'environnement de travail.

Le problème se pose lorsqu'une personne plus âgée acquiert, pour une raison ou une autre, un certain pouvoir et l'autorité sur un groupe d'individus qui lui permet de l'exercer, avant qu'elle n'ait atteint le niveau de confiance en soi. De nombreux cadres dirigeants sont restés au niveau statut et reconnaissance pendant des dizaines d'années, et n'évolueront jamais au-delà. Il y a beaucoup trop de seniors immatures qui exercent un grand pouvoir dans le seul but de renforcer leur intérêt personnel, l'acquisition et la détention d'avantages matériels, tout en déguisant leurs objectifs sous une langue de bois bien maîtrisée. C'est en particulier le cas dans les grandes institutions financières, chez les traders, les banquiers d'affaires, les artistes des fonds spéculatifs et les équilibristes des produits dérivés. C'est également souvent le cas chez les politiciens qui nous ont menés à la crise financière. Mais si l'on peut les attaquer, n'oublions pas que c'est notre propre appât du gain, notre ignorance et notre incapacité à prendre nos responsabilités qui leur ont permis de nous mener à l'abattoir.

La bonne nouvelle, c'est que les choses changent, que l'évolution fait son œuvre malgré les résistances, que la responsabilité sociale des entreprises gagne du terrain, que le besoin de transparence exprimé par les consommateurs et le public en général pèse de plus en plus sur les politiques des entreprises, souvent par l'intermédiaire de l'Internet. On l'espère, de nouvelles réglementations administratives vont encadrer les dérives bancaires, même si, au moment où j'écris ces lignes, peu de progrès sont constatés quant aux bonus et aux salaires des financiers. C'est le besoin de statut et de reconnaissance qui s'exprime dans les demandes toujours renouvelées de primes et de salaires plus importants. Ceux qui les perçoivent n'en ont pas vraiment besoin. La culpabilité pousse certains d'entre eux à en reverser une partie à des œuvres sociales – ou bien faut-il voir là une nouvelle opportunité d'être remercié, une autre cerise sur le gâteau ? Bien entendu, les récipiendaires y trouvent leur compte, et l'on pourrait avancer qu'il est de ce fait puéril de critiquer les donateurs, mais il n'en reste pas moins qu'ils pourraient bénéficier des services d'un bon coach ainsi que d'une démarche de développement personnel et de feedback.

14.
LE COACHING, LA QUÊTE DE SENS ET LA POURSUITE D'UN OBJECTIF

« La quête de sens
est la motivation première
de l'homme, ce n'est pas
une rationalisation secondaire
de ses pulsions instinctives. »[1]
Viktor Frankl

À la fin du chapitre précédent, j'ai parlé de ces personnes qui recherchent une signification et un but à leur vie et les trouvent généralement en aidant autrui d'une manière ou d'une autre. De plus en plus de gens semblent rechercher une plus grande justice et se préoccuper des autres autant que d'eux-mêmes. Ces préoccupations altruistes émergentes peuvent également les conduire à remettre en question l'éthique et les valeurs du capitalisme et de la course au profit. Dès lors, il n'est pas surprenant que, partout dans le monde, l'investissement dans des fonds dits « éthiques » augmente rapidement, que le sexisme et le racisme, autrefois endémiques dans les entreprises, soient maintenant largement condamnés, que la responsabilité sociale des entreprises et l'idée d'un rapport unique (financier et responsable) soit de plus en plus adoptées.

1. *Découvrir un sens à sa vie*, éditions de l'Homme, 2005 [*Man's Search for Meaning*, 1959].

Ce sont des gens ordinaires qui se battent pour ces changements car ils veulent avoir leur mot à dire sur la façon dont ils sont traités sur leur lieu de travail et dans leurs relations professionnelles. Cependant le réchauffement de la planète nous renvoie à tous, et aux entreprises en particulier, une image peu glorieuse de nos valeurs et de notre comportement au niveau mondial. De plus, les conséquences potentielles de l'élevage intensif et des OGM nous forcent à réévaluer nos méthodes agricoles même si nous ne sommes pas tous des écologistes illuminés. Quel sera le prochain combat ? Il sera sans aucun doute livré dans l'arène du développement durable, mais nous ne savons pas trop sous quelle forme dans la mesure où les systèmes naturels de régulation sont d'ores et déjà très affaiblis et que nous avons dépassé le stade auquel l'évolution pouvait être raisonnablement anticipée. Notre prochain point d'étape sera un point de non-retour. Les choses sont bien plus sérieuses que ne le laissent penser les mesures largement insuffisantes et à court terme, que prennent les entreprises et les politiciens.

Dans ce contexte, il n'est pas surprenant que la question du sens et de l'objectif poursuivi soit de plus en plus souvent soulevée dans les programmes de formation au coaching, étayée par le désir d'échapper à un environnement professionnel qui apparaît à beaucoup d'égards dépourvu de sens et par le souhait de s'engager dans une activité indépendante. D'un autre côté, le coaching est un outil précieux, en particulier dans ce contexte, pour aider les collaborateurs d'une entreprise à clarifier leurs réflexions, ce qui est d'autant plus utile que s'ils restent perturbés et frustrés, ils seront peu à même de donner le meilleur d'eux-mêmes. Envahis par leur désir de sécurité, certains vont se réfugier dans l'immobilisme, mais c'est alors l'insatisfaction qui les guette. D'autres peuvent quitter l'entreprise, mais la plupart des gens peuvent découvrir comment donner du sens à leur activité, que cela soit dans leur entreprise ou dans des activités extra-professionnelles, ce qui leur permettra de maintenir leur niveau de performance an accroissant leur volonté d'agir et leur satisfaction à le faire.

La distinction entre « sens » et « action intentionnelle »

Le sens et l'action en direction d'un objectif sont en général étroitement associés mais ils ne sont pas identiques et il faut les distinguer. Le sens, c'est la signification que nous donnons rétrospectivement à un événement ou à une action, alors qu'agir en fonction d'un objectif relève de notre intention d'engager telle ou telle démarche. Le sens est surtout d'ordre psychologique, alors que l'action intentionnelle est un concept plus spirituel. Pour être plus précis, nous devrions toujours préciser si nous parlons de sens, d'action intentionnelle ou des deux confondus.

Questions de coaching sur la quête de sens et la poursuite d'un objectif

J'ai répertorié ci-dessous les questions de coaching que j'utilise dans ces situations, tout en gardant à l'esprit qu'en pratique, une question sera toujours déterminée par la réponse à la question précédente. Je présuppose que la personne coachée dans ce cas-là a déjà indiqué qu'elle souhaitait faire un travail sur elle-même pour améliorer la qualité de sa vie professionnelle. J'essaie toujours de commencer sur une note positive et avec le but que poursuit la personne coachée, son idéal.

L'objectif

- Qu'aimeriez-vous obtenir à la fin de cette séance de coaching ?
- Imaginez-vous dans un an. Quelle serait votre situation professionnelle idéale à ce moment-là ? Décrivez-moi de manière détaillée une journée de travail typique. (Cela peut être dans votre travail actuel ou bien ailleurs, sans jugement de ma part.)

- Quels sont les éléments de ce scénario auxquels vous aspirez le plus aujourd'hui ?
- Quelle importance chacun d'eux revêt-il pour vous? (On peut utiliser une échelle allant de 1 à 10).
- Donc quel serait votre but au travail ?
- Quelle échéance vous fixez-vous pour que cela se réalise ?
- Au plus profond de vous, que recherchez-vous dans votre vie professionnelle ?
- Si votre souhait semble très différent de ce que vous faites aujourd'hui, pouvez-vous me donner quelques étapes intermédiaires pour y arriver ?
- Dans votre situation actuelle, par où serait-il bon de commencer ?

La réalité

- Selon vous, quelle proportion de cette situation dépend de vous ? (C'est habituellement une question importante pour la personne coachée car elle réalise que sa situation dépend d'elle alors qu'elle se considérait auparavant comme une victime et avait l'impression de n'avoir aucun pouvoir).
- En dehors des frustrations quotidiennes, qu'est-ce qui vous déplaît le plus dans votre travail ?
- Quelle préoccupation sous-tend cette insatisfaction ?
- Qu'est-ce qui pourrait remédier à cette insatisfaction ?
- Qu'est-ce qui vous ennuie ? Et quoi d'autre ? Dites-m'en plus sur cet aspect.
- Quels types de personnes et d'activités vous déplaisent le plus ?
- Quelle est la proportion de votre temps de travail où vous vous sentez positif ? Négatif ? Considérons le positif.
- Quels types de personnes et d'activités aimez-vous le plus au travail ?
- Qu'est-ce qui fait que vous appréciez ces personnes et ces activités en particulier ?

- Quelles qualités représentent-elles ? Où les trouvez-vous également ?
- Quelles activités, professionnelles ou non, revêtent– elles une signification pour vous ?
- Si vous deviez mentionner un but à votre vie, quel serait-il ?
- Si vous pouviez écrire votre oraison funèbre maintenant, qu'aimeriez-vous écrire sur votre vie ? (C'est une bonne question mais il faut prendre garde à qui on la pose!)

Les options

- Quelles sont les options dont vous disposez pour changer les choses ? (Si la personne coachée répond « Je pourrai changer de travail », continuez comme prévu mais indiquez qu'un changement de formes et de structures ne change pas tout, que c'est la conscience qui doit changer.)
- Quels en seraient les avantages ? Que perdriez-vous ?
- Que feriez-vous pour garantir que les mêmes problèmes ne se reproduisent pas dans un nouvel emploi ?
- Quelle sorte d'emploi ? Comment le trouveriez-vous ? De quelle stabilité disposeriez-vous ?
- Changer d'emploi ou devenir indépendant sont deux options. Étudions maintenant comment nous pouvons introduire certaines des qualités que vous recherchez dans votre travail actuel.
- Et de quelle autre manière ? Où ? Mais encore ?
- Que devriez-vous changer ? Que pourriez-vous faire pour changer cela ? À qui devriez-vous vous adresser pour changer d'autres aspects de votre activité ?
- Si vous pouviez changer tous ces éléments, aurez-vous répondu à vos besoins ?

Cette liste n'est pas exhaustive mais j'espère qu'elle vous guidera dans des séances de cette nature. Les questions ne sont pas toutes directes pour éviter de donner un effet inquisitoire à cette activité.

Le plan d'action

Après avoir posé ces questions, on peut continuer avec une série de questions sur les actions à entreprendre pour ancrer la personne coachée dans l'action, que ce soit dans son travail actuel ou ailleurs, sans que le coach ne l'influence d'une manière ou d'une autre. Il faut toujours garder à l'esprit que la confiance en elle de la personne coachée est primordiale, tout comme l'est le fait qu'elle réussisse à faire ses propres choix.

15.
FEEDBACK ET ÉVALUATIONS

Le plus mauvais feedback est
personnel et critique. Le meilleur
feedback est subjectif et descriptif.

JUSQU'À présent, nous avons présenté le coaching comme un outil permettant de résoudre des problèmes de planning, d'obstacles à lever, de suivi à effectuer, de compétences à développer, etc. Au cours de ce chapitre, je décrirai l'art et la manière d'utiliser le coaching pour favoriser le meilleur feedback, ainsi que dans toutes les situations d'évaluation et de développement personnels et collectifs.

Les cinq niveaux de feedback

On peut identifier cinq niveaux de feedback, de A, le moins utile, à E, le plus productif et le seul qui favorise un véritable apprentissage et une amélioration des performances. Les quatre autres entraînent, au mieux, une amélioration de courte durée, au pire une aggravation de la situation en matière de performance et d'estime de soi.

Pourtant, ces quatre premiers niveaux de feedback sont fréquemment utilisés dans le monde professionnel et, à première vue, ils paraissent intéressants. Mais seulement à première vue.

- Exclamation du supérieur hiérarchique : « Vous ne servez à rien ! » Il s'agit ici d'une **critique personnelle** qui réduit à néant l'estime de soi et la confiance, et qui est susceptible de diminuer le niveau des performances. À l'évidence, il n'y a là rien d'utile.
- Intervention du supérieur hiérarchique : « Ce rapport ne sert à rien ! » Ce **jugement catégorique** sur le rapport, plutôt que sur la personne qui l'a rédigé, n'est guère moins nuisible que le précédent à l'estime de soi de son rédacteur. Il n'apporte pas davantage d'informations à partir desquelles ce rédacteur pourrait essayer de le modifier.
- Intervention du supérieur hiérarchique : « Le contenu de ce rapport est clair et précis, mais sa présentation n'est pas au niveau des gens à qui nous souhaitons le faire lire. » On évite ici l'écueil de la critique pour donner à l'interlocuteur **quelques informations** à partir desquelles il peut réagir, mais sans donner assez de détails et **sans permettre l'appropriation du travail**.
- Intervention du supérieur hiérarchique : « Que pensez-vous de votre rapport ? » **Le rédacteur du rapport est ici en mesure de s'approprier son travail**, mais il est susceptible de répondre de façon évasive à la question, ou d'émettre un jugement de valeur (« je le trouve très bien/très nul ») plutôt que d'en faire une analyse qui soit utile.
- Interventions du supérieur hiérarchique : « Quel est le principal objectif de votre rapport ? » « Dans quelle mesure pensez-vous que cette version atteint cet objectif ? » « À votre avis, quels autres points devraient être davantage mis en valeur ? » « À votre avis, à qui ce rapport est-il surtout destiné ? », etc. En répondant à ce type de questions, **le rédacteur du rapport est amené à donner une description détaillée, sans jugement catégorique** de son travail, et d'analyser le mode de raisonnement qui l'a conduit à le rédiger.

Pourquoi cette dernière forme de feedback permet-elle d'accélérer si efficacement le processus d'apprentissage et l'amélioration des performances ? C'est parce qu'elle seule répond aux caractéristiques du meilleur coaching. Dans notre exemple, pour répondre aux questions qui lui sont posées sur son rapport, le salarié doit réfléchir et s'impliquer. Il doit rassembler et ordonner ses idées avant de formuler ses réponses. En d'autres termes, il doit accroître son **ouverture d'esprit**. Ce dialogue avec son supérieur, lui apprend comment il peut évaluer son propre travail et le rend donc plus autonome. De ce fait, il peut s'approprier sa performance et l'évaluation qu'il en a faite. C'est le processus de **responsabilisation**. Lorsque ces deux éléments – ouverture d'esprit et responsabilisation – sont optimisés, l'apprentissage fonctionne à plein. À l'inverse, si le supérieur hiérarchique ne fait que donner son opinion, l'engagement intellectuel du salarié sera réduit au minimum, le processus d'appropriation du travail ne pourra pas démarrer et le supérieur hiérarchique se trouvera sans aucun moyen d'évaluer ce que son collaborateur aura compris et ce qu'il n'aura pas compris.

L'utilisation d'un mode descriptif plutôt que celui du jugement catégorique, que cela soit du fait du salarié, comme dans l'exemple E, ou de celui de son supérieur, comme dans l'exemple C, permet d'éviter que le salarié ne soit mis en position de se défendre. Cette attitude défensive doit absolument être évitée car, lorsqu'elle apparaît, les éléments objectifs de vérité et de réalité sont le plus souvent dissimulés derrière des excuses et des justifications – auxquels les interlocuteurs peuvent d'ailleurs adhérer en toute bonne foi – qui ne sont pas un terrain favorable à l'amélioration des performances. Toutefois, dans l'exemple C, comme d'ailleurs dans A et B, le supérieur hiérarchique conserve la propriété de l'évaluation du travail et de sa correction, ce qui diminue d'autant la marge de progression du salarié. Pourtant, s'il est évident que les quatre premières interventions, A à D, sont loin d'être satisfaisantes, il n'en reste pas moins vrai que ce sont celles que l'on constate le plus souvent dans l'entreprise.

Feedback, apprentissage et performances

Qu'il provienne de nous-mêmes ou des autres, le feedback est une composante essentielle de l'apprentissage et de l'amélioration des performances. Il doit porter à la fois sur le résultat des actions entreprises et sur le processus qui a abouti à ce résultat. L'endroit où tombe la balle de golf, par exemple, est le résultat de l'action, mais le geste du golfeur pour frapper son coup en est le processus. Dans le domaine sportif, il est assez facile d'apprécier un résultat, mais ce n'est pas toujours aussi évident dans le cadre de l'entreprise. Et même en sport, nous nous contentons trop souvent de juger d'un résultat, en adoptant une attitude de défense ou de justification. Or, c'est exactement le contraire qui serait utile : une description précise, détaillée du résultat obtenu. Au tennis, par exemple, « cette balle est faute » est plus utile que « tu as loupé ce coup ». Mieux encore : « cette balle est vingt centimètres derrière la ligne ». Nous avons autant à apprendre des gestes qui sont à l'origine de ces fautes que de ceux qui sont à l'origine des coups gagnants. Ce feedback peut être apporté par le coach comme par celui qui est coaché, et dans ce dernier cas, nous venons de le voir, il est bien plus efficace encore.

Voyons maintenant ce qu'il en est du feedback sur le processus. Un entraîneur de tennis peut observer le coup droit d'un joueur et lui faire part, de façon descriptive, de ce qu'il constate. Son feedback est fondé sur l'écart qu'il perçoit entre le coup droit observé et ce qu'il considère comme étant un coup droit idéal d'après son expérience. Le coup droit observé n'est qu'un symptôme, le résultat d'une association complexe de multiples facteurs physiques et psychologiques qui est la cause profonde du geste effectué. Toute modification du geste qui serait demandée par l'entraîneur serait d'abord mise en œuvre au niveau le plus superficiel, celui du symptôme. Or, le véritable changement doit intervenir au niveau de la cause profonde. Mieux encore, il doit y trouver son origine. Mais l'entraîneur est incapable d'observer la cause profonde du mouvement réalisé par le joueur. Et c'est le meilleur feedback interne de celui-ci qui doit être mis en œuvre. Pour parvenir à formuler ce feedback, le joueur doit améliorer son niveau de conscience physiologique et psychologique. Il ne pourra y parvenir que s'il suit les principes du feedback tels que nous les avons présentés.

Feedforward

Le feedback porte sur le passé ; un passé immédiat dans le domaine du coaching sportif, un passé souvent un peu plus lointain dans le domaine de l'entreprise. Par exemple, je peux dire à un stagiaire : « à la prochaine balle, je te demanderai quelle partie de ton mouvement te met le plus en difficulté ». Il sera alors attentif au moindre de ses gestes pendant qu'il accomplira son mouvement, et de ce fait, il pourra peut-être gagner en efficacité dès le coup suivant. Je fais donc ici un parallèle entre la « difficulté » et l'efficacité biomécanique du mouvement, ou, mieux encore, j'anticipe qu'un manque d'efficacité biomécanique entraîne une difficulté dans l'exécution du mouvement.

Nous passons donc, en quelque sorte, du feed « back » au feed « forward » ou, dans un langage plus conventionnel, à la planification. Les principes restent les mêmes : si vous êtes mon coach, je dois vous décrire en détail – et donc me décrire à moi-même – ce que je vais faire. Ce n'est pas le cas si vous me dites ce que je dois faire, ni même si vous me demandez si je sais ce que je suis en train de faire. C'est la qualité de vos questions qui va déterminer la qualité du « feedforward » ou de la planification.

« Qui va se charger de ce dossier ? » « Êtes-vous sûr que vous pourrez le terminer dans les délais ? » « Quels sont les éléments de ces dossiers qui vous posent problème ? » « Quels obstacles pensez-vous rencontrer ? » « Quand pensez-vous pouvoir terminer ? » Toutes ces questions entraînent la responsabilisation et l'appropriation, mais elles favorisent également la prise de conscience d'autres facteurs.

La difficulté de changer

Pourquoi continuons-nous à utiliser les méthodes de feedback les moins utiles ? Parce que nous ne regardons les choses que de notre point de vue, au lieu de le faire du point de vue de celui qui accomplit l'action. Parce que nous disons ce que nous voulons sans comprendre les effets que cela produit sur ceux à qui nous nous adressons. Qu'il s'agisse d'habitude, d'arrogance ou d'incapacité à regarder au-delà de la surface superficielle des choses dépend des personnalités de chacun. Mais ce qui compte, si nous voulons vraiment permettre aux autres de donner le meilleur d'eux-mêmes – ceux avec qui nous travaillons, ou même nos enfants – c'est de changer radicalement notre façon de penser et de recentrer notre attention. Notre premier objectif doit être de comprendre ce dont l'autre a besoin pour bien agir, et de poser toute question, faire tout commentaire ou entreprendre toute action qui lui permettrait d'aller dans ce sens. Notre volonté de contrôler, ou de montrer notre supériorité, ou encore notre paresse à abandonner de vieilles habitudes de commandement et à changer d'attitude doivent être mises de côté si nous voulons aider les autres à être plus performants. Il est extrêmement difficile de se débarrasser d'anciennes habitudes de comportement, mais c'est absolument nécessaire.

Revenons à notre exemple le plus simple : regarder la balle au tennis. Il est très important qu'un joueur de tennis regarde attentivement la balle. Mais le lui dire ne suffit pas forcément pour qu'il le fasse. En revanche, et c'est là le paradoxe, le nombre de fois qu'une balle de tennis tourne sur elle-même n'a absolument aucune importance, mais si vous demandez au joueur d'essayer de compter le nombre de tours que fait la balle sur elle-même, il la regardera vraiment.

Voici un autre exemple. Un joueur de tennis place alternativement son coup droit en dehors des limites du terrain ou dans le filet. Il ne voit plus ses efforts qu'en termes de résultat : bon ou mauvais, échec ou réussite. Il est très autocritique. Son estime de soi et sa confiance en lui en pâtissent, ainsi que la qualité de son feedback, peut-être d'autant plus qu'il se retourne vers le fond du cours dès qu'il rate un coup. Il fait de gros efforts pour se corriger, ce qui engendre du stress et davantage d'échecs.

La plupart des entraîneurs traiteraient ce problème par une solution « technique » – et ils auraient tort. En le faisant, ils ne se seront attaqués qu'au symptôme, non à la cause profonde de ce défaut. La cause la plus fréquente de ce type de défauts est un feedback médiocre, soit sur la provenance de la balle, soit sur sa destination. Dans ce deuxième cas, un entraîneur avisé pourrait poser la question suivante : « à quelle hauteur au-dessus du filet est passée ta balle ? » Il pourrait demander au joueur d'estimer, à haute voix, à chaque coup, la hauteur à laquelle passe sa balle. En obtenant un feedback précis du résultat de son action, le joueur va automatiquement corriger celle-ci, sans effort. En abandonnant toute idée de « contrainte » corrective de son action de jeu (il se concentre désormais sur la pertinence de son feedback), le joueur permet à cette correction d'être mise en œuvre d'elle-même, sans effort conscient. De ce fait, il s'approprie totalement la correction de son action. Bien entendu, la hauteur exacte à laquelle sa balle passe au-dessus du filet n'a aucune espèce d'importance ; ce qui compte pour le joueur, c'est sa concentration et sa mémorisation du résultat de ses actions.

Faire en sorte qu'il puisse y avoir un feedback de qualité, autant que possible émis par la personne elle-même plutôt que par son entourage, est un paramètre essentiel pour favoriser l'amélioration permanente, dans le cadre professionnel comme en sport et dans tous les domaines de la vie.

Félicitations

Les félicitations sont une autre forme de feedback. Dans le monde de l'entreprise, où l'esprit critique règne en maître, elles semblent être distribuées avec parcimonie, et reçues d'autant plus avidement. Dans ce contexte, toute augmentation de feedback positif et toute diminution de feedback négatif sont les bienvenues.

Quand quelque chose manque, on passe toujours pour un mauvais coucheur si l'on met en doute son intérêt. Mais il faut ici être prudent. Les félicitations distribuées à tout va, gratuitement et de façon aléatoire, n'ont en effet aucune valeur et peuvent être plus préjudiciables qu'utiles. On accuse en effet bien plus vite de manipulation ou de stupidité ceux qui pratiquent ce genre de louanges qu'ils ne le croient. Ils s'en trouvent décrédibilisés et la confiance comme leurs relations aux autres en sont affectées. Même les félicitations méritées peuvent créer des difficultés. La personne qui est félicitée peut abandonner sa capacité et sa volonté à s'autoévaluer à celle qui la félicite, et accroître ainsi sa dépendance vis-à-vis des opinions des autres. Nous devons faire exactement l'inverse pour renforcer l'autonomie et la confiance en soi de chacun de nos collaborateurs.

Les félicitations doivent être tout à la fois généreuses, sincères et fondées.

Forces et faiblesses

Dans le jargon des entreprises, nous entendons souvent parler de diagnostic des points forts et des points faibles du personnel, des processus ou des produits. Nous pouvons effectivement dresser de telles listes de points forts et de points faibles – sans oublier les nôtres ! Et nous pouvons en dresser bien d'autres : les qualités requises d'un futur employé, les qualités que nous aimerions favoriser dans une équipe de travail ou en nous-mêmes, les fonctions d'une entreprise, d'un service, d'un individu, les compétences techniques, humaines ou manuelles requises. Segmenter ainsi le contexte pour pouvoir l'observer avec un plus grand degré de détail nous permet d'affiner la perception que nous en avons.

Imaginez maintenant que nous appliquions notre système d'évaluation « sur une échelle de un à dix » à ces listes de points forts et de points faibles, de qualités, de fonctions et de compétences… Nous améliorerons encore notre perception. Nous pouvons ainsi noter pour chaque élément ce que nous voudrions qu'il soit, ce qu'il est effectivement – et comparer.

Évaluations

Les systèmes d'évaluation sont légion. Mais ils sont aussi nécessaires que redoutés, mal utilisés et contraignant. Dans une culture d'entreprise qui prônerait l'acquisition de connaissances nouvelles, et où toute idée de blâme serait absente, ces systèmes d'évaluation des performances seraient extrêmement utiles à tous. Mais lorsqu'ils ne font qu'enregistrer le constat des performances passées plutôt que le potentiel de chacun, lorsqu'ils émettent des jugements plutôt que de proposer des descriptions, ils ne sont utiles à personne. Les contextes, les objectifs et l'historique des entreprises sont tellement différents les uns des autres que je ne me risquerai pas à proposer un système d'évaluation qui puisse être à chaque fois pertinent. Cependant, un tel système ne serait sans doute pas totalement à rejeter si il pouvait intégrer les principes du feedback que je viens de décrire, et ceux de l'auto-évaluation dont je vais parler maintenant.

Auto-évaluation

Dans l'entreprise, il est essentiel de pouvoir ainsi évaluer les autres, qu'ils soient vos pairs, vos subordonnés, voire vos supérieurs. Mais l'auto-évaluation est, à mon sens, la mesure la plus efficace. Il est plus productif de considérer ces notes (celles qu'on s'attribue à soi-même ou qui nous sont attribuées par un tiers) non pas comme un jugement sans appel ou le reflet d'une vérité absolue et immuable (ce qui peut avoir un effet démobilisateur) mais comme un écho, une base d'informations à partir de laquelle nous pouvons agir. De même, une bande vidéo, qui fournit une image précise des faits tels qu'ils se sont produits, ne doit jamais être présentée comme une critique mais comme un moyen d'informer. L'auto-évaluation permet d'éviter les effets négatifs de la critique sans saper le sentiment de responsabilité. Au contraire, elle le stimule et l'oriente vers une action appropriée et une dynamique d'amélioration. Exemple…

Qualités

Je me propose d'établir la liste des qualités et des compétences qui me sont nécessaires pour faire efficacement mon travail. Je les note en ordre aléatoire, sans gradation d'importance (voir ci-après). En face, j'inscris la note que je me donne pour chacun de ces éléments d'évaluation et, dans une troisième colonne, j'inscris la note que je peux raisonnablement espérer atteindre.

Le seul fait d'écrire tout cela noir sur blanc a déjà dû améliorer le degré de conscience que j'ai de moi-même. Mais en termes de travail de coaching, je peux encore aller bien plus loin. Le premier groupe de notes représente la RÉALITÉ et le deuxième un but (OBJECTIF) réaliste, spécifique, mesurable, positivement exprimé, un défi à relever. Je n'ai plus qu'à choisir les éléments sur lesquels je veux travailler, leur assigner des limites dans le temps et j'aurai accompli les deux premières étapes d'un processus d'autocoaching. Je prendrai ensuite le temps d'énumérer toutes les options qui se présentent à moi pour développer les compétences et qualités choisies. S'il s'agit d'une qualité, je peux dresser une liste de comportements positifs associés aux personnes qui possèdent cette qualité à un haut degré. Car exprimés ainsi, les éléments de mon plan d'action seront plus concrets et plus précis que sous forme de nouvelles qualités, qu'il me faudrait plus de temps pour développer. À plus long terme, le succès de ces nouveaux comportements me permettra d'évaluer mes progrès dans l'acquisition de la qualité qui les sous-tend.

Enfin, je me poserai la question ACTION et j'établirai mon plan d'action.

Qualités	État actuel	Objectif
aptitude à la communication	8	9
empathie	6	9
patience	7	9
compétence informatiques	4	7
compétence administratives	6	8
enthousiasme	8	8
éveil et vigilance	8	9
aptitude à la comptabilité	5	7

L'évaluation collective

Cet exercice peut se décliner à l'infini pour s'appliquer à autrui, individuellement ou en groupe. Il est particulièrement intéressant de demander aux membres d'une équipe de dresser la liste des qualités qui leur paraissent essentielles dans le travail d'équipe et de donner une note à leur groupe pour chacune de ces qualités. Les écarts qui apparaîtront entre les chiffres offriront une bonne base de départ pour débattre des différents critères d'évaluation indiqués par chacun, et des différentes expériences que les coéquipiers ont de leur équipe.

Une équipe de cinq personnes à qui on avait demandé d'établir une telle liste répondit comme suit :

Frédéric	humour, patience, entraide, cordialité
Michel	confiance, courage, aptitude à coopérer, adaptabilité
Suzanne	sens de l'entraide, flexibilité, enthousiasme, altruisme
Valérie	coopération, confiance, compatibilité d'humeur, sens de l'entraide
David	tolérance, cohésion, confiance, fidélité à ses engagements

Ces cinq listes fusionnèrent pour forger une liste commune. On considéra l'aptitude à coopérer et la cohésion comme deux formulations d'une seule et même chose, ainsi que l'adaptabilité et la flexibilité. Puis chacun nota l'équipe pour chacune de ces qualités, en inscrivant ses notes sur une feuille séparée avant qu'elles soient reportées sur le tableau, pour que personne ne soit influencé par l'avis des autres. Et voici leurs résultats :

Qualités	**Frédéric**	**Michel**	**Suzanne**	**Valérie**	**David**	**Moyenne**
entraide	7	8	4	6	6	6,2
aptitude à coopérer	8	7	8	6	9	7,6
confiance	7	5	5	7	5	5,8
adaptabilité	9	7	8	9	6	7,8
patience	7	8	4	6	8	6,6
cordialité	9	9	7	5	4	6,8
engagement	8	8	9	8	8	8,2
courage	5	6	7	7	8	6,6
humour	8	6	3	4	5	5,2
enthousiasme	7	7	8	6	7	7,0
compatibilité d'humeur	6	6	6	7	6	6,2
altruisme	8	7	6	8	6	7,0
tolérance	7	6	6	6	5	6,0

Dans ce cas, on ne poursuivit pas l'expérience en demandant à chacun d'évaluer sa contribution personnelle à l'équipe, en termes de chaque qualité. On aurait pu leur demander de noter aussi la contribution des autres membres. Ce genre d'évaluation entraîne habituellement de grandes discussions, des querelles, des aventures sentimentales et différents sacs de nœuds, mais si je devais travailler avec une équipe qui prétendrait à une médaille d'or ou dont ma vie dépendrait, je n'hésiterais pas à prendre ce risque, et même des risques plus grands.

Le tableau d'évaluation précédent nous indique plusieurs choses : que l'équipe peut faire des progrès sur le plan de la confiance, que la notion d'humour de Frédéric n'est pas très largement partagée (et en particulier, par les femmes) que Suzanne s'en juge parfois un peu victime et que David a une impression d'isolement. Il y a matière à profusion pour un système de coaching individuel mené entre pairs ou par le truchement d'un facilitateur extérieur. Les membres de l'équipe devraient discuter des **options** qui s'offrent à eux et convenir d'un **plan d'action** qui leur permettrait d'améliorer leur score collectif sur plusieurs de ces qualités.

Reconsidérer ses points faibles

Au lieu de déclarer la guerre aux « points faibles » d'une équipe, il est bien plus efficace de se fixer pour but le renforcement de ses points forts. Cette manière d'envisager la lutte est plus positive, plus créative et présente plus de chances d'atteindre le résultat souhaité. Les exercices de coaching peuvent être déclinés à l'infini, à partir de ce modèle de base, et finement individualisés pour pouvoir s'adapter précisément à toutes sortes de situations. À vous de jouer !

Le coaching permet d'exercer un contrôle personnel. Or, l'une des causes principales du stress dans le cadre professionnel est l'absence de contrôle personnel sur son travail.

16.
LE DÉVELOPPEMENT D'UNE ÉQUIPE

Un petit nombre de personnes
ayant des compétences
complémentaires qui s'engagent
envers un but, des objectifs
de performances et des méthodes
de travail communes dont ils sont
mutuellement responsables.
Katzenbach & Smith,
The Wisdom of Teams.

Nous avons entrepris d'explorer la manière dont on pouvait travailler avec une équipe pour la faire progresser, mais pour obtenir des résultats optimaux, nous allons devoir démonter certains mécanismes de la dynamique de groupe. J'applique ici un modèle simple, en trois phases, qui seront facilement reconnaissables d'emblée dans pratiquement toutes les équipes. Il existe des schémas plus complexes et plus élaborés mais, à l'usage, ils s'avèrent moins commodes.

Ces modèles s'appliquent quelle que soit la taille du groupe considéré – qu'il s'agisse d'un petit groupe ou d'une nation. Les équipes de plus de quinze ou vingt membres peuvent être fractionnées en sous-groupes mais que l'on étudie une équipe de base ou un sous-sous-sous-groupe, certaines caractéristiques demeurent constantes.

Les équipes les plus performantes

Le modèle que j'utilise s'harmonise parfaitement avec l'exercice d'évaluation précédemment décrit. En partant des suggestions de cette équipe, nous pouvons avancer, sans risquer de nous tromper de beaucoup, qu'une équipe qui serait dotée des qualités suivantes, partirait avec de bonnes chances de succès :

entraide	aptitude à coopérer
confiance	adaptabilité
patience	cordialité
engagement	courage
humour	enthousiasme
compatibilité d'humeur	altruisme

Une équipe qui obtiendrait la note maximum pour toutes ces qualités serait certainement d'une efficacité exceptionnelle. Comment peut-on amener un groupe à ce niveau ? Certains vous répondront que c'est une question de chance ou d'atomes crochus. D'autres ne seraient pas totalement convaincus qu'une telle équipe serait l'équipe idéale parce qu'à leurs yeux, une certaine dose de compétition et de frictions internes stimule les coéquipiers et les pousse à se surpasser.

Mais s'ils en sont persuadés, c'est uniquement parce qu'ils n'ont jamais vu mieux. Pourtant, même si elles ne sont pas légions, les équipes équilibrées existent, tant dans le monde du sport que dans les entreprises.

Les étapes du développement d'une équipe

La première tâche d'un chef de groupe est de bien comprendre les stades du développement d'une équipe pour pouvoir favoriser ses progrès et les accélérer. Un modèle de développement d'équipe facilement compréhensible est aujourd'hui connu sous le nom de Firo B. Il n'est pas inutile d'en rappeler les origines modestes. Will Schutz, l'un des initiateurs des techniques de thérapie de groupe qui travaillait à l'Institut Esalen, à Big Sur en Californie, aux côtés de psychologues bien connus comme Maslow, Perls et Rogers – les pères de la psychologie humaniste – avait baptisé sa méthode Firo B en référence au nom que portait la salle de réunion qu'il utilisait le plus souvent à l'Institut. Elle était un peu plus grande que l'autre salle de réunion qui s'appelait Firo A. Je fréquentais cet institut en 1970 et j'ai participé à de nombreux groupes de travail dans la salle Firo B. Un peu plus tard, j'ai produit et co-réalisé un film intitulé *Here Comes Every Body*, dans lequel on voyait Will Schutz animer un groupe de rencontre.

Les participants à une session de thérapie de groupe ont des difficultés à faire part de leurs faiblesses émotionnelles tant qu'ils ne se sentent pas à l'aise avec les autres membres du groupe, il appartient donc à l'animateur de créer aussi rapidement que possible un climat de confiance. Will y parvenait en suivant les principes du modèle qu'il avait développé, et qui reste le plus pertinent, le plus simple et le plus accessible des modèles de développement d'une équipe. Pour évoquer le stade idéal de développement, il parlait de « stade de l'affection » mais dans la mesure où, dans la sphère professionnelle, les gens sont assez réticents devant cette notion, je préfère parler de « stade de la coopération ».

Mais comment, alors, définirions-nous les deux stades précédents qui permettent d'y accéder – si tant est qu'on y parvienne !

Inclusion

C'est le stade initial, celui où chaque membre tente de déterminer s'il fait vraiment partie du groupe, s'il a le sentiment d'y être inclus. À ce stade, les réactions émotionnelles les plus courantes parmi les membres de l'équipe sont l'anxiété et l'introversion (bien qu'elles puissent s'exprimer chez certains par la conduite inverse). Il vous est peut-être arrivé dans votre enfance de déménager et de vous retrouver perdu dans une nouvelle école, entouré d'inconnus, au beau milieu de l'année. Si c'est le cas, vous comprendrez tout de suite. Rappelez-vous vos sentiments d'alors : votre impression d'isolement, le besoin désespéré que vous aviez de vous trouver un copain, rien qu'un… De vous sentir admis, inclus, de vous fondre dans un nouveau groupe, d'y être apprécié. À ce stade, un groupe n'est pas d'une grande productivité mentale. L'énergie psychique des coéquipiers est absorbée par leurs besoins émotionnels et leurs préoccupations personnelles.

S'il y a un leader désigné, les membres chercheront auprès de lui appui et reconnaissance. À ce stade, tout ce que fera ce leader est d'une importance essentielle car son style, et plus généralement sa conduite, prendront rapidement valeur d'exemple et de norme pour le groupe. Par exemple, s'il se montre ouvert et honnête, s'il dévoile ses sentiments et même certains points faibles, les autres membres tendront à calquer leur conduite sur la sienne et une pratique relationnelle saine s'établira. C'est une période où l'on se cherche. Un bon leader doit s'efforcer de percevoir les préoccupations individuelles et de les satisfaire pour que le groupe puisse aller de l'avant. Pour la plupart des gens, cette phase ne s'éternise pas. Mais certains ont besoin de plusieurs semaines, voire de plusieurs mois, pour se sentir totalement assimilés. Ceux qui ont développé un bon niveau de confiance en soi durant leur enfance – et c'est souvent le cas de ceux qui partent à l'assaut des postes de leader – devront faire un effort d'indulgence et d'altruisme envers ceux qui n'ont pas eu cette chance.

Affirmation

Lorsqu'une majorité de ses membres se sentent inclus dans le groupe, on voit émerger un autre type de dynamique. Celle de l'affirmation de soi. C'est une phase d'expression du pouvoir individuel et d'expansion des limites territoriales de chacun. C'est exactement ce que font les animaux. Ils marquent leur territoire (les mâles, bien sûr) et montrent les dents à tout rival qui oserait s'y aventurer. C'est la phase où s'élabore l'ordre de préséance hiérarchique – « la définition des rôles et des fonctions », comme on dit dans le jargon institutionnel civilisé. Mais sur le terrain, cela ne s'exprime pas toujours en termes aussi fleuris. La compétition peut être âpre au sein d'une équipe, et peut déboucher sur des performances individuelles exceptionnelles – mais parfois aux dépens d'autrui. C'est le stade où les membres sondent leurs propres forces. L'équipe peut rattraper en productivité ce qu'elle perd en cohésion.

Cette phase, importante et précieuse, peut mettre à rude épreuve les nerfs du leader. Son autorité sera fréquemment remise en question. Certains membres tiendront à s'assurer qu'ils peuvent exprimer leur désaccord avec le chef avant d'accepter d'être d'accord avec lui. Ils auront besoin d'exercer leur volonté dans des luttes internes pour l'affûter à des fins d'utilisation extérieure. Un bon chef offrira aux membres de son équipe l'occasion de prendre des responsabilités et les y encouragera pour satisfaire leur besoin de s'affirmer. Il est essentiel que le chef laisse s'exprimer les énergies agressives, même si elles le remettent en question. Mais, malheureusement, bien des leaders se sentent menacés par ce genre de comportement. Ils campent sur leurs positions et durcissent leur autorité, espérant ainsi juguler ce processus. Il leur faudra s'armer de patience et de pondération.

Quand on dirige un stage de formation, on ressent souvent cette phase du stage comme le jour de la « mise à mort de l'instructeur ». Cela commence habituellement au soir du deuxième jour, mais un bon leader parvient généralement à « renaître de ses cendres » au cours du troisième jour. Si cette phase coïncide avec la visite d'un intervenant extérieur, il peut s'attendre à avoir du fil à retordre, sans en discerner précisément la raison !

Mais ce n'est qu'une phase nécessaire, voire salutaire, de la dynamique du groupe. Trop souvent (et particulièrement dans les entreprises où une certaine étiquette de courtoisie réservée est de mise), les pulsions agressives ne peuvent s'exprimer que d'une façon latente, qui sauvegarde les apparences, et mettent donc plus de temps à s'équilibrer.

Soulignons encore qu'une équipe peut être très productive dès cette phase, ce qui peut l'amener à découvrir en elle un potentiel encore plus grand. En fait, la plupart des équipes de sport ou de travail ne dépassent que rarement ce stade, en partie parce que c'est celui qu'a collectivement atteint notre société occidentale industrialisée. Aller plus loin serait sortir de la norme, mais avec le coaching, c'est moins difficile qu'il n'y paraît.

Coopération

Au début de ce chapitre, nous avons examiné certaines des caractéristiques les plus positives qui prévalent dans la phase **coopération** d'une équipe. Je ne prétends pas que tout irait pour le mieux dans le meilleur des mondes pour une telle équipe. En fait, à ce stade, on peut voir le groupe prendre une trop grande importance, devenir trop confortable, ne plus laisser place à la moindre dissidence. Les équipes les plus efficaces parviennent à obtenir une excellente collaboration entre leurs membres tout en gardant une certaine dose de tension dynamique. Les meilleurs leaders auront la finesse de cultiver cette source d'énergie.

Stade de développement collectif		**Caractéristiques**		**Stade dans la hiérarchie de Maslow**
COOPÉRATION (performance)	Inter-dépendance	Énergie dirigée vers des buts extérieurs communs	Liberté	Réalisation individuelle, accomplissement
(conformité aux normes)				
AFFIRMATION DE SOI (conflit)	Indépendance	Énergie investie dans la compétition interne	Égocentrisme	Recherche de la reconnaissance d'autrui et de l'estime de soi
INCLUSION (formation)	Dépendance	Énergie inhibée, tournée vers soi	Manque	Besoin d'appartenance

Vous relèverez dans ce tableau une série d'autres termes, entre parenthèses, désignant les différentes phases du développement d'une équipe, avec pour chacune certains traits caractéristiques. Il est loin d'être exhaustif.

Par exemple, dans un groupe au stade de la coopération, si l'un des membres traverse une période difficile, les autres l'entourent de leur solidarité et lui apportent leur aide. Au stade de l'affirmation, les autres peuvent se réjouir en secret de la chute d'un rival. Au stade de l'inclusion pratiquement personne ne s'en apercevra ou n'y prêtera attention.

Dans un groupe au stade de la coopération, si l'un des membres remporte un succès personnel, les autres s'en réjouiront avec lui ; au stade de l'affirmation ils en seront jaloux ; au stade de l'inclusion, ils peuvent même le prendre comme une menace personnelle.

La pyramide des besoins de Maslow

Nous avons largement évoqué le modèle de Maslow dans le chapitre 13 consacré à la motivation. Les trois besoins « supérieurs » en termes de développement de l'individu doivent être mis en parallèle avec le modèle Firo B de développement d'une équipe.

Si l'on pouvait réunir une équipe de personnes « accomplies », elle atteindrait rapidement ce stade de la coopération et donc un niveau de performance élevé. Une équipe constituée en majorité d'individus en mal d'estime et de reconnaissance personnelle manquerait cruellement de cohésion, mais les démonstrations de virtuosité individuelle n'y seraient pas rares. Une équipe constituée de personnes anxieuses d'être appréciées et reconnues serait très peu productive.

Évidemment, les limites entre ces trois stades sont très floues et s'interpénètrent fréquemment. Le niveau de développement et l'état d'esprit de l'équipe peuvent fluctuer à la faveur du moindre changement dans sa composition.

Le macrocosme

Mais la plupart de mes lecteurs reconnaîtront ces stades et leurs traits caractéristiques dans leur vécu personnel, dans la sphère professionnelle ou sur le terrain de sport. Pour vous donner de quoi méditer, imaginons l'ensemble de la société industrialisée occidentale comme un groupe qui vivrait les derniers jours de son stade d'AFFIRMATION et commencerait à donner quelques signes de coopération (actions humanitaires, mouvement pour l'environnement, unification de l'Europe). L'effondrement de l'empire soviétique a été l'inévitable conséquence de cette tentative autoritaire d'amener toute une société à aborder directement, artificiellement, le stade de coopération, sans en passer par les phases précédentes. Quant à la redistribution des frontières en Europe de l'Est (entre autres), on peut y voir une manifestation de régression temporaire au stade de l'inclusion et à ses préoccupations. Certains peuples sont encore confrontés à des problèmes aussi fondamentaux que celui de leur survie et de leur sécurité.

COOPÉRATION

↑

AFFIRMATION

↑

INCLUSION

Comment le coach peut-il faciliter/accélérer le processus ?

Partant de l'idée que ce schéma de développement est commun à tous les groupes, indépendamment de leur taille et de leur structure, nous pouvons en conclure que nous sommes placés devant ce choix simple : soit résister à la dynamique du développement et donc la retarder, soit l'encourager et l'accélérer. Comme des coéquipiers aptes à coopérer seront par définition plus vigilants et plus autonomes que la moyenne, il devient clair que le coaching est un outil essentiel dans le développement de l'équipe. Le chapitre suivant traitera de la meilleure manière de l'appliquer dans le cadre d'un travail collectif.

Les équipes aujourd'hui

On pourrait affirmer qu'en ce début de vingt-et-unième siècle, il est encore plus difficile qu'auparavant de pousser une équipe à donner le meilleur d'elle-même.

Les raisons à cela sont nombreuses :

- les gens ne travaillent plus au sein de groupes bien définis, au contraire les équipes se font et se défont continuellement.
- les membres de certaines équipes sont éparpillés dans différents pays, ce qui rend les contacts plus problématiques et moins fréquents.
- les équipes disposent de moins en moins de temps pour se réunir, se former et opérer pour résoudre un problème de l'entreprise.
- les problèmes qui se posent sont eux-mêmes plus complexes.
- tous les groupes qui collaborent ne doivent pas forcément former une équipe pour atteindre leurs objectifs.

Le coaching a donc un rôle très important à jouer pour aider les gens à bien travailler ensemble. Il peut ainsi les aider à établir s'ils ont besoin de faire partie d'une équipe et quand. Le coaching s'applique aussi bien au travail en groupe qu'au travail en équipe. Comment l'utiliser au mieux au sein des équipes ? C'est ce qu'explique le chapitre suivant.

17.
LE COACHING DES ÉQUIPES

Un manager n'a que deux rôles :
le premier est de faire en sorte
que le travail soit accompli,
le second que les collaborateurs
qu'il supervise développent
leurs capacités.

Un manager, dit-on, n'a que deux fonctions : faire en sorte que le travail soit réalisé et faire progresser ses collaborateurs. Trop souvent, je l'ai déjà dit, les cadres sont essentiellement concentrés sur la première de ces deux fonctions pour s'occuper de la seconde.

Pourtant, ces deux fonctions sont étroitement associées lorsque l'on utilise le coaching comme mode de management. C'est également le cas pour ce qui est des équipes. Lorsqu'une équipe est dirigée sous le mode du coaching, le travail est bien réalisé et l'équipe progresse. Dans les pages qui suivent, je vais aborder différentes applications du coaching d'équipe dirigées vers l'accomplissement des tâches et le développement de groupe.

Le coaching d'une équipe dans le but de lui faire réaliser certaines tâches est fondé sur les mêmes principes que le coaching individuel. Plus une équipe est consciente de ce qu'elle fait, et attentive, collectivement et individuellement, meilleurs sont ses résultats.

Accomplissement des tâches

Imaginons que l'on confie une tâche nouvelle à une équipe. Son animateur peut engager un coaching de groupe en lui posant, collectivement, certaines questions. S'il s'agit d'une équipe importante, nombreuse, les réponses peuvent être apportées par des groupes de deux ou trois personnes qui en débattront entre elles avant de formaliser et de présenter leur position aux autres. Ces groupes peuvent être constitués de collaborateurs venant d'horizons différents, de différentes fonctions de l'entreprise, et l'animateur peut tout à fait être intégré dans l'un d'eux.

Cette méthode va permettre à l'équipe dans son ensemble de dresser la liste de ses différents **objectifs**. Chacun aura apporté sa compréhension de la **réalité**. Les ressources et les idées de chacun seront mises en œuvre pour déterminer quelles **options** de conduite il faut retenir et l'on parviendra à élaborer un **plan d'action** qui sera le fruit de la volonté du groupe dans son ensemble. Bien entendu, le leader de l'équipe ne pose pas uniquement quelques questions, il est présent et participe activement à l'élaboration des réponses. Cette façon de faire prend plus de temps qu'une simple réunion d'information, mais le résultat de l'équipe sera infiniment meilleur si toutes les ressources sont mises en commun et si tous ses membres sont attentifs et se sentent responsables de leurs actions.

Dans certaines situations, le leader de l'équipe fera un coaching de groupe, par exemple à l'occasion d'une analyse des résultats passés. Il peut le faire en demandant à chaque membre de l'équipe de répondre à ses questions, mais il peut également leur demander de les écrire plutôt que de les formuler oralement. Cela permet à chacun d'examiner en détail sa contribution personnelle au résultat global. Voici quelques exemples de questions :

- Quelle partie du travail a été pour vous la plus difficile/longue/stressante ?
- Combien de temps cela a-t-il pris ?
- Quelles ont été les difficultés principales ?

- Qu'est-ce que vous feriez autrement la prochaine fois ?
- Qui devrait être informé des changements que vous souhaitez ?
- De quel soutien avez-vous besoin ? De qui ? Comment pouvez-vous l'obtenir ?
- Si vous aviez eu ce soutien, comment cela aurait-il modifié vos résultats/votre rapport aux autres/la qualité de votre travail/le temps que vous y avez passé ?

Chacun des membres de l'équipe peut alors brièvement présenter ses réponses aux autres et finaliser son compte-rendu en fonction de leurs remarques. Ce processus est extrêmement complet, il fait ressortir de nombreux détails et il est une garantie de clarté et de compréhension. Il tire partie des ressources de toute l'équipe, favorise l'engagement de chacun et l'appropriation des résultats tout en consolidant l'estime de soi et l'automotivation.

Certains responsables d'équipe peuvent considérer que tout cela est, au mieux, inutile, au pire un ramassis d'âneries. Certains continueront de penser que la participation, l'engagement, la confiance en soi, le partage des responsabilités, la satisfaction et la qualité de vie au travail sont des luxes que l'entreprise n'a pas les moyens de s'offrir et qui n'améliorent en rien ses performances. Mes arguments ne pourront sans doute pas les convaincre du contraire. Avec le temps, ce sont les démissions successives de leurs collaborateurs et leur désaffection professionnelle qui s'en chargeront.

Le coaching par l'exemple

Il est vital pour un manager d'instituer une relation correcte avec les membres de son équipe dès l'instant où il les rencontre. Ses collaborateurs calqueront leur comportement sur le sien. Ils tendront d'abord à se poser dans un rapport d'émulation avec lui, même si cette conduite n'est d'abord pour eux qu'un moyen de s'assurer de son approbation, dans leur phase d'inclusion à l'équipe.

Si le leader veut établir des relations ouvertes et honnêtes, il doit commencer par appliquer lui-même ces principes. S'il veut que la confiance règne entre les membres de l'équipe et entre eux et lui, il doit leur faire confiance et se montrer digne de leur confiance. S'il désire qu'il s'établisse des liens d'amitié entre les membres de l'équipe en dehors du travail, il doit participer aux sorties en commun, aux rencontres sportives, etc., voire en prendre l'initiative.

Comme la plupart des personnes et des équipes s'attendent encore à voir le chef adopter un style autocratique, ils risquent d'être surpris et même déconcertés par la conduite d'un chef qui établirait d'emblée un climat de confiance et de participation. Certains interpréteront même cette attitude comme un signe de faiblesse, d'insécurité ou de manque de confiance en soi de la part du chef. Le leader aura donc tout intérêt à prévenir ce genre de préjugés en décrivant dès le premier jour le style de management qu'il compte adopter, et en sollicitant les questions de ses collaborateurs, à ce sujet.

Il doit aussi s'engager très clairement quant au temps et à l'énergie qu'il compte investir dans le développement de son équipe dans une perspective à long terme d'amélioration de la qualité sous tous ses aspects (par opposition à une démarche de travail au jour le jour). Si les belles déclarations qu'il fera en faveur de l'esprit d'équipe ne sont pas suivies d'actes et s'il se contente d'abreuver ses coéquipiers de paroles, il n'obtiendra d'eux que la monnaie de sa pièce – c'est-à-dire pas grand-chose. Ce qui paie, c'est le véritable engagement.

Le coaching appliqué aux équipes

Le modèle Firo B de développement d'équipe décrit au chapitre précédent nous fournit une excellente base d'application. Un coach ou un leader conscient qu'une équipe atteint son niveau de performance optimum au stade de la coopération peut appliquer le coaching dans un travail favorisant l'évolution de l'équipe à travers ces différents stades, tant avec l'ensemble des coéquipiers qu'avec chacun en particulier. Par exemple…

« Notre **objectif**, adopté d'un commun accord, est d'amener notre équipe au stade de la coopération. Or, après examen de la **réalité**, nous nous sommes aperçus que notre stade de développement se situait quelque part entre l'inclusion et l'affirmation. De quelles **options** disposons-nous et quel **plan d'action** allons-nous mettre en œuvre ? »

Les options pour atteindre le stade de la coopération

Voici la liste d'options que j'ai établie à partir des réponses des participants aux cycles de travail sur le développement des équipes :

Convenir après discussion d'un ensemble d'objectifs communs à toute l'équipe – Ceci doit se faire au sein de l'équipe, sans tenir compte des objectifs qui lui sont assignés de l'extérieur par l'entreprise. Il reste toujours une certaine marge de manœuvre quant à la façon de procéder et quant aux modifications qui peuvent intervenir par la suite. Chaque coéquipier doit pouvoir contribuer à l'établissement de cette liste et doit pouvoir y inclure d'éventuels buts plus personnels qui s'inscriraient dans la dynamique des objectifs communs à l'ensemble de l'équipe.

Définir d'un commun accord une liste de règles de base ou de principes de travail qui soient approuvés par tous – Tous les coéquipiers doivent s'engager à appliquer ces règles, y compris celles qui n'ont pas leur totale adhésion. Si chacun veut que ses propositions ou ses principes soient appliqués, il est primordial que chacun accepte de respecter ceux des autres. Ces règles de base doivent faire l'objet d'un contrôle régulier pour s'assurer qu'elles ont toujours l'adhésion du groupe. Il faudra au besoin les modifier ou les réactualiser. Si tout le monde accepte de bonne foi d'appliquer ces règles, et si les manquements restent exceptionnels, ces derniers ne doivent pas faire l'objet de rappels à l'ordre.

Certaines des suggestions qui suivent pourraient d'ailleurs faire partie d'une telle liste…

Prévoir du temps libre pour des séances régulières consacrées à l'amélioration de la cohésion de l'équipe – (Ces séances pourront aussi s'intégrer aux réunions de fonctionnement normal sur les travaux en cours.) Ces plages permettront de passer en revue les principes de base. Chaque membre pourra y exprimer ses opinions personnelles, ses remarques, remerciements ou réclamations, pour favoriser l'établissement d'un climat de confiance et d'ouverture, et faire en sorte que chacun se sente reconnu en tant qu'être humain, dans toute sa spécificité, et non traité comme un simple rouage dans une machine de production. Les discussions sur l'organisation du travail lui-même ne devraient jamais empiéter sur ce temps réservé à la réflexion et à la discussion.

Demander à chacun s'il souhaite participer à d'éventuelles sorties ou activités extérieures qui seraient organisées sur une base régulière – Si le groupe convient d'une activité régulière, il faudra respecter le choix des membres qui ne pourront y participer soit parce qu'ils auront pris d'autres engagements, soit parce qu'ils préféreront consacrer ce temps libre à leur vie de famille. D'un autre côté, ceux qui feront ce choix devront s'attendre à se sentir parfois un peu isolés.

Instituer des systèmes d'entraide pour faire face (au besoin de façon confidentielle) à d'éventuels problèmes personnels – S'il est impossible, pour des raisons matérielles, géographiques ou autres, d'organiser un système de réunions régulières et spécifiques, on peut mettre au point un réseau d'entraide informel, de « copain à copain », pour que chacun puisse avoir au moins une personne à qui se confier en cas de besoin. Ainsi, les problèmes mineurs pourront être résolus en un minimum de temps sans empiéter sur le planning des réunions de travail régulières.

Se trouver des pôles d'intérêts communs en dehors du travail – Certaines équipes ont découvert qu'une activité extérieure ou un centre d'intérêt commun pouvait avoir un effet très positif sur leur cohésion. Je me souviens qu'un groupe avait choisi de parrainer un enfant dans un pays en voie de développement. Tous les mois, chaque équipier versait une certaine somme pour la scolarisation de leur filleul. Ils s'accordaient à reconnaître que cet enfant avait énormément contribué à la qualité de leur vie, au moins autant qu'ils avaient pu le faire pour la sienne.

Apprendre quelque chose ensemble – C'est une variante de l'option précédente avec, de plus, une orientation professionnelle. On peut, par exemple, s'initier au coaching, acquérir ensemble de nouvelles compétences ou apprendre une nouvelle langue. Cela pourrait aussi se faire dans le cadre d'une saine émulation avec d'autres équipes locales – au sein d'une même entreprise par exemple.

S'entraîner ensemble – Les coéquipiers peuvent reprendre l'exercice du chapitre 14 en l'adaptant à leur cas particulier et en le déclinant à volonté. Les relations d'équipe s'en trouveront renforcées. Cet exercice pourra mettre en lumière certaines qualités et permettre de les améliorer. Cela permet aussi d'établir remarquablement vite un climat de confiance, de sincérité et de compréhension mutuelle. Cet exercice peut se reprendre tel quel ou sous différentes formes, à intervalles réguliers (lors d'une réunion sur deux, par exemple).

Prévoir des discussions sur les aspirations individuelles et collectives telles qu'elles sont perçues par chacun – Ce genre de sondage « ratisse » à la fois plus profond et plus large qu'un simple tour de table où chacun définit ses objectifs. Nos aspirations sont le moteur de notre comportement. Une carence d'aspirations mène droit à la léthargie, à la dépression, au délabrement physique et mental. Cet effort d'exploration ou de perception d'un élément aussi diffus, qui relève généralement du domaine de l'inconscient, contribuera à focaliser les énergies de l'équipe et à améliorer la qualité de la vie professionnelle et extra-professionnelle de ses membres.

Une équipe engagée dans un processus de coaching aurait intérêt à réfléchir attentivement à ces suggestions ou **options**. C'est-à-dire que, même si c'est le leader qui les présente ou s'il les appuie de façon tacite, c'est aux coéquipiers que revient la décision de les adopter. Cette décision devra se prendre de façon démocratique. Il faudra la définir, la préciser et l'enregistrer selon la méthode que j'ai déjà détaillée au chapitre 10. Ne perdons pas de vue ce que nous visons en dernier ressort : l'amélioration du fonctionnement et des résultats de l'équipe, non pas à coups de décisions imposées d'en haut, mais par une plus grande **ouverture d'esprit** et davantage de **responsabilité**, au niveau individuel et collectif.

18.
SURMONTER LES OBSTACLES AU COACHING

L'obstacle le plus important
est l'incapacité à se détacher
de ce que l'on a fait auparavant.

Nous avons étudié le contexte du coaching, son intérêt et sa logique. Cette démarche n'a rien de mystérieux ou d'inaccessible. C'est la simplicité même. Il ne suffit cependant pas de lire un livre pour acquérir cette compétence, pas plus que pour apprendre à conduire ou à frapper correctement une balle de golf. Comme toute compétence, elle exige de la pratique. Mais si on s'engage dans cette pratique avec la détermination, la vigilance et la responsabilisation qu'elle demande, on a toutes les chances de progresser rapidement et d'en recueillir les fruits.

Une nouvelle vision d'autrui

Le coaching exige et provoque un changement radical dans la perception qu'on a de soi-même et des autres, aussi bien de ses pairs que de ses subordonnés, ou de ses concurrents. Dès lors qu'on considère chacun comme potentiellement capable d'exceller dans son secteur et qu'on voit en chaque personne une graine gorgée de promesses, tout change. On ne traite plus les gens comme des récipients vides qui n'ont que peu de valeur tant qu'ils n'ont pas été remplis de savoir extérieur. Cette révolution peut prendre un certain temps ou peut se produire très vite, comme une révélation soudaine. Et on peut déjà améliorer le niveau des performances en appliquant les principes de coaching déjà définis, avant même qu'elle n'ait été accomplie et que les idées sur lesquelles elle se fonde n'aient été parfaitement assimilées.

Évidemment, rien n'est acquis d'avance. Attendez-vous à vous heurter à quelques obstacles. Le plus important, sans doute, étant l'incapacité non pas à coacher mais à ne pas dire ce qu'il faut faire, à vous détacher de ce que vous avez réalisé auparavant dans telle ou telle circonstance, à oublier vos habitudes de management ou d'enseignement. Une fois que vous aurez franchi cet obstacle, vous pourrez commencer à coacher.

L'une des inquiétudes les plus souvent formulées est la suivante : « comment coacher des employés réticents ? » On me pose souvent cette question mais plus souvent en prévision que parce que l'on a été véritablement confronté à ce genre de difficultés auparavant. Si le coaching se fait de manière délicate, il est souvent accepté sans difficulté ou même bienvenu, ce qui ne veut pas pour autant dire que tout le monde l'accueille à bras ouverts. Tout changement dans le comportement d'un manager est perçu avec suspicion par certaines personnes et peut donner lieu à une certaine résistance.

La plupart des gens ont une longue histoire personnelle de relations d'obéissance : vis-à-vis de leurs parents, de leurs professeurs, de leurs premiers patrons. Il est dès lors assez naturel qu'ils s'attendent à ce qu'on leur indique quoi faire, et nombreux sont ceux qui trouvent étonnant qu'on leur demande leur avis. Une autre façon d'envisager ces résistances consiste à bien observer ce à quoi cette résistance s'applique précisément. À l'évidence, c'est la capacité d'ouverture au monde et l'autonomie, ainsi que leurs conséquences, qui font l'objet de ces résistances. Vous pouvez donc coacher les gens avec l'objectif d'identifier cette source de résistance et de la dépasser.

J'ai déjà dit qu'il était plus facile d'apprendre des choses nouvelles, comme les bases du coaching, que d'abandonner les anciennes, c'est-à-dire donner des ordres ou en recevoir. Nous sommes conditionnés par une longue histoire autoritaire, que nous soyons coach ou coaché. L'attente et donc la volonté de recevoir des ordres sont en nous, même si exercer son libre arbitre présente des avantages indéniables. Il est bon d'expliquer et de rappeler à ceux que l'on dirige ou coache ce qu'ils pourront en tirer : à savoir, apprendre à penser par eux-mêmes, avoir conscience de tout ce qui améliore la performance, apprendre et s'épanouir, avoir plus de choix, un sens plus aigu de la responsabilité, une plus grande confiance en soi, des possibilités de promotion, apprendre à se coacher soi-même et à coacher les autres que ce soit sur le lieu de travail ou en dehors. Les avantages sont nombreux mais certaines résistances peuvent subsister.

Quand nous étions enfants et que nos parents nous posaient des questions, cela annonçait rarement de bonnes choses. Par exemple : « Pourquoi as-tu fait ça ? » était une question à laquelle il n'y avait pas de bonne réponse, nous avions tort quoi que nous répondions. Quand nos professeurs nous posaient des questions, c'était soit pour tester nos connaissances soit pour vérifier qu'on avait bien écouté. Dans tous les cas, il était important de répondre correctement et nous percevions donc les questions comme des menaces.

Il n'est donc pas surprenant que pour certaines personnes, les questions de coaching soient également intimidantes. Le coach devra donc mettre à l'aise ces personnes, tisser un lien de confiance entre elles et lui et ne pas émettre de jugement sur leurs réponses. Il pourra également faciliter les choses en expliquant et en montrant que le but des questions de coaching n'est pas de tester la personne mais de la pousser à prendre conscience de certaines choses.

Si la résistance persiste, il se peut que les personnes coachées refusent de s'ouvrir l'esprit ou d'endosser plus de responsabilités parce qu'elles pensent sans doute que leur train-train quotidien en sera chamboulé. Elles peuvent craindre que les questions les poussent à révéler à elles-mêmes et aux autres ce qu'elles ont derrière la tête. Un conditionnement pendant leur enfance peut leur avoir appris à ne jamais montrer leurs émotions ou toute autre faiblesse humaine sous peine que d'autres en profitent. Même si leur paranoïa peut paraître irritante, adopter une approche patiente et compatissante est la meilleure marche à suivre.

Bien sûr, il existe toujours des personnes difficiles en toute circonstance. Cela peut venir d'une grande hostilité envers l'entreprise ou le manager, ou bien envers les gens en général. Il s'agit le plus souvent d'un employé réticent qui veut faire juste assez pour garder son travail mais pas plus : « C'est ce pour quoi je suis payé. Ne me demandez pas de penser par moi-même. Vous êtes le manager, vous êtes payé pour cela. »

C'est un comportement difficile à changer mais les personnes ayant ce genre d'attitudes ne peuvent pas aimer leur vie professionnelle. Adopter une approche très douce qui les aide à découvrir que leur qualité de vie sur le lieu de travail peut être améliorée s'ils coopèrent est probablement la seule option. Introduisez les questions de manière si progressive que la personne ne se rende même pas compte qu'elle est coachée ; en fait à cette étape-là elle ne l'est même pas, vous lui posez simplement des questions un peu plus fréquemment qu'auparavant.

Les obstacles cités ci-dessous ont été recueillis par les participants à nos programmes de coaching. Ils sont tous exprimés comme s'ils étaient réels et non supposés ou construits par le manager ou par le coach potentiel. Bien sûr, s'ils sont perçus comme réels, ils le deviennent jusqu'au moment où ils sont reconnus comme une préoccupation personnelle contenant une part de vérité.

J'ai classé les obstacles en deux catégories : les obstacles extérieurs et les obstacles internes en fonction de la différenciation qu'en font les participants. Je commenterai chacun de manière succincte et reprendrai quelques exemples déjà cités pour montrer comment on peut les catégoriser.

Les obstacles externes

La culture de l'entreprise s'oppose à ce genre d'approche…

De toute évidence – sinon, votre entreprise appliquerait déjà le coaching sous une forme ou une autre. La philosophie du coaching fait précisément partie de cette nouvelle culture d'entreprise qu'essaie d'instituer l'avant-garde de votre organisation. D'autres lui préfèrent l'illusion assoupissante et faussement sécurisante de l'ordre établi, mais de plus en plus d'entreprises en arrivent à cette conclusion : dans les années qui viennent, leur survie peut dépendre des changements qu'elles décideront d'entreprendre aujourd'hui et le confort du conservatisme pourrait bien se révéler le choix le plus périlleux.

Les gens voient toute nouvelle méthode d'un œil goguenard…

Sans doute. Certains, en tout cas, et surtout si la communication n'est pas le point fort de votre entreprise ! Mais ne vous laissez pas décourager. Expliquez-leur ce que vous ferez différemment et *pourquoi* vous le ferez.

Ils ne comprendront pas ce que je ferai et s'en méfieront…

Voir ci-dessus…

Ils se diront que je suis encore sous l'effet de mon stage et me donneront quelques semaines pour revenir à mon état « normal »…

Voir ci-dessus…

Ils penseront que ce n'est qu'un gadget de plus…

Expliquez-leur qu'il ne s'agit pas d'un gadget, mais d'une démarche nécessaire à l'amélioration des performances et des relations dans votre équipe. Ils s'apercevront vite qu'il ne s'agit effectivement pas d'un gadget – à moins que vous-même ne le considériez comme tel.

Ça me prendrait trop de temps. Je ne vois pas quand je pourrais me consacrer au coaching…

Tout dépend de la manière dont vous comptabilisez votre temps. Sur le moment, il est généralement plus rapide de dire aux gens ce qu'ils doivent faire. Mais s'ils oublient ce que vous leur avez dit et que vous devez le leur répéter encore, encore et encore… ou si vous devez rester constamment derrière eux… où est le gain de temps ?

Voici ce qu'en dit Cameron Burness, directeur de la production chez ICI Pharmaceuticals :

> « Je ne perds jamais de vue les résultats. Le coaching me permet d'amener mes collaborateurs à un niveau d'efficacité où je peux leur confier des tâches dont je devrais sinon me charger. Pour moi, le temps que je consacre au coaching est un investissement extrêmement rentable, dont je recueille les bénéfices sous forme d'une énorme économie de temps réalisée grâce à la délégation des tâches. En cas de force majeure, vous n'hésiterez pas à revenir aux mesures d'urgence, mais si vous ne vous donnez jamais les moyens de responsabiliser votre personnel par un travail approfondi, vous vous trouverez pris dans l'engrenage du management "à vue", au coup par coup. »

Ils attendent de moi que je leur dise ce qu'ils doivent faire…

Si c'est ainsi qu'ils ont toujours fait, ils doivent effectivement s'attendre à ce que ça continue. Mais « ils s'attendent » ne veut pas dire « ils préfèrent » !

Ils veulent qu'on leur dise ce qu'ils doivent faire et refusent de prendre des responsabilités…

Des gens à qui l'on n'a jamais donné l'occasion de prendre en charge leur travail, ni dans leur famille, ni à l'école, ni dans leur vie professionnelle peuvent être d'abord effrayés à l'idée de prendre des responsabilités, comme nous le sommes tous devant l'inconnu. Mais profondément, nous aspirons tous à devenir responsables de notre travail, en partie parce que c'est une mesure de notre valeur personnelle. Les gens qui souffrent d'une mauvaise image d'eux-mêmes ont du mal à assumer des responsabilités. C'est tout un travail que de s'attaquer à ce genre de blocage, mais le coaching est le meilleur moyen d'en venir à bout. Voici quelques bonnes questions à poser lors d'une séance de coaching :

- Qu'est-ce que vous attendez de votre travail, en dehors de votre salaire ?
- Qu'est-ce que ça signifie pour vous, être responsable ?
- Vous sentez-vous écrasé sous le poids de vos responsabilités actuelles ?
- Les responsabilités sont-elles toujours un fardeau, pour vous ?
- Selon vous, qu'est-ce qui séduit les gens, dans le fait de prendre des responsabilités ?
- De quoi d'autre êtes-vous responsable, dans la vie ?
- De quoi avez-vous peur ?
- Que pouvez-vous faire pour y remédier ?
- Quel genre de responsabilités aimeriez-vous prendre ?
- Accepteriez-vous de prendre plus de responsabilités pendant une semaine ?

Le seul fait de répondre à ces questions est en soi un début de prise en charge. Quiconque y répond assume déjà la responsabilité de ses réponses et de ses choix. Si vous, leur chef, ne les aidez pas à prendre en charge leur travail, qui le fera ? Et, entre nous, êtes-vous vraiment satisfait du travail minimal que vous fournissent vos employés irresponsables ?

Ils vont se dire que je suis devenu dingue...

Possible. Et alors ? Quoi de plus sympathique que l'audace de la folie ! Expliquez-leur.

Je vais perdre toute autorité...

Un chef qui adopte l'approche non directive du coaching s'attire un respect plus authentique et plus profond que cette illusion de pouvoir grâce à laquelle s'imposent les autocrates – du moins tant qu'ils se maintiennent à leur poste.

Je suis un expert dans mon domaine. Ils respectent mes compétences et attendent de moi des conseils éclairés.

Votre compétence ne perdra rien de sa valeur. Seule changera la manière dont vous l'utiliserez. Dispensez-vous votre savoir à contrecœur et au compte-gouttes, pour que personne ne parvienne à un niveau de compétence qui puisse rivaliser avec le vôtre, ou voulez-vous former des gens qui soient capables, à long terme, de vous succéder et de poursuivre votre recherche de l'excellence... ?

J'applique déjà des méthodes non directives. Je ne vois pas ce que je pourrais améliorer !

Prétendre appliquer déjà quelque chose est une ruse classique pour éviter les changements qui s'imposent. Ceux qui vous feront cette réponse ont sans doute au fond de leurs tiroirs une méthode de coaching au rabais qu'ils appliquent plus ou moins, et plus ou moins bien. Pour en avoir le cœur net, il suffit de demander l'avis de leurs employés. Mais attention ! Cet obstacle peut aussi être l'un de vos propres blocages internes... qu'en pensez-vous ?

Les obstacles internes

Ça n'a rien d'une nouveauté, pour moi... Voilà des années que je le fais !

Si vous vous contentez d'émettre une réponse aussi péremptoire, il y a de fortes chances pour que ce ne soit pas vrai... !

J'ai peur de ne pas le faire correctement...

Sans un minimum de pratique, vous n'y arriverez effectivement pas. Commencez par l'autocoaching, c'est plus sûr. Essayez ensuite avec votre équipe de foot du samedi ou avec vos enfants. Dans votre entreprise, il doit bien y avoir des personnes ou des équipes avec qui il sera plus facile de faire vos premières armes. Commencez avec eux, en leur expliquant bien votre démarche.

Je serai bloqué. Je ne saurai pas quelles questions poser…

Pas si vous appliquez les règles de l'écoute et de l'observation attentive de votre interlocuteur, et pas si vous calquez bien votre démarche sur sa dynamique mentale et ses courants d'intérêt. C'est cela qui vous donnera la direction des questions à poser. N'oubliez pas que vous agissez comme un révélateur, et non comme un professeur qui dispense un savoir magistral. Restez très simple. Tout le processus n'est qu'une variation sur ce thème central :

- Que voulez-vous ? Objectifs
- Que se passe-t-il ? Réalité
- Que pouvez-vous y faire ? Options
- Qu'allez-vous faire ? Action

Je n'obtiendrai peut-être pas les mêmes résultats qu'avec mon style de management actuel !

Certainement pas – ils seront bien supérieurs !

Mon système actuel marche très bien. Pourquoi changerais-je ?

Parce que votre poste et la survie de votre entreprise peuvent dépendre d'une amélioration de vos performances et de la qualité de la vie sur votre lieu de travail.

La plupart des obstacles extérieurs ont une composante interne majeure.

Je n'ai jamais cru à ces systèmes non directifs !

Dommage pour vous. Mais avez-vous seulement essayé ?

De toute façon, la seule chose qui fasse marcher les employés, c'est l'argent.

Des études récentes et approfondies montrent qu'il n'en est rien. Mais si vous avez cette impression, c'est peut-être que vous n'avez jamais proposé aux vôtres rien de plus motivant… ! (voir chapitre 13).

Autres obstacles internes

Vous pouvez maintenant ajouter votre liste personnelle de barrières externes en faisant précéder chacune de vos objections de la formule « Il me semble que… », ce qui n'implique absolument pas que tous vos obstacles externes soient dénués de tout fondement réel. Mais il est toujours salutaire de prendre conscience que certains sont, partiellement, de nature interne.

Nous préférons tous penser que « le problème, c'est les autres ». Cela nous conforte dans nos opinions et nous évite d'en changer, mais ça implique aussi que nous sommes devant une situation sans issue, puisque nous n'avons que peu de contrôle sur ce qui se passe dans la tête d'autrui. Dès lors que nous admettons projeter sur eux certaines de nos propres limitations, nous reprenons les commandes et nous pouvons espérer faire évoluer les choses, puisqu'elles dépendent en partie de nous.

Encore un exemple de plus de la perception de la réalité intérieure et de la prise en charge individuelle appliquées à l'amélioration des performances du management !

Lâcher prise

Peu importe que la nouveauté soit meilleure, renoncer aux vieux symboles de notre sécurité est toujours difficile mais il faut le faire pour apprendre et adopter de nouveaux comportements. Les principes et les techniques de coaching sont simples et faciles à apprendre. Abandonner la bonne vieille habitude de donner des ordres pour la remplacer par le coaching est beaucoup plus dur. De par mon expérience, je sais qu'il est souvent plus productif de dédier plus de temps et d'attention à aider les gens à abandonner les vieilles habitudes plutôt qu'à leur en apprendre de nouvelles.

Une fois qu'ils se sont débarrassés de l'ancien, la tendance est de remplir le vide laissé. Retirez les blocages et le potentiel émerge.

Souvent, c'est en se débarrassant du besoin de contrôler que l'on regagne du contrôle.

Après tout, le coaching est une compétence naturelle que l'on n'a même pas besoin d'apprendre si l'on fait preuve d'une certaine ouverture d'esprit. De bons parents qui n'ont jamais appris les notions du coaching l'utilisent de manière très efficace avec leurs enfants aussi bien pour leur apprendre à nouer leurs lacets qu'à faire leurs devoirs de mathématiques. Ils le font car ils aiment leurs enfants et se préoccupent de leur apprentissage et de leur croissance. Si les dirigeants se préoccupaient un petit peu plus de leurs managers que de leurs bilans, ils pourraient coacher et le bilan s'améliorerait tout seul.

19. LES MULTIPLES AVANTAGES DU COACHING

Les avantages du coaching
sont légion, pour le coach comme
pour celui qui est coaché.

Quels sont donc les avantages du coaching par rapport aux méthodes de management plus traditionnelles et quel est pour une entreprise l'intérêt de se doter de ce que j'appellerai « une culture du coaching » ?

Amélioration des performances et de la productivité

C'est notre principale préoccupation, et c'est le premier argument en faveur du coaching : ça marche ! Le coaching porte les hommes et les équipes à leur meilleur niveau de performance, chose dont les méthodes directives ne se préoccupent même pas.

Formation continue du personnel

Comme nous l'avons vu, il ne suffit pas d'envoyer vos employés suivre un ou deux séminaires par an pour leur assurer une bonne formation. La façon dont vous les dirigez les amènera soit à progresser, soit à régresser. À vous de voir…

Une meilleure intégration du savoir

Le coaching est une forme d'apprentissage autonome et accélérée, qui peut se faire sans perte de temps, directement sur le terrain, dans des conditions gratifiantes, tout en permettant une meilleure assimilation des informations engrangées.

Une meilleure qualité de relation

Le seul fait de poser des questions à quelqu'un établit une relation valorisante pour cette personne et pour ce qu'elle a à dire. Si vous vous contentez de lui signifier vos instructions, cela élimine toute possibilité d'échange. Vous pourriez tout aussi bien programmer une machine…

Un jeune tennisman prometteur, mais particulièrement peu loquace, à qui je demandais de me citer les qualités qu'il trouvait à son coup droit, me répondit : « Mais je n'en sais rien ! C'est la première fois qu'on me demande mon opinion là-dessus… » Sans commentaires…

Une meilleure qualité de vie

L'atmosphère de respect et d'attention réciproque, des relations mieux équilibrées – et le succès qui en découle ! – ont un effet extrêmement positif sur le climat global de l'entreprise.

Des managers plus disponibles

Des employés autonomes qui prennent en charge leur travail n'ont pas besoin d'être sans cesse encadrés, contrôlés ou surveillés. Leurs cadres peuvent donc se libérer pour leurs fonctions de direction générale, auxquelles ils ne parvenaient jamais à se consacrer suffisamment.

Plus d'idées, plus créatives

Le coaching et son contexte encouragent tous les coéquipiers à faire part de leurs suggestions, sans craindre de paraître ridicules ou de n'être pas écoutés. Or, une idée originale en déclenche souvent bien d'autres, en cascade… !

Une meilleure utilisation des hommes, des compétences et des ressources

La plupart du temps, les managers n'ont même pas idée des ressources qu'ils ont sous la main. Dès qu'ils appliquent le coaching dans leurs équipes, ils mettent à jour des talents cachés et des mines de solutions que seuls pouvaient découvrir ceux qui exécutent régulièrement telle ou telle tâche.

Des procédures d'urgence plus rapides et plus efficaces

Dans un climat qui les valorise, les hommes se mobilisent toujours plus rapidement en cas d'urgence ou en prévision des difficultés à venir. Dans trop d'entreprises, les employés se contentent d'exécuter les ordres en veillant à ne fournir qu'un minimum d'effort.

Une meilleure capacité à s'adapter aux circonstances et aux changements

Tout le coaching repose sur l'attitude à adopter face aux changements du contexte, sur la capacité à réagir de façon responsable et autonome. Nous serons désormais confrontés à une demande accrue de flexibilité. La concurrence exacerbée, l'accélération des innovations technologiques, les moyens de communication instantanés, l'incertitude économique, l'instabilité sociale – autant de facteurs qui précipitent le rythme des changements. Seules survivront les entreprises dynamiques, capables de s'adapter vite et sans heurts.

Des employés plus motivés

Je répète une fois de plus que la méthode de la carotte et du bâton n'a plus la même efficacité et que les employés deviennent plus performants parce qu'ils le veulent bien et non parce qu'ils le doivent. Le coaching aide les gens à découvrir une motivation interne.

Un changement de culture

Les principes du coaching sous-tendent le style de management d'une culture d'entreprise performante à laquelle tant d'entreprises aspirent. Tout programme de coaching rendra la transformation de la culture plus réalisable.

Une compétence de vie

Le coaching est une attitude et un comportement qui a des applications multiples aussi bien sur le lieu de travail qu'en dehors. C'est une compétence de plus en plus en demande ; ceux qui cherchent à changer de travail dans un avenir proche découvriront donc que cette compétence est précieuse où qu'ils aillent.

Coacher, c'est gagner !

Le coaching sportif abandonne enfin ses racines comportementales. Les coachs remplacent de plus en plus souvent, ou à tout le moins enrichissent leurs anciennes pratiques d'enseignement en privilégiant l'individu plutôt que la technique, le potentiel plutôt que la correction des erreurs. Cette approche développe un bien meilleur état d'esprit, qui est la condition nécessaire à un apprentissage naturel, à l'émergence d'une efficacité biomécanique, au détriment d'une technique sensée correspondre à tous les profils. Un bon exemple de cette tendance a été fourni par les performances remarquables des coureurs cyclistes britanniques au cours des Jeux olympiques de Pékin en 2008. Le directeur de l'équipe, Dave Brailsford, explique : « j'ai toujours été un ardent partisan de la carotte plutôt que du bâton. Je ne crois pas à l'humiliation, au dirigisme ni au contrôle de tous les instants ; il s'agit bien plus de superviser et d'apporter un soutien. »

Cette même année 2008, un entraîneur d'une équipe galloise de rugby puis celui d'une équipe anglaise de football m'ont raconté deux histoires très semblables qui renvoient à une observation faite autrefois par Tim Galley et qui l'avait conduit à développer sa conception d'un entraînement organisé à partir du point de vue de l'athlète. Tim disait des joueurs de tennis qu'il entraînait que « moins il leur enseignait de choses, plus ils apprenaient. » Les deux entraîneurs dont j'ai parlé ont évoqué des circonstances où, alors que leurs équipes avaient été laissées livrées à elles-mêmes une semaine entière avant un match important au lieu de suivre leurs séances habituelles d'entraînement, elles avaient pratiqué leur meilleur jeu et obtenu les meilleurs résultats de toute leur saison. Pourquoi ? Parce que les joueurs avaient eu la responsabilité de leur préparation et de leurs performances : une approche centrée sur l'athlète.

Il y a une vingtaine d'années, quelques entraîneurs aventureux et atypiques ont commencé à pratiquer cette approche. L'un d'entre eux, David Whitaker, qui plus tard me rejoindra ainsi que David Hemery chez Performance Consultants, l'utilisa avec l'équipe anglaise de hockey sur gazon à l'occasion des Jeux olympiques de Séoul en 1988. Lorsqu'il prit le poste d'entraîneur, il avait derrière lui une longue carrière de joueur professionnel et l'équipe attendait toujours ses instructions avant de commencer une séance d'entraînement. Mais peu à peu, les joueurs prirent l'initiative. Ils apprirent à se coacher les uns les autres. Les défenseurs coachaient les attaquants et vice versa. David coachait systématiquement l'équipe avec l'objectif de lui déléguer la responsabilité de la conduite des séances, du choix des méthodes d'entraînement et des horaires. Il dit des joueurs qu'ils étaient parvenus à constituer : « une équipe harmonieuse, dynamique, sans gommer les talents individuels. »

La préparation de l'équipe se passait tellement bien que David suggéra même qu'elle parte à Séoul sans lui, et il laissa aux joueurs le choix de cette option. Ils décidèrent qu'il pourrait les accompagner « pour porter leurs bagages » et remportèrent la médaille d'or.

Comment ces principes peuvent-ils être appliqués dans le monde du travail ? Voici une histoire tirée d'un article rédigé par Cari Tuna dans le *Wall Street Journal* en novembre 2008.

Il y a deux ans, Greg Cushard animait huit ou neuf réunions par semaine chez Rubicon Oil Co., l'entreprise qu'il avait fondée et qu'il dirigeait. Il interrompait les échanges entre ses collaborateurs, pointait leurs erreurs, prenait toutes les décisions, avoue-t-il. « J'agissais davantage comme un joueur de champ que comme un entraîneur. » Cela lui laissait peu de temps pour réfléchir à l'avenir de son entreprise. Les salariés « avaient cessé de faire des propositions parce qu'ils craignaient d'être sacqués. » Sous la pression de ses principaux collaborateurs et avec l'aide d'un coach, Cushard est parvenu à cesser de « micromanager ». Ils quittaient les réunions quelques minutes après en avoir précisé les objectifs et l'ordre du jour, et peu à peu il cessa même complètement d'y participer, déléguant cette responsabilité à d'autres. Rubicon emploi quelque 40 salariés. « Ils ne voulaient plus que je vienne, explique Cushard, ma présence gênait leur processus de réflexion. » Aujourd'hui, les collaborateurs de Rubicon dirigent les réunions à tour de rôle. Le sens des responsabilités s'est beaucoup accru dans les différents départements de l'entreprise. Greg Cushard assiste désormais à deux ou trois réunions par semaine. Ses collaborateurs lui envoient le compte-rendu de celles auxquelles il ne participe pas. Le temps qu'il a pu ainsi libérer l'a amené à créer une autre entreprise, une centrale de compensation qui suit les prix du pétrole. En tant que propriétaires « nous pensons que nous en savons plus que les autres, explique-t-il. Mais ce n'est pas vrai, pas toujours. J'ai compris que tout ne tournait pas autour de moi. »

La Field Gun Race

Voici un autre exemple étonnant de l'immense valeur de ces principes d'entraînement. Il ne s'agit pas à proprement parler d'un sport, et il n'appartient pas non plus à un contexte professionnel au sens communément admis du mot.

La Field Gun race est le clou du Royal Tournament, une grande manifestation militaire qui se tenait chaque été à Londres. Les participants étaient issus des différentes divisions de la Royal Navy. Créée il y a de nombreuses années, cette course commémore une campagne héroïque de la guerre des Boers durant laquelle des pièces d'artillerie avaient été transportées à dos d'homme pour franchir une chaîne de montagnes. L'épreuve consiste à démonter partiellement un canon et son affût puis à traîner le tout sur un parcours d'obstacles qui relèverait déjà du tour de force sans ce surplus de chargement. Cette compétition était réputée pour ses traditions de discipline rigide, de force physique et de leadership hiérarchisé qui produisaient des résultats étonnants mais sont diamétralement opposés à tout ce que prône la philosophie du coaching. Les équipes en lice disposaient de neuf semaines pour sélectionner et entraîner les seize hommes qui composaient chacune d'elles.

En 1990, Joe Gough se vit confier l'entraînement de l'équipe de l'armée de l'air. Juste avant la période d'entraînement, il avait suivi un stage de deux jours animé par mon ami David Hemery et moi-même. À la suite de cette courte formation, il décida courageusement de changer radicalement son approche d'entraîneur. Quelques jours plus tard, David rendit visite à l'équipe et fut impressionné par l'efficacité de Joe, ou devrais-je dire plutôt par celle de l'équipe. Que c'était-il passé ? Pour la première fois dans l'histoire de cette épreuve, un corps d'armée avait raflé les cinq principaux trophées.

L'équipe A avait réalisé le meilleur temps absolu, le meilleur temps cumulé, le plus important total de points et le plus petit nombre de pénalités. Quant à l'équipe B, elle remporta également une épreuve. Ce résultat exceptionnel avait été obtenu avec une réduction de 30 % du temps d'entraînement à la course par rapport aux années précédentes et une baisse notable de blessés. Après l'épreuve, Joe déclara : « cette année, nous avons tout changé, et si nous avions échoué, j'aurais été cloué au pilori. Mais me voilà la coqueluche de l'Armée de l'air. » Lorsque nous lui demandâmes d'expliquer les raisons de ce succès, il déclara : « Auparavant, nous avions une tête et seize paires de jambes. Désormais, nous avons seize têtes. » L'équipe gagna ensuite les cinq trophées deux années de suite.

Voici quelques-unes des remarques qu'avaient faites les coéquipiers à l'époque :

- « Pour la première fois, quelqu'un nous a demandé notre avis et l'a écouté. »

- « Avant de partir pour un autre parcours, Joe nous demandait si nous étions d'accord et, quand on refusait, on se sentait une dette envers lui. Comme ça, le lendemain, on mettait les bouchées doubles ! »
- « Joe était toujours très disponible. Il nous traitait comme des hommes. »
- « Une nuit, Joe nous a demandé de nous préparer pour un autre parcours, mais nous étions tous sur les genoux. Éric, notre sergent-chef, est allé le trouver et lui a dit que selon lui et de l'avis de toute l'équipe, ce n'était pas la bonne décision. Joe est alors venu nous dire de laisser tomber. Je n'en croyais pas mes oreilles – il faut vraiment être quelqu'un pour savoir reconnaître qu'on a tort ! Ensuite, de notre côté, nous aussi on a appris à reconnaître nos erreurs et il s'est établi un climat beaucoup plus honnête, dans l'équipe. »

Le coaching améliore les performances bien plus sûrement que ne le feraient l'autoritarisme et les menaces, ce que résume parfaitement cette déclaration de Joe Gough : « On peut forcer quelqu'un à courir, mais on ne peut pas le forcer à courir *vite.* »

La Field Gun Race a été qualifiée d'épreuve par équipe la plus dure du monde, et je n'ai jamais rien vu qui puisse l'égaler. Les succès que je viens de décrire sont à l'évidence une démonstration extraordinaire de l'usage que l'on peut faire des principes du coaching dans le cadre d'une équipe. Ils prouvent que les facteurs psychiques et émotionnels sont déterminants et que le coaching valorise les individus et leur capacité à s'autogérer.

TROISIÈME PARTIE

LE LEADERSHIP AU SERVICE DES MEILLEURES PERFORMANCES

20.
LE DÉFI LANCÉ AUX LEADERS

> Se pourrait-il que la seule chose qui nous freine soit l'étroitesse de notre vision et nos croyances personnelles autolimitantes ?

CETTE nouvelle édition du *Guide du Coaching* est publiée au moment où l'humanité doit relever d'immenses défis économiques et environnementaux, mais aussi liés à l'écart sans cesse croissant qui sépare les riches des pauvres, et d'autres encore, de nature sociale, qui relèvent des problèmes liés au stress et à la détresse morale et matérielle. Même si ce livre est avant tout consacré au coaching, ce serait une grave omission de ne pas y faire état des problèmes sociaux et professionnels plus larges qui définissent le contexte dans lequel cette discipline est appelée à être exercée, et à la solution desquels elle a tant à apporter. Là où règne la confusion, le coaching peut apporter de la clarté. Là où il y a de la peur, il peut apporter de la confiance. Là où il y a de l'angoisse, il peut apporter de l'espoir. Là où il y a de la solitude, il peut apporter de la socialisation. Là où il y a de la concurrence, il peut apporter de la coopération.

Nous sommes assaillis par de nombreuses inconnues. Comment allons-nous diriger nos entreprises à l'avenir ? Allons-nous revenir à des lignes hiérarchiques traditionnelles à mesure que nos craintes augmentent et que la récession économique menace ?

Je suis convaincu que le destin de l'humanité reste inscrit dans un mouvement positif, mais que nous avons dévié de la bonne trajectoire, séduits par le matérialisme et le consumérisme, et qu'il faut corriger ces erreurs de façon urgente. Si le bon sens et un peu de coaching ne nous remettent pas sur la bonne voie, des catastrophes climatiques et financières nous y contraindront dans la douleur et dans la peine. Comment les entreprises réagiront-elles ? Quels sont leur rôle et leurs responsabilités ? Quel sens aura leur action ? Les grandes multinationales dirigeront-elles le monde ou une nouvelle génération de leaders politiques, avec une vraie vision et de vraies valeurs, reprendra-t-elle les commandes ? Où sont les Abraham Lincoln, les Winston Churchill, les Gandhi et les Nelson Mandela de demain ?

Plutôt que d'attendre en vain l'arrivée d'un sauveur, ne serait-il pas plus sage de prendre nos responsabilités vis-à-vis de nous-mêmes, des autres et de notre avenir ? Qui fera partie de la prochaine génération de leaders ? Quelles seront leurs caractéristiques ? Je crois que l'évolution de l'espèce humaine a atteint une étape où les hiérarchies du passé doivent être remplacées par un leadership partagé et des responsabilités collectives. Se peut-il que les métiers du coaching sont apparus et ont évolué si vite en seulement 25 ans parce qu'ils correspondent à un besoin de plus en plus important d'autoresponsabilité qui constitue leur fondement ? Le coaching existe-t-il pour permettre l'avènement d'une nouvelle ère, ou est-ce un destin trop grandiose à lui prédire ? Se pourrait-il que la seule chose qui nous freine soit l'étroitesse de notre vision et nos croyances personnelles autolimitantes ?

Si vous pensez que je raisonne comme un utopiste, observons ce que d'autres ont à dire. George Orwell, Stanley Kubrick et même Alvin Toffler admettraient volontiers que faire des prévisions est un métier à risques, mais lorsque les signes sont assez forts, il n'est pas inutile de se préparer aux différentes possibilités d'évolution. Dans la mesure où faire évoluer les modèles de gestion des grandes entreprises prend plusieurs années, il est indispensable de se projeter dans l'avenir. Une façon de le faire consiste à observer ce que peut nous dire le processus de développement psychologique d'un individu à propos des directions dans lesquelles peuvent évoluer les entreprises, les groupes sociaux et les cultures, et des étapes par lesquelles ces entités vont passer. À ce sujet, l'idée centrale du grand livre d'Arie de Geus, *la pérennité des entreprises*[1], est qu'elles vivent et agissent comme des êtres vivants.

Les entreprises peuvent-elles traverser les mêmes crises de sens que beaucoup d'individus connaissent aujourd'hui ? Je crois que oui. Peut-on même élargir cette hypothèse au monde du travail, voire au monde tout court, et entrevoir cette crise du sens sur le plan le plus large ? De nombreux signes nous invitent à le faire. Les indicateurs économiques ne nous donnent plus de signaux clairs quant à ce qui est en train de se passer. L'environnement, l'instabilité économique et l'éthique déclinante des entreprises nous confrontent à des défis immédiats et inédits. Mais pour autant, le monde professionnel ne réagit pas, paralysé par ses vieux paradigmes et l'urgence de se lancer dans une gestion de crise. Pour de nombreux observateurs, nous sommes face à une crise d'une ampleur qui n'a d'égal que le déni de reconnaissance que nous lui opposons.

Rendons-nous à l'évidence, en dépit des sages discours, des mises en garde et des exhortations de quelques rares économistes, de nombreux scientifiques et même de quelques leaders politiques et grands patrons, les problèmes auxquels est aujourd'hui confrontée l'humanité n'ont cessé d'augmenter. Je suis profondément navré de constater avec quelle lenteur et de façon tellement erronée nous faisons face à ces menaces si aveuglément évidentes. Quand passerons-nous des paroles aux actes ? Faut-il attendre qu'une catastrophe naturelle ou provoquée par les hommes d'une importance inconcevable s'abatte sur nous pour que nous sortions de notre torpeur ?

1. De Geus, Arie : *La pérennité des entreprises*, Maxima, 1997 [*The Living Company*, Brealey, 1997].

Coacher l'entreprise

La suite de ce chapitre reprend ce que j'écrivais dans la précédente édition, en particulier pour montrer à quel point peu de choses ont bougé depuis. Vous y trouverez une vision large du monde de l'entreprise mais également des applications pratiques de coaching, toujours en insistant sur le besoin impérieux de changement auquel nous sommes confrontés.

Mondialisation

Certains pays européens ont montré la voie pour tenter de résoudre le problème de la pauvreté en effaçant une partie de la dette du Tiers-Monde, ce qui était encore impensable il y a dix ans quand Fidel Castro avait proposé cette idée pour la première fois. De plus, Bill Gates, symbole même du capitalisme triomphant vient de reconnaître que les ordinateurs ne maintenaient pas les gens en vie et montre l'exemple en finançant un vaste programme de vaccination au niveau mondial. Une édition spéciale de *Newsweek* consacrée aux questions qui allaient dominer le monde plaçait la mondialisation en tête. S'ensuivaient deux questions liées à ce phénomène : « le secteur privé doit-il mieux supporter le fardeau du secteur public pour remédier aux problèmes sociaux ? » et « le marché a-t-il réponse à tout ? » Claude Smadja du World Economic Forum a ainsi écrit :

> « Les entreprises privées doivent être beaucoup plus conscientes de leur part de responsabilité sociale et le montrer. Nous devons également être plus attentifs aux voix qui s'élèvent dans la nouvelle "société civile"… La montée des ONG reflète un désenchantement public croissant envers toutes les institutions, les gouvernements, les entreprises, les organisations internationales, les médias. »

Michael Hirsh de *Newsweek* affirme que le débat porte moins sur la privatisation du secteur public que sur l'inverse, la « publicisation » du secteur privé. Manny Armadi, PDG de Cause & Effet Marketing au Royaume-Uni, affirme à ce sujet :

> « Le poids des fondamentaux économiques est aujourd'hui tel qu'un gouvernement seul ne peut plus remplir ses obligations sociales. Parallèlement, le pouvoir et l'influence des grosses entreprises dans l'économie sont devenus énormes. »

Il affirme également que les dirigeants d'entreprises doivent être tenus responsables du comportement de celles-ci.

La mondialisation et les communications instantanées à travers le monde effacent les frontières de temps et d'espace entre « nous » et « les autres ». Parallèlement, une prise de conscience progressive nous pousse à nous préoccuper de personnes, de pays et de cultures avec lesquels nous n'aurions pas pu compatir il y a encore dix ans. Ainsi, aussi bien les forces externes que le développement interne conspirent à briser les barrières et à nous persuader d'accepter et d'épouser la destinée commune des hommes dont nous sommes tous responsables.

La responsabilité sociale des entreprises

Si le public appelle de ses vœux une plus grande responsabilité sociale des entreprises et que certains dirigeants d'entreprise influents en parlent, pourquoi n'en voit-on pas les conséquences ? Quel est le problème ? Deborah Holmes de Ernst & Young a confirmé une chose que j'ai souvent observée lors de mes cours de coaching en affirmant :

> « Les dirigeants d'entreprise peuvent avoir en tête des pratiques éclairées et les employés peuvent en avoir envie mais les managers opèrent toujours de la même façon, sans comprendre que leur responsabilité va plus loin que présenter un bon compte de résultats. »

Ces questions étaient déjà clairement présentes avant l'attentat dévastateur contre le World Trade Center à New York le 11 septembre 2001. Cependant, cet événement a poussé de nombreux individus, entreprises et nations à s'interroger sur leur part de responsabilité personnelle et collective et a bien pu accélérer les changements déjà envisagés par les commentateurs. Le résumé d'un article du *Financial Times* publié le 20 septembre 2001 mais écrit avant l'attentat, disait déjà ceci : « Un retour aux valeurs de base. L'avidité n'est plus le mot d'ordre des nouvelles entreprises. Les employés ne se limitent pas à la somme de travail qu'ils peuvent abattre. Spiritualité dans l'entreprise. Stephen Overell part à la recherche du meilleur avantage concurrentiel et découvre que les entreprises essaient d'offrir à leurs employés du sens et un but. »

L'avidité n'est plus le mot d'ordre des nouvelles entreprises

Jim McNish, directeur du développement des cadres dans le groupe de distribution Kingfisher a déclaré dans un article : « Les êtres humains ont besoin d'aimer leur entreprise, ils ne veulent pas travailler pour une bande de "sales types". Les gens recherchent un sens à leur travail et quitteront leur entreprise si elle ne leur en fournit pas ». Ken Costa, vice-président du groupe bancaire UBS Warburg abonde dans ce sens : « La frustration est palpable. Elle se traduit par une incertitude et un manque d'épanouissement et conduit en fin de compte les employés à quitter leur entreprise. De plus en plus de personnes partent travailler comme bénévoles… Lors de nos dernières tournées de recrutement de jeunes diplômés, nous avons été étonnés par le nombre d'entre eux qui nous demandaient ce que faisait l'entreprise pour remplir ses responsabilités sociales. Cela n'était jamais arrivé auparavant. »

Nombreux sont ceux qui croient qu'un changement majeur dans l'attitude et le rôle des entreprises est inévitable et que le processus est en fait déjà entamé, poussé en cela par la demande du grand public. Les gens montrent qu'ils ne tolèreront pas d'être au service de l'économie, ils exigent que ce soit l'économie qui soit à leur service. Y parviendront-ils ? Les entreprises apprendront-elles à accepter leur responsabilité, leur sens et leur but véritable ou vont-elles continuer à poursuivre aveuglément la richesse à tout prix jusqu'à ce qu'elles soient confrontées aux protestations, exigences et aspirations plus élevées des gens ordinaires ?

Les changements qui s'opèrent au niveau de l'éthique et des valeurs dans la société et les entreprises affectent différents aspects qui touchent aussi bien aux personnes qu'aux produits. Il faut donc faire particulièrement attention aux aspects suivants :

- la façon dont les employés sont traités et le style de management,
- le respect de l'environnement, notamment le retraitement des déchets et le recyclage,
- la façon dont les fournisseurs, notamment ceux des pays en voie de développement, sont traités,
- une rémunération juste pour tous, en limitant les excès des salaires des dirigeants,
- pas de recours à la vente agressive ni à la publicité mensongère,
- une ouverture et une honnêteté aussi bien en interne que vis-à-vis des autres,
- la prise en considération de la santé et du bien-être des employés (stress, exigences parentales, etc.),
- l'égalité entre les sexes, des attitudes raciales positives et une absence de harcèlement,
- un comportement modèle des dirigeants,
- des produits offrant une véritable valeur,
- des produits qui ne représentent pas un recul social,
- des produits qui placent les personnes avant les bénéfices,
- pas de produits chimiques dangereux ou nuisibles pour l'environnement,
- l'attention portée aux relations entre l'entreprise et la communauté au sens large.

Une entreprise qui négligerait l'un de ces aspects courrait le risque de faire l'objet de critiques et doit garder à l'esprit que ce qui est acceptable aujourd'hui ne le sera pas forcément demain.

Une entreprise tournée vers l'avenir ne devra pas se contenter de suivre l'opinion publique mais devra la devancer, particulièrement quand elle réalisera qu'elle a une responsabilité envers la société.

Le coaching pour changer la culture de l'entreprise

Une culture d'écoute, d'apprentissage, de coaching peut favoriser un changement réussi. Les entreprises peuvent adopter une culture plus positive, plus orientée vers les personnes, dans laquelle le coaching est chose courante avec ses employés, ses pairs et même ses supérieurs hiérarchiques. Le coaching permet aux employés de clarifier eux-mêmes la direction qu'ils doivent emprunter et de faire connaître leurs besoins, désirs et espoirs au coach/manager. Si les managers écoutent leurs employés et agissent en fonction de ce qu'ils ont entendu, les employés seront plus épanouis, ils travailleront mieux et resteront dans l'entreprise. En revanche, si leur engagement verbal en faveur du coaching n'est pas suivi d'actions, la situation ne fera qu'empirer car on aura fait miroiter aux employés des possibilités avant de les faire disparaître immédiatement.

En plus de changer leur style de management, les entreprises seront appelées à mettre en pratique les valeurs qu'elles affichent fièrement dans leur rapport annuel. Si elles ne le font pas, elles se feront rappeler à l'ordre par leurs employés et clients qui peuvent tous prendre la porte. Les entreprises produisant des services ou des produits qui apportent une véritable contribution à la société offrent des emplois empreints de sens de par leur nature même. Au contraire, celles dont les produits et services sont douteux ou franchement nuisibles prennent le risque de voir leurs employés en quête de sens s'en aller.

Sur cet aspect, peu d'entreprises sont toutes noires ou toutes blanches, elles se situent souvent entre les deux. Les entreprises les plus sages peuvent toutefois compenser leurs défaillances en contribuant à la communauté locale ou en envoyant leurs employés travailler pour des projets sociaux.

Pourquoi le coaching est-il si important dans ce cas-là ? Parce qu'aucune autorité extérieure n'est en mesure d'imposer un avenir fondé sur des valeurs. Les résultats de l'entreprise seront toujours meilleurs quand les employés, les actionnaires, les directeurs et même les clients partageront les mêmes valeurs ; cependant, les employés devront être encouragés au préalable à découvrir leurs propres valeurs avant d'engager ce processus.

Aucune autorité extérieure n'est en mesure d'imposer un avenir fondé sur des valeurs

Une fois que nous avons accepté la nécessité de changer de culture d'entreprise pour que celle-ci incorpore une éthique de coaching, par où commençons-nous ? Par les employés ou par l'entreprise ? Nous devons attaquer sur les deux fronts. On ne peut pas imposer la démocratie et exiger une coopération.

Voici quelques orientations :

- si nous remanions la structure de l'entreprise de manière trop radicale ou trop rapide, nous courons le risque de prendre trop d'avance sur nos employés ;
- si nous imposons ce changement à nos employés, il y a de grandes chances qu'ils s'y opposent même si ce changement se fait à leur profit ;
- nous devons d'abord aider les employés à se développer eux-mêmes grâce au coaching pour qu'ils manifestent les attitudes et les comportements que nous attendons dans la nouvelle entreprise ;
- les cadres et les dirigeants doivent, dès le début, montrer l'exemple et mettre en pratique les attitudes et les comportements recherchés de manière honnête ;
- les employés ne doivent pas être forcés à changer mais doivent pouvoir choisir comment le faire ;
- sans vision globale, le changement ne peut réussir mais sans vision au plus haut niveau, ce changement ne peut même pas commencer.

L'approche du coaching

Quand nous coachons les membres du conseil d'administration d'une entreprise qui s'apprête à opérer un changement de culture, nous devons les aider à clarifier ce qu'ils doivent et veulent tirer du changement puis s'assurer qu'ils s'engagent à le faire jusqu'au bout. Cela demande un investissement en temps que les membres du conseil d'administration sont rarement prêts à faire du fait de pressions à court terme. Cependant, un changement durable et efficace ne restera qu'à l'état de rêve sans l'engagement du conseil d'administration, ou tout au moins de l'un des membres clés qui agira comme un « champion ». La volonté d'aboutir est essentielle pour éviter que les employés soient désabusés si les grands projets n'aboutissent à rien.

Notre approche chez Performance Consultants est alors d'instituer un programme en profondeur d'entretiens et de soutien dès le premier jour pour continuer à sensibiliser les managers au coaching et aux changements de style de management attendus. Chaque employé intermédiaire devra également suivre une formation de coaching de base pour qu'un langage commun s'établisse rapidement. L'équipe en charge devra de plus expliquer aux autres employés en quoi consiste le coaching et en donner quelques exemples pour qu'ils ne soient pas étonnés ou suspicieux en voyant les managers modifier leur comportement.

Pour faciliter le changement de culture, on peut également procéder à des mises à jour régulières, surveiller, mettre en commun des expériences, opérer un feedback, évaluer et assurer un soutien qui peut prendre différentes formes. Ce processus doit se passer en interne, autant que faire se peut. Nous préférons donc former des maîtres coachs dans l'entreprise toujours dans le souci que la dynamique vienne « de l'intérieur ».

Voyons maintenant ce que sont les fondements du leadership qui, avec le coaching, a un rôle déterminant à jouer dans le processus de changement que nous devons initier de façon urgente.

21.
LES FONDEMENTS DU LEADERSHIP

Le chemin vers un leadership
éclairé est loin d'être direct.
Il est semé de défis
et il demande du temps.

LE *coaching nous mène inexorablement au leadership pour quatre raisons principales* :

- **Les leaders de demain devront diriger en adoptant le coaching plutôt qu'en reproduisant un modèle fondé sur les directives et le contrôle.** La fidélisation des collaborateurs, et particulièrement des meilleurs d'entre eux, est un paramètre déterminant et les attentes dans ce domaine sont de plus en plus explicites. Les ordres, les instructions, l'autorité et la hiérarchie perdent de leur pouvoir et sont moins bien acceptées. Les gens compétents veulent avoir davantage de choix, de responsabilité et de satisfaction dans leur vie, y compris dans le cadre de leur activité professionnelle.
- **Le style de gestion et de leadership détermine la performance de l'équipe, et une approche fondée sur le coaching permet de produire les meilleures performances.** Quelle entreprise refuserait d'améliorer ses performances ? Cet objectif est aujourd'hui largement admis, aussi bien dans le secteur public que dans le privé, néanmoins, nombreuses sont les organisations qui peinent à mettre en œuvre les comportements qu'elles prônent à cet égard. Les dirigeants comme

les collaborateurs s'entendent implicitement pour résister aux changements nécessaires, au détriment de leur efficacité.

- **À mesure que nous aidons les autres à renforcer leur ouverture d'esprit et leur responsabilité, et donc leur confiance en eux, ils renforcent les fondations de leurs propres capacités de leadership.** Par définition, les leaders doivent quotidiennement faire des choix et prendre des décisions. Pour le faire efficacement, ils ont besoin de ces qualités personnelles. Le coaching construit des leaders dont il y a aujourd'hui pénurie, dans tous les secteurs, dans toutes les organisations et dans tous les pays.
- **Le contexte dans lequel les organisations fonctionnent évolue rapidement, en grande partie à cause de circonstances qu'elles ne contrôlent pas, pas plus que ne les contrôle le pays dans lequel elles opèrent.** La globalisation, la communication instantanée, les crises économiques, la responsabilité sociale des entreprises, ainsi que d'immenses problèmes liés à l'environnement, entre autres, sont quelques-uns des facteurs qui déterminent ce contexte. S'y adapter, et le faire de plus en plus rapidement, nécessite de nouvelles compétences de leadership.

S'affranchir de la peur

La pénurie de bons leaders touche tous les domaines : les entreprises, les administrations publiques, l'enseignement, la santé, la religion... Mais il existe quelques leaders vraiment exceptionnels qui sont parvenus à s'extraire du lot et dont l'aura éclaire leur domaine d'activité. En général, ils ont eu la chance d'avoir des parents ou une éducation remarquables (parfois les deux), ils ont su saisir les opportunités et ont eu probablement une plus grande « conscience de soi » que les autres. On pourrait dire qu'ils ont tiré un plus grand profit de leur passage dans l'Université de la Vie. Les autres n'ont pas eu cette chance, ou ce talent. Mais il y a un autre facteur déterminant : la peur.

Les apprentis leaders sont confrontés à une multitude de défis externes qui sont souvent démesurés et autant d'arbres qui leur cachent la forêt. Même en dehors des périodes de crise économique, leurs responsabilités sont immenses, et ils sont aujourd'hui plus mal préparés que jamais. Ce qu'ils ont appris dans les écoles de commerce ou sur le tas n'est plus pertinent dans le contexte actuel, et il n'est pas étonnant qu'ils aient développé un sentiment d'appréhension. En outre, ils vivent et travaillent dans une culture de la peur, ce qui les freine encore davantage. S'affranchir de cette peur est devenu leur priorité.

Depuis quelques années, je demande souvent à de nombreux dirigeants et cadres ce qui les pousse, chaque jour, à redoubler d'efforts ou à prolonger leur journée de travail. J'ai trois types de réponses : le temps, la peur et le chiffre d'affaires, en particulier celui du mois suivant. Ces trois aiguillons sont tous liés à la peur. Il n'est pas exagéré de dire que l'activité professionnelle est totalement inscrite dans un paradigme de la peur, et que la résolution de cette peur doit être au premier rang de nos priorités.

Pourquoi devriez-nous attendre des leaders qu'ils soient les meilleurs d'entre nous en toutes circonstances ? Ils sont souvent puissants, astucieux, rusés, riches, inquiétants même, mais sont-ils meilleurs ? Et qu'entendons-nous par meilleur ? Le leadership et les compétences dont ont besoin les leaders changent en fonction des circonstances, mais la nature profonde de certaines qualités, rares, reste constante. Notre formation nous apporte des connaissances intellectuelles, techniques et universitaires, mais elle s'intéresse peu à notre développement intérieur, personnel. Au final, beaucoup d'apprentis leaders sont diplômés et ont quelques réussites à leur actif, mais rares sont ceux qui ont activement engagé une démarche de développement personnel. Ils peuvent être intelligents, brillants même, mais ils sont souvent immatures psychologiquement, or c'est justement d'un leadership mature dont nous avons aujourd'hui un besoin urgent.

Puiser dans la sagesse ancienne

Le véritable développement du leadership, celui dont il est question dans ce livre, n'est ni intellectuel ni universitaire, pas plus qu'il n'est fondé sur des connaissances acquises ou une technologie, lesquelles sont toujours puisées à des sources extérieures à la personne. Les origines du meilleur coaching, celui qui de développe du point de vue de l'individu, sont à chercher dans l'élimination de nos barrières internes et doivent être trouvées dans le réservoir inutilisé des talents que chacun de nous recèle. Il ne s'agit pas d'ajouter des connaissances supplémentaires que l'on serait allé chercher à l'extérieur. Dans nos cultures occidentales, rares sont les individus qui connaissent la richesse dont chacun dispose, et ce malgré les enseignements d'une sagesse immémoriale. Les portes qui ouvrent sur ces richesses sont rouillées et obstruées par quantité de vieux meubles inutiles qu'il faut déblayer avant de pouvoir les ouvrir. Ces vieux meubles, ce sont des années de conditionnement éducatif, social et culturel, et toutes les fausses croyances et hypothèses qu'il génère. L'un des effets de ce formatage est notre peur de l'échec. La peur de ne pas être à la hauteur de ce qu'ambitionnent nos parents, notre entreprise, et nous-mêmes.

Si la peur domine, il n'est guère surprenant que la plupart des leaders échouent. La peur peut être causée par des facteurs externes et/ou internes, mais quelles que soient les circonstances, nous sommes responsables de nos réactions. Nous pouvons nous laisser porter par les événements, fuir devant eux, en faire abstraction et poursuivre comme si de rien n'était, ou nous pouvons choisir de les affronter et puiser de nouvelles forces pour en triompher. Cette différence d'attitude, cet écart dans le choix que nous faisons, dépend du niveau de développement personnel auquel nous sommes parvenus. Ce n'est que parce qu'ils se seront libérés de leurs réactions de peur que les membres d'un conseil d'administration pourront construire une relation de confiance avec les cadres dirigeants, et de la même façon, que ceux-ci pourront le faire avec l'encadrement, et ainsi de suite.

Les leaders font d'abord souvent essayer de modifier les circonstances extérieures qui génèrent leur peur, et parfois ils vont y parvenir. Mais le répit ne durera pas. D'autres événements apparaissent, d'anciennes préoccupations resurgissent, et la peur revient. Elle est devenue endémique. Les circonstances elles-mêmes ne sont qu'un élément du problème. Ce sont nos réactions au contexte qui nous font flancher. Comme dans toute forme de conditionnement, s'affranchir de la peur n'est possible qu'à travers un travail individuel mené avec un coach expérimenté.

Apprendre à gérer une peur après l'autre

Prenez l'exemple simple d'un skieur inexpérimenté qui se retrouve au sommet d'une longue piste alors que le soleil commence à se coucher. Il distingue au loin le village mais se dit qu'il ne pourra jamais l'atteindre avant la nuit sans se casser une jambe. Son moniteur lui montre alors une cabane qui se trouve à une centaine de mètres. Peut-il aller jusque-là ? Sans problème. Arrivé à la cabane, le moniteur indique un autre point d'étape, et ainsi de suite jusqu'au village. Le problème de ce skieur, ce n'était pas la montagne ; ni la nuit ou l'inclinaison de la pente, mais sa réaction à ces données. C'est le poids de la peur face à tous ces paramètres conjugués qui risquait de le faire chuter. Son moniteur l'a aidé à décomposer cette peur en une série de légères appréhensions, qu'il a pu supporter l'une après l'autre.

C'est la même chose dans le monde du travail. Les grandes peurs sont en général l'association de nombreuses petites appréhensions. En se concentrant pour relever un défi après l'autre, l'ensemble de la difficulté peut être surmonté. Avec le temps, et les succès aidant, le skieur, ou le cadre, va pouvoir franchir sans crainte de petits obstacles, accumulant ainsi de plus en plus de confiance dans sa capacité à gérer sa peur et à prendre ses responsabilités en toute circonstance.

La peur mentale

Un autre skieur débutant pourrait envisager l'histoire sous un autre angle, en imaginant la taille du désastre plutôt que celle de la montagne. « Si je tombe, je vais me casser une jambe, pense-t-il – à tort d'ailleurs –, et comment arriverai-je alors au village ? Si je suis immobilisé dans la neige, je mourrai de froid. » Il peut également imaginer que s'il se casse la casse, il perdra son emploi, ne pourra plus payer son loyer, sa femme le quittera et il se suicidera… Les gens sont capables d'imaginer les pires scénarios à partir de leur vision négative des choses. Comme le précédent skieur débutant, celui-ci se projette dans l'avenir plutôt que de vivre le moment présent, et il développe des histoires qui sont toutes possibles mais dont aucune n'est probable. En reprenant la main sur les scénarios possibles, nous nous mettons en position d'en imaginer qui soient plus réalistes, et plus notre responsabilité augmente, moins nous avons peur.

La peur physique

Ces exemples de skieurs montrent comment notre esprit peut décupler nos peurs, et comment on peut combattre cette tendance. Mais on peut également gérer sa peur physique. Le moniteur de ski peut demander au débutant :

– Comment sais-tu que tu as peur ?
– Je me sens.
– Où dans ton corps le sens-tu le plus ?
– Dans les épaules, elles sont tendues, et j'ai la respiration courte et oppressée.
– À combien évalues-tu la tension de ton épaule droite sur une échelle de un à dix ?
– Huit
– Et la gauche ?
– Six
– Comment est ta respiration maintenant ?

– Elle devient plus profonde, plus ralentie.
– Comment est ton épaule droite ?
– Oh, quatre
– Et la gauche ?
– Je ne sens plus rien. Allons-y !

Dans cet échange, le moniteur a demandé au skieur débutant de se concentrer sur l'ouverture de son esprit et de le diriger vers ses sensations physiques. Une expérience complète de ce qui se passe ici et maintenant ne laisse aucune place aux pensées irrationnelles et aux scénarios catastrophes. C'est un message simple, mais il faut une certaine pratique pour l'inscrire dans un processus naturel et automatique qui permette à la peur de n'être plus qu'une chose du passé. Ce qui reste, c'est un sentiment d'appréhension qui agit comme un signal d'alarme et permet de redoubler de prudence.

Dans le monde du travail, les business plans, la planification à long terme et les objectifs sont considérés comme des bonnes pratiques essentielles. Mais ils contiennent également une dose de défiance ou de peur. Ils sont des projections vers un avenir inconnu plutôt que l'expérience d'un ici et maintenant. Certains professionnels parmi les plus efficaces parlent de confiance dans la gestion du moment présent. Ce qui signifie qu'ils font confiance dans la capacité des uns et des autres à répondre correctement aux événements, ce qui reflète une grande maturité. Cette attitude diminue le besoin et la dépendance ressentie pour des plans, des objectifs, etc. La seule pensée de fonctionner sans ces gilets de sauvetage effraie beaucoup de gens et cela leur paraît irresponsable, mais le faire développe notre agilité et nos capacités à gérer un avenir imprévisible. Je reviendrai sur ce point dans le chapitre suivant.

SEMCO

Peu d'entreprises fonctionnent sur un paradigme totalement différent, celui de la confiance. Semco, au Brésil, fait partie de celles-ci. Ricardo Semler a hérité de cette société d'ingénierie maritime lorsque son père, une figure autoritaire et paternaliste, lui a passé la main. Au fil des ans, il a transformé l'entreprise. Voici deux exemples de sa conception de la confiance.

Des détecteurs de métaux étaient installés aux portes de l'entreprise pour prévenir le vol éventuel d'outils, Ricardo Semler les fit ôter contre l'avis de ses principaux collaborateurs qui craignaient une recrudescence des vols. C'est effectivement ce qui se passa dans un premier temps, mais peu à peu cela cessa et l'on ne constata plus que de rares disparitions d'outils. Les employés, constatant qu'on leur faisait confiance, devinrent effectivement intègres.

Ricardo Semler décida également que les comptes de l'entreprise devaient pouvoir être consultés par tous les salariés, et notamment les informations concernant les salaires. Il permit aussi à une plus grande partie des salariés de fixer eux-mêmes leur salaire. Dans l'ensemble, il accéda aux demandes et personne ne chercha à tirer un avantage indu de ce système.

Semler disposait d'un avantage : il n'avait pas à rendre compte à d'autres actionnaires que lui, au contraire de la plupart des cadres dirigeants qui doivent gérer leurs craintes de coûts trop importants et de bouleversements que les financiers pourraient ne pas comprendre ni soutenir. Il est extrêmement difficile à une grosse structure de passer d'un modèle de contrôle à un modèle de confiance, cependant, celle-ci est un ingrédient clé de la réussite future.

Trois étapes de développement

Plus loin dans ce chapitre je reviendrai sur les moyens de se débarrasser des oripeaux du formatage, et je donnerai des exemples de choses à faire pour vaincre ses appréhensions, mais auparavant il est nécessaire de décomposer en trois étapes le travail de développement intérieur.

Les expressions « développement personnel », « développement psychologique », « travail sur soi » ou même « développement psychospirituel » ont des sens qui varient selon les personnes. Je vais donc expliquer comment je les emploie. Je décris le premier niveau de « dé-formatage » et de suppression de la peur comme une étape de « nettoyage », je parle ensuite de « croissance personnelle » pour décrire le deuxième stade et de « développement transpersonnel » pour qualifier le troisième.

Le déroulement de ces trois étapes, et leur éventuel chevauchement, varie en fonction des individus et des circonstances. Le chemin qui mène à un leadership éclairé est loin d'être direct, il est semé d'embûches et il demande du temps. L'importance du coaching pour aider un leader potentiel dans son parcours de développement personnel est dû au fait que chaque élément de son évolution psychologique passe par quatre phases distinctes au cours desquelles l'ouverture d'esprit et la responsabilité jouent un rôle clé. Par exemple, pour se débarrasser de toute trace de formatage, ou d'une de ses anciennes habitudes, il est d'abord nécessaire que la personne apprenne à identifier les types d'attitude ou de comportement qu'elle adopte. Cela demande de l'ouverture d'esprit, soutenue par du coaching, et cela peut prendre un certain temps. La deuxième phase consiste à accepter que ces attitudes ou comportements sont des réponses toutes faites. Là encore, c'est l'ouverture d'esprit qui est sollicitée, ce qui est d'autant plus difficile que la personne peut se trouver en situation de déni. La troisième phase consiste à accepter de s'éloigner des attitudes ou comportements habituels. Dans cette phase, c'est à la responsabilité que l'on fait appel, et cela peut nécessiter un coaching plus intense. Enfin, la quatrième phase consiste à consciemment laisser sa personnalité s'exprimer. Là encore, on fait appel à la responsabilité, mais dans le cadre d'une action planifiée. Tels sont les repères de coaching pour la plupart des changements qui doivent intervenir au cours du cheminement de développement personnel.

L'ouverture aux autres

À mesure que notre ouverture d'esprit augmente, nous pouvons nous ouvrir davantage aux autres. Pour une raison simple. Nous voyons le monde à travers des vitres teintées : notre perspective sur les autres est biaisée par notre histoire psychologique personnelle, qui détermine nos croyances, nos attitudes et nos valeurs.

Par exemple, si j'ai fait l'expérience de la violence physique en étant enfant, j'ai peut-être grandi en considérant que le monde était un endroit dangereux, et que les gens étaient potentiellement une menace. En conséquence, lorsque je vais apprendre à conduire, par exemple, j'adopterai une conduite plutôt agressive. Je ne verrai pas les gens tels qu'ils sont vraiment, aussi longtemps que ma vision sera biaisée par mon histoire personnelle, mon formatage. Cette distorsion pourra m'amener à être timide ou agressif envers les autres, pour me protéger d'eux.

Je pourrai arriver un jour à mon bureau et vous prendre à partie pour une raison ou une autre. Je vous tiendrai sans doute pour responsable de cet incident dans ma mesure où, à mes yeux, vous êtes, comme tous les autres, une menace. J'imputerai notre dispute à votre attitude agressive plutôt qu'à ma vision biaisée. Ce n'est qu'en prenant conscience de cette distorsion de mon regard sur les autres que je pourrai commencer à le compenser ou à le modifier. Je dois me libérer de l'emprise de mes expériences passées. C'est ce qui amène à l'auto-gestion, dans la mesure où c'est seulement en étant conscient de ce que je fais, de la façon dont je réagis, que je peux changer de comportement. Que l'on me le dise reste sans grand effet, mais que j'en prenne conscience a une tout autre efficacité. Ainsi, l'étendue de la conscience de mes actes détermine l'importance de mon ouverture aux autres et ma capacité à m'autogérer. Et ces trois éléments combinés déterminent la qualité de mes compétences sociales.

Mettre à l'épreuve nos croyances et nos hypothèses

Le déconditionnement est un vaste sujet. Il peut être réalisé avec l'aide du coaching, puis maintenu grâce à l'autocoaching et la conscience de soi. Certains auteurs ont avancé que nos comportements sont faits à 80 % de réactions et à 20 % d'actions réfléchies. Les trois questions suivantes peuvent être utilisées régulièrement pour servir de balises :

- « Qu'est-ce qui est à l'origine de cette action, une réflexion ou un ressenti ? »
- « Est-ce mon choix ou celui de mes parents, de mon entreprise, de ma religion ou de ma culture ? »
- « Cela est-il vrai ou s'agit-il d'une hypothèse ou d'une croyance ? »

Naturellement, lorsque nous identifions un formatage psychologique, nous pouvons choisir de l'accepter ou de le modifier. Mais si nous n'en prenons pas conscience, nous en restons victime.

Dans quelle mesure les croyances et les hypothèses que nous tenons pour vraies le sont-elles effectivement ? Voici une sélection des types les plus fréquents d'a priori, suivis, en italiques, par mes observations à leur sujet :

- si l'entreprise ne grossit pas, c'est un échec. *La qualité peut également être un succès.*
- moi ou mon entreprise sommes trop petits pour avoir un impact sur l'évolution du climat. *Nous pouvons tous faire quelque chose et avons tous un impact.*
- l'appât du gain, l'égoïsme, la jalousie, le secret et la cruauté sont dans la nature humaine. *Le sont-ils ?*
- si nous ne vendions pas d'armes, d'autres pays ou d'autres entreprises le feraient. *Qui commencera ?*
- lorsque nos réserves seront épuisées, nous en trouverons d'autres ailleurs. *Où ?*
- les banques et les grandes entreprises sont des institutions sociales respectables. *Depuis quand ?*
- je ne suis jamais satisfait. Davantage est toujours mieux. *Pour qui, et à quel coût ?*
- c'est normal de jeter. *Jeter où ?*
- la loyauté envers ma famille est un principe essentiel. *Et dans le cas d'un crime ?*

Cette liste pourrait être prolongée indéfiniment. Je vous suggère de prendre le temps d'identifier vos propres a priori et de les remettre en question.

Supprimer l'excédent de bagages

Le fardeau de notre formatage et de nos idées préconçues prend du temps à s'alléger, mais à mesure que nous nous en débarrassons, notre cheminement devient plus facile. Nous n'avons pas besoin de supporter le poids de nos parents sur nos épaules, longtemps après que nous soyons devenus adultes et qu'ils ont disparu. Nous remettons rarement en question nos croyances socialement déterminées, même lorsqu'elles ont largement dépassé leur date de péremption. Les vraies valeurs, celles qui permettent une vraie existence, viennent de l'intérieur et ne nous sont pas imposées.

Bien que le développement personnel soit un parcours sans fin, tout apprenti leader, et tout coach, qui s'investit dans le processus que je décris dans ce livre aura un temps d'avance. Mais à ce jour, les leaders et les coaches ont beaucoup de retard à rattraper.

22.
LES QUALITÉS DU LEADERSHIP

Les leaders de demain
ont besoin d'avoir des valeurs
et une vision, d'être sincères
et réactifs, cohérents et décidés.

JE crois que les dirigeants de demain devront s'engager sur le chemin de leur propre développement personnel pour mériter le titre de leader. Nous vivons dans un monde qui recherche – qui attend même – des gratifications immédiates, mais les qualités du leadership ne seront acquises ni rapidement ni à moindre coût.

Ce chapitre traite de quatre qualités essentielles qui seront vraisemblablement caractéristiques de tous les leaders et qui sont particulièrement adaptées à notre époque. La première d'entre elles, c'est le fait d'avoir des valeurs. J'entends par là des valeurs personnelles, pas des valeurs d'entreprise.

Valeurs

Beaucoup de gens pensent – et en particulier parmi ceux qu'animent des convictions religieuses – que les valeurs sont le produit de la religion et que sans elle nous n'en aurions pas. L'idée est fausse, car nombreux sont ceux qui n'ont pas été élevés dans la religion, peuvent être agnostiques sinon athées, et qui n'incarnent pas moins des valeurs exemplaires. Le fait est que nos vraies valeurs sont inscrites au plus profond de nous-mêmes, là où elles touchent à l'universel.

Au stade le plus superficiel du développement personnel, là où, malheureusement, se trouve la majorité des gens aujourd'hui, nous ne sommes que très vaguement confrontés à nos valeurs personnelles, même si celles-ci peuvent tout à coup se manifester à l'occasion d'une crise. Mais la plupart du temps, elles sont enfouies sous des couches de conditionnement éducatif, social et culturel.

L'étendue des méfaits commis par le monde de l'entreprise et l'appât du gain le plus primaire confirment que beaucoup de ceux qui détiennent le pouvoir n'ont ni la maturité ni le développement personnel suffisants pour avoir conscience de leurs valeurs profondes, sans même parler d'être guidés par elles. Le monde des affaires ne fait qu'entretenir cette situation car, s'il ne contraint pas forcément les gens à se focaliser sur leurs résultats financiers plutôt que sociaux ou environnementaux, il les pousse à jouer le jeu selon les règles de ceux qui le font. Les investisseurs, en particulier les institutionnels, attendent et réclament des retours financiers, pas des dividendes qui seraient mesurés en termes sociaux ou humains.

Cette traditionnelle façon de faire, cette vieille mentalité ne sont plus supportables ni acceptables pour un nombre croissant d'individus plus mûrs et guidés par des valeurs. Ces leaders de demain sont les seuls dont nous ne devons pas nous passer et pour lesquels nous devons accepter de voter si nous sommes attachés à la survie de nos enfants et de nos petits-enfants.

Un coach transpersonnel bien formé (voir Partie IV pour une explication du coaching transpersonnel) saura utiliser de nombreux exercices qui amèneront les aspirants leaders à prendre conscience de leurs valeurs et d'autres qualités vitales. Une exploration guidée par un coach de leurs actions passées et de leurs passions révélera un schéma qui pourra ensuite être précisé puis élargi. Mon expérience personnelle me permettra peut-être de mieux illustrer ce cheminement.

Un exemple personnel

J'ai résolument entrepris mon propre voyage de développement personnel en 1970 lorsque je suis parti étudier la psychologie la plus avancée en Californie. J'y ai appris que je devais d'abord me libérer des influences les plus négatives de mon éducation familiale, sociale et culturelle avant de pouvoir commencer à me découvrir moi-même et mes valeurs, et à explorer de plus profonds problèmes sociaux avec plus d'acuité que je n'en avais jamais eue auparavant. Mes préoccupations sont alors passées de moi aux autres et ce que j'ai découvert du monde, et que j'ignorais, ne m'a pas rendu très heureux.

J'ai ensuite commencé à me faire l'avocat du développement personnel, mais sans grand succès car peu de gens en avaient entendu parler. Je me suis ensuite impliqué dans la lutte contre la guerre au Vietnam, puis dans de multiples combats contre les inégalités et la pauvreté. À cette époque, j'étais évidemment porté par mes valeurs, mais je me dispersais. Avec l'aide d'un thérapeute – puisque le coaching n'existait pas encore – j'ai découvert que les questions sur lesquelles j'étais capable d'avoir un certain impact et celles qui me passionnaient le plus étaient toutes liées au domaine de la justice. Beaucoup d'autres causes me concernaient et je soutenais toujours ceux qui les embrassaient, mais il devint clair que la justice sociale était ce qui me motivait le plus. Je cherchais alors dans mon subconscient si mon implication pouvait être une sorte de thérapie pour me déculpabiliser d'un événement dont j'aurais été victime ou que j'aurais provoqué, mais comme je ne trouvais rien de tel je commençais à accepter que mes motivations étaient à chercher dans un désir de promouvoir la justice partout où cela était possible.

Avec le temps, il devint évident que cette motivation était bien trop générale et que je devais être plus spécifique. Avec l'aide d'un coach cette fois, je me mis à étudier les caractéristiques de tout ce qui était à l'origine de mes révoltes et que je souhaitais le plus ardemment changer. Je découvris que la forme d'injustice que je détestais le plus était l'abus de pouvoir, sous toutes ses formes, du plus petit au plus grand, depuis la maltraitance des enfants jusqu'au harcèlement moral qu'exerçaient les entreprises sur leurs salariés, les clients ou leurs fournisseurs. C'est ce qui m'a permis de comprendre clairement comment et pourquoi j'étais attiré par le coaching et le leadership dans les grandes entreprises. De façon plus générale, et ce qui me révulse plus que tout, c'est le sort qui est réservé aux petits pays par les grandes nations autant que par leurs élites et leurs dirigeants.

J'espère que cette brève confession personnelle vous a permis de comprendre le genre d'étapes par lesquelles il faut passer si l'on veut être guidé dans son action par ses valeurs et pour se concentrer sur celles qui vont permettent à chacun d'adapter la voilure de son bateau au cap qu'il a choisi de suivre.

Les leaders guidés par leurs valeurs

Nous avons donc besoin de leaders qui soient guidés par leurs valeurs – des valeurs collectives, pas des valeurs égoïstes – et qui les identifient assez précisément pour en faire le meilleur usage lorsqu'ils s'intéressent aux problèmes les plus importants. Si un dirigeant d'entreprise qui agit comme ses pairs prend soudainement conscience de ce qu'il fait, entend par exemple une petite voix qui l'interpelle ou ressent un léger malaise, il pourrait souhaiter explorer ses valeurs avec un coach. La question de la cohérence de ses valeurs avec celles de l'entreprise pourraient bien alors faire surface, étant entendu que je parle des valeurs qui guident vraiment les actions de l'entreprise, pas celles qu'elle prétend défendre. S'il n'y a pas cohérence, ce dirigeant est confronté à des choix difficiles : démissionner, prendre la responsabilité de modifier les valeurs de l'entreprise pour les faire correspondre à de plus hauts et plus universels critères ou, s'il n'a pas ce pouvoir, trouver comment il peut néanmoins incarner ses valeurs personnelles au sein de l'entreprise et au bénéfice du plus grand nombre.

Richard Barrett, qui a travaillé aux ressources humaines de la Banque Mondiale, a élaboré ce qu'il appelle des Outils de Transformation Corporate à partir d'un modèle semblable à celui de Maslow et destinés à mesurer les valeurs de chacun au sein d'une entreprise. Tout ce que les salariés doivent faire c'est consacrer 15 minutes à une application en ligne, adaptée à chaque entreprise, à partir de laquelle ils vont sélectionner les valeurs qu'ils défendent, celles qui représentent l'entreprise telle qu'ils la voient, et celles qu'ils souhaiteraient lui voir défendre. Les résultats sont calculés automatiquement et fournissent à chacun une liste personnelle de valeurs, une liste des valeurs de l'entreprise perçues par ses salariés et une liste des valeurs qu'ils souhaitent pour l'entreprise. Les écarts montrent précisément le travail qui reste à accomplir.

Une représentation plus fine peut également être obtenue pour identifier les valeurs par département, niveau de salaire, genre, âge, fonction, etc., de façon à bien identifier les faiblesses. L'ensemble fournit bien plus d'informations utiles que je ne puis en décrire ici, y compris une section spéciale sur le leadership. Tout est disponible sur internet ou dans les livres de Richard Barrett (cf. bibliographie). C'est une application étonnante que je recommande à tous les coachs et professionnels des ressources humaines, en particulier lorsque le Conseil d'administration d'une entreprise ou son directeur financier ne pensent pas que les politiques internes ou les procédures nécessitent d'être modifiées. Les résultats sont clairs, nets, éclairant et convaincants dans la plupart des cas.

Mais si les dirigeants – qui, en général, définissent la mission de l'entreprise et ses valeurs – veulent aller dans une direction alors que leurs équipes en appel une autre de leurs vœux, ils sont confrontés à un dilemme. Obliger les collaborateurs à modifier leurs valeurs profondes pour adopter celles qui sont choisies par le dirigeant est évidemment une erreur désastreuse. Les dirigeants vont donc devoir étudier comment ils peuvent mieux adapter les valeurs de l'entreprise à celles de leurs équipes. C'est, effectivement, une responsabilité nouvelle. En pratique, des compromis qui vont satisfaire tout le monde peuvent en général être proposés et négociés.

Vision

Il n'est pas très utile d'avoir des valeurs si elles ne sont pas dominantes. J'entends par là que si je défends des idées de justice, je le fais pour tout le monde, pas seulement pour les clients ou les salariés mais aussi pour les fournisseurs, les citoyens, la planète et les générations futures. La deuxième qualité que doivent avoir les nouveaux leaders est donc cette vision universelle. Ils doivent identifier et prendre conscience de leur impact dans tous les domaines et, si nécessaire, modifier leur comportement en plaçant cet impact au premier rang des paramètres de toutes leurs décisions.

Du fait de la concurrence accrue et de l'incertitude, les chefs d'entreprise sont facilement obnubilés par les résultats financiers. C'est un peu comme s'ils étaient aveuglés par les chiffres et incapables de voir au-delà de leur écran d'ordinateur, sans parler de regarder le monde extérieur par leur fenêtre. Combien de leaders étudient l'impact de leurs décisions sur les générations à venir ? Est-ce que leurs décisions traduisent et reproduisent les anciennes façons de faire, et accentuent la dégradation de l'environnement et l'injustice sociale, ou changent-elles les choses pour les améliorer ? Le plus souvent, ils ne souhaitent pas se poser ces questions, et s'ils le font, on leur rappelle que, dans leur position, les valeurs partagées prennent le pas sur de plus hautes valeurs.

Il ne faut pas être grand clerc pour affirmer que les leaders devraient avoir une vision à long terme, ne serait-ce que dans le domaine des finances. Mais dans le jeu de chaises musicales – et des bonus qui l'accompagnent – qui caractérise aujourd'hui l'attribution des postes au plus haut niveau, les leaders sont plus souvent choisis pour leur capacité à dégager rapidement de bons résultats financiers que pour leur vision. La capacité à élaborer une vision à long terme a été sous-estimée et sous-évaluée en tant que qualité de leadership, entraînant des conséquences potentielles bien plus dommageables.

Dans le passé, la vision était pour l'essentiel circonscrite et concentrée, nonobstant le fait que l'innovation et les découvertes viennent invariablement d'un point de vue plus large ou différent sur tel ou tel problématique. Mais le monde d'aujourd'hui est à ce point interconnecté et la communication instantanée qu'un système global de pensée est désormais nécessaire et le sera plus encore demain. Or, un tel système est une conséquence automatique des résultats du développement personnel.

Une pensée globale est étroitement liée aux valeurs dans la mesure où chacune des actions entreprises peut avoir des conséquences inattendues dans des domaines interconnectés. Comme ces conséquences sont souvent absolument imprévisibles, faire de son mieux dans des circonstances données signifie que chacune des actions entreprises doit être en harmonie avec les plus hautes valeurs personnelles. Si l'on a suffisamment avancé sur le chemin du développement personnel, cette attitude reflète les raisons profondes qui nous poussent à agir. Vision, valeurs, raison d'agir, développement personnel, et tant d'autres choses, sont liés de façon inextricable.

Sincérité

La qualité suivante essentielle du leadership est la sincérité : être ce que nous sommes vraiment, et ne pas craindre de nous trouver face aux autres. Parvenir à la sincérité est un voyage sans fin. Il faut s'affranchir du conditionnement familial, social et culturel dans lequel on a été élevé, des fausses croyances et hypothèses que nous avons accumulées en cours de route. Il faut se libérer de la peur : celle de l'échec, celle d'être différent, celle de paraître idiot, celle du regard des autres, celle d'être rejeté… et tant d'autres encore. L'exemple du ski que j'ai utilisé dans le précédent chapitre fournit quelques points de repère sur ce que le coaching peut faire pour traiter toutes ces peurs.

Le modèle de la subpersonnalité, décrit en détail dans le chapitre 24, peut être très utile aux coachs qui abordent des problèmes de sincérité. Une étape avancée du développement personnel consiste à apprendre, avec l'aide d'un coach transpersonnel, à prendre du recul et à se transformer en observateur dépassionné. La position est alors équivalente à celle d'un chef d'orchestre : il peut guider n'importe quel instrument ou groupe d'instruments et diriger une symphonie sans jouer lui-même la moindre note de musique. C'est ce que l'on pourrait décrire comme un état de maîtrise personnelle, indissociable d'un grand pouvoir et d'une grande confiance en soi.

Dans les termes de la psychosynthèse (cf. chapitre 24), ce stade est celui du « je », parfois décrit comme indiquant qui nous sommes vraiment, quelle est notre personnalité authentique. Pour Roberto Assagioli, le « je » est un lieu de pure conscience (**ouverture d'esprit**) et de pur pouvoir (**responsabilité**). C'est le stade idéal dans lequel un vrai leader devrait se trouver la plupart du temps. C'est un état d'esprit caractérisé par la force, la confiance, la sincérité et la cohérence, auquel ne parvient qu'un petit nombre de personnes profondément impliquées dans leur démarche de développement personnel. C'est l'équivalent du stade le plus élevé de leadership que décrit Jim Collins dans *Good to Great* [*De la performance à l'excellence*], caractérisé par un niveau élevé d'humilité personnelle (ouverture d'esprit sur soi-même) et de volonté professionnelle (responsabilité collective).

Peut-être ce qui soutient la tâche de tout coach est-il désormais clair : élever à tout moment le niveau d'**ouverture d'esprit** et de **responsabilité** de celui qui est coaché. A chaque fois que le coach aide le coaché à relever un petit défi en étant plus ouvert d'esprit et plus responsable, il l'aide également à se familiariser avec l'expression des qualités de son « je ». En d'autres termes, à se rapprocher d'une vie en adéquation avec la nature de son « je », à être plus sincère, plus souvent.

La transformation que j'évoque ici ne se produit pas en quelques jours ni à l'issue de deux ou trois séances de coaching. C'est le fruit de l'implication et de l'obstination, peut-être aussi celui de la découverte d'un certain « côté obscur » de l'âme. Mais c'est un prix bien faible à payer par rapport aux bénéfices que l'on tire d'être son propre « je », ce que l'on est vraiment, la plus grande partie du temps. C'est à partir de là que l'on peut diriger les autres. C'est la sincérité absolue, une qualité au moins aussi importante que les meilleures des valeurs et la capacité de développer une vision.

Souplesse

Une autre qualité du leader que je souhaite développer est la souplesse. L'agilité, la capacité à changer, à innover et à abandonner ses vieilles routines et ses objectifs anciens est une qualité essentielle étant donné les circonstances actuelles et la rapidité avec laquelle le monde d'aujourd'hui évolue. Accepter de modifier rapidement la direction de sa course lorsqu'un nouveau contexte le demande pourrait bien devenir à l'avenir une nécessité vitale. Cette souplesse est le fruit d'un travail de développement personnel effectué dans deux domaines que j'ai déjà évoqués : le fait, d'une part, de se débarrasser de son conditionnement parental, social et culturel ainsi que de ses anciennes croyances et hypothèse, et celui d'éliminer la peur, en particulier celle de l'inconnu, qui empêche les gens d'accepter le changement. L'inconnu recouvre de multiples dimensions : les territoires non balisés, les réactions imprévues d'autres personnes, les conséquences inattendues de tout nouveau système…

Le mot « souplesse » évoque à la fois la jeunesse et l'aptitude physique. Il est communément admis – et dans une certaine mesure c'est exact – que nous perdons de l'agilité en vieillissant. La façon dont nous abordons psychologiquement la notion d'âge peut profondément affecter notre agilité mentale et physique. Pour ma part, j'ai psychologiquement arrêté de vieillir lorsque j'ai atteint « l'âge de la retraite », à 65 ans, et de ce fait, j'ai commencé une nouvelle vie, plus active. Récemment, j'ai même totalement éradiqué tous les problèmes de décalage horaire.

C'est une question de choix personnel, que vous pouvez aussi bien qualifier d'effet placebo si vous voulez. Une attitude positive qui entraîne une bonne dose de confiance en soi renforcée par un exercice physique régulier n'a peut-être pas beaucoup d'impact physiologique direct, mais cela peut être un placebo bien plus efficace que bien des cocktails pharmaceutiques. Nos muscles et nos articulations doivent être sollicités si nous voulons leur garder une certaine souplesse, et il n'en va pas autrement de notre esprit. En vieillissant, le plus souvent à partir de 30 ans, nous sombrons dans d'innombrables petites routines. Les mêmes lieux de vacances, le même type devin, le même jour de shopping, les mêmes vêtements, le même trajet pour se rendre au bureau, les mêmes plats dans les mêmes restaurants, les mêmes expressions, les mêmes réactions... autant d'exemples d'attitudes qui sont la cause d'une certaine ossification.

Voici quelques conseils pour entretenir votre souplesse. Pendant une semaine d'abord – mais gardez-vous que cela ne devienne une nouvelle habitude – essayez, chaque jour, d'éviter de retomber dans vos routines quotidiennes, de la plus insignifiante à la plus importante. Faites une liste des choses que vous faites toujours pendant la semaine et modifiez-les la semaine suivante. Saluez les gens en leur disant quelque chose de sincère plutôt que les habituelles platitudes, demandez au chauffeur de taxi ce qui le passionne, allez visiter une maison de retraite, ramassez les papiers qui traînent dans la rue ou sur les haies des jardins, parlez au musicien de rue ou au clochard et donnez-lui 5 euros plutôt que 50 centimes.

Pendant un séjour à Séville, nous prenions un café en terrasse avec mon associée et un musicien passait entre les tables avec sa guitare. Lorsqu'il nous tendit son chapeau, mon associée lui dit « non » et je me sentis un peu embarrassé. « Vous ne jouiez pas vraiment pour nous, lui dit-elle. Est-ce que vous pourriez jouer quelque chose rien que pour nous ? » Le musicien était ravi et il lui demanda ce qu'elle souhaitait qu'il joue. « Jouez votre air favori, ce que vous joueriez si vous étiez seul sur la plage ou pour votre famille. » Ce qu'il joua alors était remarquable, brillant, et totalement différent de ce qu'il nous avait proposé auparavant. Nous en fûmes extrêmement touchés et lui donnâmes une large compensation. Plus tard, un clochard m'invectiva et parvint à me soutirer quelques euros. Mon associée, qui est aussi mon coach, me convainquit de retourner le voir pour lui demander de me rendre mon argent. Un autre exercice : pensez à un plat que vous ne consommeriez jamais, commandez-le et goûtez-y.

Faites quelque chose de différent. Essayez. C'est une façon d'exercer votre agilité mentale et probablement aussi votre corps. Vous découvrirez que vous pouvez survivre lorsque vous faites les choses différemment. Après tout, les habitudes ne sont que des comportements destinés à vous prémunir de la peur. Rompre avec les habitudes donne accès à d'autres dimensions, rend la vie plus intéressante, ouvre la porte sur de nouvelles découvertes, permet de rencontrer d'autres gens, fait de vous quelqu'un de beaucoup plus intéressant, et peut même vous faire venir des larmes de joie.

Certains peuvent trouver plus facile de faire d'abord l'expérience de ces changements en dehors de leur environnement professionnel, mais les mêmes principes s'appliquent au travail. La souplesse est une question vitale, et nous en aurons de plus en plus besoin. Les principes du leadership peuvent s'appliquer à tous les domaines et ceux du coaching à tous les individus. Le même raisonnement s'applique à la notion de souplesse dont nous avons désormais besoin.

Cohérence

Dans le monde des affaires, on parle en général de cohérence nécessaire entre les membres d'un conseil d'administration ou ceux d'une équipe à propos des objectifs à atteindre ou des manières de travailler. Cette cohérence est évidemment importante, mais plus importante encore est la cohérence intérieure ou psychologique chez les leaders eux-mêmes, sans laquelle la cohérence professionnelle est difficile à obtenir. Qu'est-ce donc que cette cohérence intérieure ?

Il s'agit évidemment de la cohérence et de la collaboration entre nos subpersonnalités, dont la notion est décrite au chapitre 24.

Lorsqu'un dirigeant fait l'expérience d'un conflit intérieur à propos d'une décision grave, les conséquences peuvent en être lourdes. Une option peut entraîner un gain personnel pour celui qui la privilégie, par exemple dans le cas d'une acquisition ou d'une démutualisation, alors qu'une autre peut lui être moins bénéfique mais avoir des conséquences à long terme plus favorables pour son entreprise et les clients de celle-ci. Une troisième option peut aussi être plus favorable au tissu économique, à la cité ou à l'environnement.

Tant que ce dirigeant n'aura pas clairement résolu ce conflit interne, il ne pourra se consacrer totalement à la mise en œuvre de sa décision. Son choix va dépendre de ce à quoi il attache le plus de prix, ou simplement de ses valeurs personnelles. Lorsque différents aspects de notre personnalité – nos subpersonnalités – renvoient à des valeurs différentes, la décision devient une lutte entre ces valeurs pour prendre une position dominante. Comme ce à quoi nous attachons du prix évolue, ou plus exactement s'élargit à mesure que nous nous développons psychologiquement, ce conflit intérieur est une conséquence naturelle de notre processus de maturation.

Lorsque des membres d'une équipe ont des objectifs différents, elle ne sera pas aussi efficiente ni efficace que s'ils étaient cohérents. Mais le tableau n'est cependant pas si noir. Des points de vue différents peuvent susciter un débat salutaire et aboutir à un résultat pondéré qui fait la synthèse de plusieurs perspectives. À condition toutefois que chacun s'applique ensuite à mettre en œuvre la décision à laquelle le débat a permis d'aboutir. C'est la même chose pour les individus ou, devrais-je dire, à l'intérieur des individus. Quiconque souhaite accéder à une position de leadership doit développer sa cohérence intérieure. S'il ne le fait pas, il pourra être perçu comme un peu schizophrène et les gens ne sauront pas quelle attitude adopter à son égard car ils ne sauront pas à qui ils ont à faire.

Il arrive que l'absence de cohérence, et son importance, ne soient pas identifiées consciemment par l'individu, ni non plus par son entourage. Il apparaîtra seulement comme velléitaire, peu fiable, peu crédible ou hypocrite. Inutile de chercher bien loin parmi les dirigeants d'entreprises et les leaders politiques actuels pour mesurer à quel point ce problème est évident et répandu. Ce qui n'est pas vraiment surprenant dans la mesure où nous avons tous ce problème, à un degré plus ou moins important. Il fait en effet partie de notre condition humaine, même s'il pourrait être considérablement amoindri dans le cadre de l'éducation parentale et au fil du processus de formation des compétences s'il était plus largement reconnu et accepté.

Intention

En quoi sommes-nous cohérents, avec quel objectif et au profit de qui ? Ce sont des questions essentielles pour les leaders et elles doivent trouver leurs réponses.

Je ne suis ni romantique ni élitiste lorsque je prétends que nous traversons l'époque peut-être la plus cruciale de l'histoire de l'humanité. Pour la première fois nous avons la capacité de satisfaire aux besoins essentiels de toute la population mondiale : alimentation, eau, abri, santé et éducation. Mais en même temps nous avons acquis les moyens de détruire complètement notre habitat et la vie telle que nous la connaissons.

Nous sommes confrontés à un défi et à un choix – le choix ultime entre la vie et la mort à l'échelle de la planète. Pour beaucoup, le défi consiste à accepter la réalité de ce choix, puis à choisir entre faire ce qu'il faut ou adopter un comportement égoïste à court terme.

Est-il dès lors raisonnable de suggérer que toute intention individuelle est un élément de l'intention universelle ? On peut penser que notre intention individuelle évolue dans le temps dans la mesure où elle dépend de l'évolution de la condition humaine, et que nous pouvons l'exprimer où que nous soyons. Il est par ailleurs difficile de prétendre que les dirigeants d'entreprise et les politiciens devraient se concentrer sur une autre intention ou un autre objectif global que ceux permettant de contribuer à la préservation de notre habitat et de la vie sur terre. Mais quel niveau d'urgence doivent atteindre les problèmes importants pour que les gens se décident à agir, puis agissent ensemble ?

Il y a quarante ans, avant que l'on reconnaisse largement ou qu'il y ait assez de preuves irréfutables de la dégradation de l'environnement, de l'amoindrissement des ressources naturelles et de l'agitation sociale, on pouvait attendre d'un dirigeant d'entreprise qu'il développe simplement ses affaires. Un jeune entrepreneur pouvait affronter la concurrence de façon agressive, être novateur et ambitieux dans le déroulement de sa carrière, tout en se préparant à jouer un rôle de leader de plus en plus important. Chemin faisant, il aurait bien écarté quelques rivaux sans état d'âme, mais au final, il aurait été salué pour sa capacité à gravir les échelons.

Un autre dirigeant, plus mûr peut-être, aurait développé son entreprise, amélioré ses produits ou services, été attentif à ses collaborateurs et à ses clients, et été actif au sein de la communauté dans laquelle opérait sa société. Quant aux soi-disant grands leaders d'hier, extrêmement efficaces dans leur projet de développement international, dont ils étaient parmi les plus grands bénéficiaires, on pouvait dire qu'ils avaient contribué à verser leur contribution au bonheur humain, quand bien même certains d'entre eux pouvaient connaître des échecs retentissants. Il y a encore une dizaine d'années, tous ces dirigeants auraient été considérés comme de bons, voire de très grands leaders.

Mais le contexte dans lequel s'exerce le leadership a considérablement changé, pour deux raisons en particulier. La première, c'est que quantité d'anciennes règles et de compétences associées au leadership ne sont plus pertinentes dans les conditions sociales actuelles, et que nous avons besoin d'en définir de radicalement nouvelles, urgemment. La seconde, c'est que le leadership responsable nécessite que les dirigeants considèrent les problèmes globaux, sociaux et environnementaux comme des priorités au même titre, sinon davantage, que la réussite financière de leurs entreprises. S'ils le font, ils feront évoluer le modèle du leader responsable, et ce faisant, ils seront aussi bien préparés que possible pour conduire leurs entreprises à travers les années d'incertitude que nous allons traverser.

Les leaders de demain

Les leaders de demain doivent donc avoir des valeurs, une vision, être sincères, agiles, cohérents et agir dans une intention précise. Ajoutez l'ouverture d'esprit et la responsabilité à cet ensemble, de la confiance en soi et une bonne dose d'intelligence émotionnelle, et voilà une recette qui ne manque pas de saveur. Tous ces ingrédients sont organiques, cultivés sur place et neutres en équivalent carbone car rien n'est importé. En fait, ils sont déjà là où vous êtes et n'attendent qu'à être cueillis. Dans la dernière partie de ce livre, j'explique le type de coaching qui peut nous aider à favoriser l'éclosion et à encourager ces nouveaux leaders.

QUATRIÈME PARTIE

LA TRANSFORMATION PAR LE COACHING TRANSPERSONNEL

23.
L'INTELLIGENCE ÉMOTIONNELLE

L'intelligence émotionnelle
est deux fois plus importante que
le quotient intellectuel pour réussir
dans le monde professionnel.

La contribution de Maslow à la psychologie ne s'est pas limitée à sa pyramide des besoins, il a également été l'un des fondateurs, avec Carl Rogers, de la psychologie humaniste, quelquefois connue sous le nom de troisième force de la psychologie, apparue après la psychanalyse et le behaviorisme. Au lieu d'étudier les maladies mentales et la pathologie comme d'autres l'avaient fait avant lui, Maslow a étudié des personnes en bonne santé, afin d'avoir une connaissance plus profonde de la nature humaine. Le but de la psychologie humaniste est la pleine réalisation du potentiel humain par la prise de conscience, considérée par certains comme la panacée contre tous les maux, et la valorisation des émotions. Son influence a commencé à se faire sentir de manière confidentielle dans le monde de l'entreprise dans les années 70 et a contribué à l'émergence du développement personnel. Ce n'est pourtant qu'à la parution de l'ouvrage de Daniel Goleman sur le sujet en 1995 que l'intelligence émotionnelle est devenue non seulement acceptable mais aussi parfois nécessaire à la réussite professionnelle. Les recherches de Goleman ont montré que l'intelligence émotionnelle (IE) était deux fois plus importante que le quotient intellectuel (QI) pour réussir dans le monde professionnel. . Tout le monde voulait essayer. C'est un acquis indispensable pour un coach professionnel.

L'intelligence émotionnelle peut être décrite comme une intelligence interpersonnelle ou bien tout simplement comme une compétence sociale. Celle-ci peut se diviser en cinq domaines : connaître ses propres émotions, les gérer, se motiver, reconnaître les émotions des autres et avoir un bon contact. Cela semble assez simple car nous conjuguons tous ces compétences dans une certaine mesure. Les personnes dotées d'une bonne intelligence émotionnelle les personnifient seulement plus complètement que les autres.

Les recherches de Goleman indiquent que l'intelligence émotionnelle est deux fois plus importante (66 % contre 34 %) que les acquis universitaires ou techniques pour réussir dans le monde professionnel – et ce pour tout le monde, pas uniquement pour les dirigeants – à la fois sir le plan relationnel et en termes de productivité. Pour les individus en position de leader, le ratio est encore plus important (85 % contre 15 %).

Dans les formations au coaching que j'anime, je demande aux participants de se remémorer un adulte qu'ils ont connu lorsqu'ils étaient enfants, qui ne soit ni leur père ni leur mère. Quelqu'un dont ils se souviennent avec une affection particulière : une grand-mère, un oncle, un ami de la famille. Je leur demande ensuite de faire la liste des raisons pour lesquelles cette personne est plus chère à leur souvenir que tout autre adulte. Lorsqu'ils comparent leurs listes, ils sont frappés de leurs similitudes et de la banalité des qualités qu'ils ont invoquées, et ce quelle que soit leur nationalité ou leur éducation. Parmi ces qualités on retrouve le plus souvent les suivantes :

- il/elle me traitait comme si j'étais son égal.
- il/elle m'écoutait comme si mon opinion l'intéressait.
- il/elle me consacrait du temps et sa pleine attention.
- il/elle me stimulait.
- il/elle croyait en moi ; croyait que j'avais des possibilités.

- il/elle était drôle, enthousiaste, et me faisait rire.
- je me sentais protéger, aimé, soutenu par lui/elle ; en sécurité.
- il/elle me respectait.

Je demande ensuite aux participants ce qu'ils ressentaient lorsqu'ils étaient avec cette personne, et leurs réponses sont également très homogènes : spécial, valorisé, rassuré et, le plus souvent, plein de confiance en soi.

Bien entendu, il y a d'autres réponses, mais celles-ci sont les plus fréquentes. Pour développer son intelligence émotionnelle ou choisir les comportements les plus appropriés, il ne faut pas chercher à adopter un ensemble d'attitudes qui aurait été défini par je ne sais quelle recherche universitaire. Il est beaucoup plus simple de se souvenir de cet adulte et de comparer ce que l'on fait avec ce qu'elle aurait fait dans les mêmes circonstances. Cette personne disposait de trésors d'intelligence émotionnelle, donc prenez-la comme modèle.

Si l'intelligence émotionnelle a tant d'importance pour réussir dans le monde professionnel, et si l'école est sensée préparée les enfants à affronter le monde des adultes, alors c'est une carence inadmissible que les programmes scolaires ne l'enseignent pas. Cette omission repose, bien entendu, sur l'hypothèse que ces compétences sont acquises par les jeunes au fil de leurs interactions sociales avec leurs camarades et avec des adultes, qu'elles ne peuvent être enseignées et n'ont même pas besoin de l'être. Ceci est une erreur grossière car l'école serait un lieu idéal pour développer l'intelligence émotionnelle des enfants, à travers leurs jeux, des exercices interactifs structurés et du coaching.

L'intelligence spirituelle

À peine avions-nous digéré le QE (quotient émotionnel), comme on l'a appelé, que plusieurs ouvrages vantant les mérites de l'intelligence spirituelle ou IS sont parus. Spirituel n'est pas pris ici dans le sens religieux mais est défini par Élisabeth Denton comme le « désir de trouver le but et le sens ultime de sa vie et de vivre en harmonie avec ses convictions. » Dans son livre *Spiritual Intelligence,* Danah Zohar cite un homme d'affaires de 36 ans décrivant la crise personnelle qu'il traverse :

> « Je dirige une entreprise importante et florissante en Suède. Je suis en bonne santé ; j'ai une famille merveilleuse, une place dans la communauté. On peut dire que j'ai du pouvoir. Mais je ne suis pas certain de ce que je fais de ma vie. Je ne suis pas certain d'être sur la bonne voie en faisant le travail que je fais. »

Il explique ensuite que l'état du monde l'inquiète beaucoup, notamment les questions liées à l'environnement et à l'éclatement des communautés. Il a l'impression que les gens ignorent la véritable ampleur des problèmes qui les menacent. Les grosses entreprises comme la sienne sont particulièrement coupables de ne pas affronter ces problèmes. « Je veux faire quelque chose contre ça, poursuit-il, je veux utiliser ma vie pour servir mais je ne sais pas comment. Je sais seulement que je veux faire partie de la solution, pas du problème. »

Comment un coach doit-il aborder ce genre de problèmes et de quelles compétences a-t-il besoin ? Il ne fait pas de doute que les plus efficaces des coachs vont avoir besoin d'aller au-delà des principes de base de la discipline qui consistent à poser les bonnes questions pour augmenter l'**ouverture d'esprit** et la **responsabilité** du coaché, à bien l'écouter, à s'adapter à son programme et à l'accompagner tout au long du processus GROW (Goal/objectif ; Reality/réalité ; Options ; What/plan d'action) que j'ai décrit page 000. Le coaching est bien plus que cela, ce qui nous amène à nous intéresser aux plus récents développements de la psychologie.

24. LES OUTILS DE LA PSYCHOLOGIE TRANSPERSONNELLE

IL y a de nombreuses années, j'ai été attiré par la profondeur et la complétude de la psychosynthèse, ce qui a influencé mon travail de coaching depuis. La psychosynthèse a été conçue par le Docteur Roberto Assagioli en 1911. Disciple de Freud, il a été le premier psychanalyste freudien en Italie. Comme Carl Jung, avec qui il a étudié, il s'est rebellé contre la vision pathologique et animale qu'avait Freud de l'homme. Tous deux ont suggéré que nous possédons une nature supérieure et Assagioli a affirmé qu'une grande partie des dysfonctionnements psychologiques dans le monde provient de la frustration et même du désespoir causé par le manque de sens et de but dans nos vies.

Assagioli était très en avance sur son temps et la psychosynthèse est restée relativement obscure jusque dans les années 60, époque à laquelle elle est devenue l'une des principales composantes de la quatrième force émergente de la psychologie, la psychologie transpersonnelle. Elle ne nie pas la troisième force (psychologie humaniste) mais l'épouse et se fonde sur elle. Elle lui ajoute un sens plus profond de volonté, d'expérience du sens, de but et de direction, de responsabilité personnelle et de sacrifice et se fonde sur l'hypothèse que nous avons tous une identité plus profonde ou obéissons à un principe organisationnel supérieur.

La psychosynthèse propose un certain nombre de cartes et de modèles qui peuvent être utiles à un coaching en profondeur. Elle fournit un modèle simple de développement humain qui, comme tous les modèles, n'est pas la vérité mais simplement une représentation permettant à une conversation de se dérouler dans notre esprit ou avec un coach. Un coach formé aux principes de la psychosynthèse peut inviter la personne qu'il coache à redéfinir sa vie comme une trajectoire de développement, à voir le potentiel créatif de chaque problème, à considérer les obstacles comme des tremplins, à prendre conscience que nous avons tous un but dans notre vie et que pour l'atteindre nous devrons surmonter certaines difficultés et certains obstacles. Les questions du coach visent à faire prendre conscience à la personne coachée du potentiel positif du problème et des actions qu'elle choisit d'entreprendre.

Deux dimensions de croissance

Nous pouvons tracer notre ligne de vie ou celle des autres sur un modèle graphique à deux dimensions dont l'axe horizontal représente la réussite matérielle et l'intégration psychologique et l'axe vertical la valeur spirituelle ou l'épanouissement des aspirations.

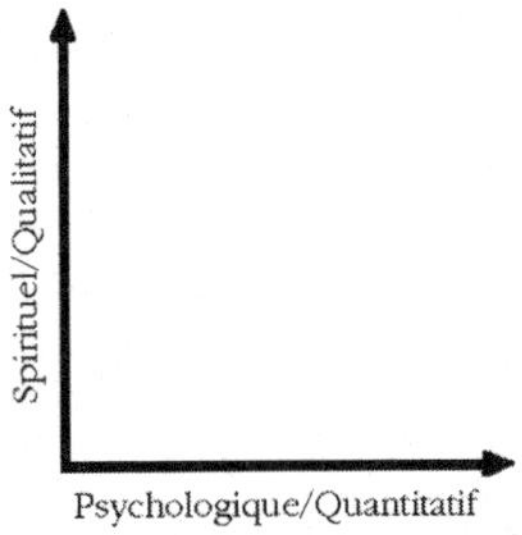

Prenons deux exemples très différents pour étudier chacun de ces aspects.

Un homme d'affaires peut très bien se concentrer sur sa réussite professionnelle dans le monde matériel et devenir une personne bien intégrée, un bon parent et un membre respecté de la société sans s'être jamais posé la moindre question sur le sens de la vie. C'est la tendance occidentale qui a conduit à de gros progrès et à des innovations importantes au niveau matériel.

Ce genre de personnes peut mépriser les personnes plus mystiques qui mènent une vie contemplative et ascétique mais semblent peu armées face aux réalités et obligations du monde d'aujourd'hui. Elles mènent une vie monastique d'étude et d'assistance aux autres. Leur logement, leurs finances et même leur personnalité ne sont peut-être pas très en ordre. Cependant, elles considèrent les objectifs des hommes d'affaires comme futiles, destinés à satisfaire leur ego et souvent destructeurs pour eux mais aussi pour les autres. Il s'agit alors de la voie orientale. Il est possible que les mentions occidentale et orientale puissent prêter à confusion étant donné la croissance économique récente de l'Orient.

Il est indéniable que les Occidentaux ont concentré leur énergie sur l'axe matérialiste et sont d'ailleurs parvenus à des résultats impressionnants dans ce domaine.

L'influence occidentale et les impératifs économiques sont maintenant une force globale particulièrement envahissante mais il reste des poches, aussi bien en Orient qu'en Occident, où certains ont choisi d'évoluer sur l'axe spirituel.

Plus nous progressons sur une voie à l'exclusion de l'autre, plus nous nous éloignons de la voie idéale ou équilibrée et plus les tensions augmentent.

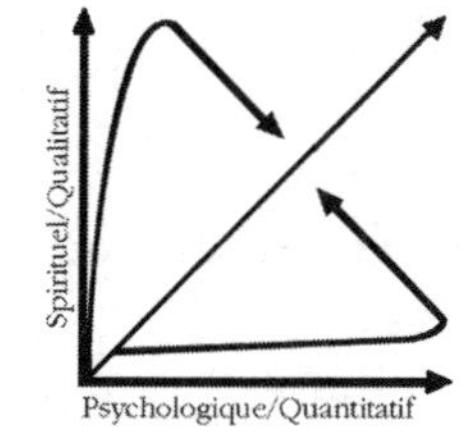

Si les pressions sociales, les impératifs commerciaux ou une détermination aveugle surpassent cette tension qui tente de nous remettre sur les rails, il est possible que nous nous retrouvions nez à nez avec un mur : c'est ce que l'on appelle la crise de sens.

Quand nous sommes confrontés à une crise, nous avons tendance à rebondir sous l'effet du choc et à rester abasourdis; nos performances s'en ressentent mais nous nous sentons en même temps attirés vers le haut, vers l'idéal, vers une voie plus équilibrée.

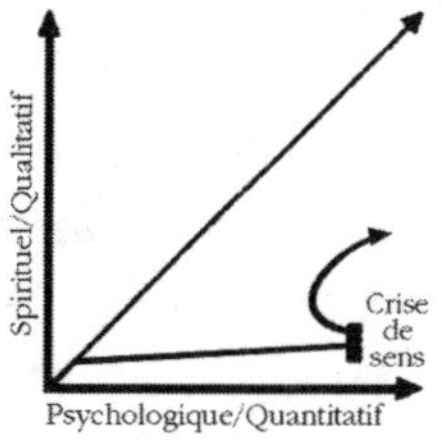

Connaissance

L'axe horizontal peut être également assimilé à la connaissance. La crise de sens survient quand notre accumulation de connaissances surpasse de beaucoup l'effet tempérant de nos valeurs. Dans la crise nous passons par un effondrement du faux sentiment de sécurité entraîné par l'illusion de puissance et de certitude que nous donnent nos vastes connaissances.

La sagesse va au-delà des connaissances et est bien plus profonde. Elle permet de prévoir, est souvent paradoxale et offre un ordre de sécurité différent. La ligne médiane du graphique peut alors représenter la voie de la sagesse située à égale distance des deux extrêmes : d'un côté des connaissances exploitées de manière désordonnée et de l'autre un fanatisme spirituel infondé. Sur l'axe vertical, un excès peut également entraîner une crise que l'on appelle « crise duale » car elle correspond à une fracture entre la vision idéaliste et les dures réalités de la vie en société. Ceux qui en souffrent sont violemment rappelés à la raison et peuvent être amenés à transiger sur leurs valeurs afin d'obtenir un emploi.

Gestion de crise

L'humanité pourrait-elle se trouver aujourd'hui en prise avec une crise collective, globale, de sens ? On dit souvent que la connaissance est la nouvelle richesse d'aujourd'hui et probablement de demain. Pendant des siècles, l'économie a été fondée sur la terre puis après la Révolution industrielle sur le capital. Les nobles propriétaires terriens ont laissé la place aux riches marchands. Dans la nouvelle économie des connaissances, les technophiles semblent avoir de l'emprise mais cet engouement durera-t-il ? Est-ce l'indication que l'écart entre notre connaissance et notre sagesse est trop important pour perdurer ? Serions-nous témoins de l'émergence d'une nouvelle phase, l'économie de la sagesse ? Devons-nous attendre que les politiques et les hommes d'affaires du futur fassent preuve de cette sagesse ou bien devrions-nous la rechercher à l'intérieur de nous-mêmes et trouver notre propre direction ? Ou encore, la crise économique doit-elle aller à son terme ?

J'ai omis de parler d'un élément présent dans les graphiques de psychosynthèse reproduits ci-dessus, il s'agit d'une lumière qui guide la flèche médiane. Elle représente le moi supérieur ou l'âme. Elle nous influence en douceur pour nous remettre sur le droit chemin, même si elle est souvent contrecarrée par nos désirs et ambitions terrestres. Par le passé, une telle notion aurait été rejetée par les esprits rationnels scientifiques et taxée de spéculation fantaisiste. Cependant, les progrès récents de la neurobiologie ont révélé l'existence de ce qu'on appelle un « point divin » dans les lobes temporaux du cerveau qui, pour citer Danah Zohar, pourrait être « une composante essentielle de notre intelligence spirituelle. »

Les entreprises reconnaissent à raison que de nombreux systèmes dans le monde passent de la prescription au choix. Un des exemples de cette mutation est que nous allons chercher ce que nous voulons sur Internet au lieu d'accepter aveuglément ce que veulent nous imposer les spams. Un coach fait émerger la personnalité intérieure du coaché plutôt que de lui donner des conseils sur ce qu'il devrait faire. C'est aussi ce que font les dirigeants qui ont une fibre de coach. Les gens veulent désormais exercer leur libre arbitre et cette tendance s'amplifiera à l'avenir.

Bien sûr, il n'est pas obligatoire de passer par une crise pour son développement psychospirituel. Certaines personnes vont très loin sans crise ni coach. D'autres traversent une série de mini-crises aux conséquences moins dramatiques et aux décrochages moins sensibles. Pour coacher ce genre de personnes, une formation de qualité normale en coaching devrait être suffisante. En fait, dans presque toutes les circonstances, si le coach adhère à des principes non prescriptifs et suit la volonté de la personne coachée, le risque de dérapage est minime.

Un problème n'arrive que quand un coach peu habitué à des explosions extrêmes et virements émotionnels soudains panique et intervient pour tenter d'aider la personne à contrôler ses sentiments. La personne coachée doit entrer et, si besoin est, revivre des émotions résiduelles non exprimées à son rythme dans le cadre d'un processus qui la guide et la protège.

Coacher quelqu'un pour qu'il dépasse une crise de sens se fait rarement en une fois, et un certain nombre de séances sur une période de plusieurs mois seront probablement nécessaires. De plus, après que l'entreprise a investi du temps et de l'argent dans un coaching en profondeur, l'individu peut décider en fin de compte de quitter son travail et d'en trouver un autre plus en harmonie avec le but qu'il a identifié et clarifié.

Le coaching et la crise du sens

Je ne vais pas détailler les techniques et les difficultés de coacher des personnes confrontées à une crise de sens. Cette expérience peut se révéler être une période intense et troublée pour les gens qui sont allés très loin sur l'axe matérialiste. Je ne saurais trop recommander aux coachs qui veulent se spécialiser dans ce domaine de suivre une formation en psychosyntèse ou psychologie du même type. C'est un domaine qui dépasse la disponibilité, l'expérience et les capacités d'un coach/manager normal.

Un coaching en profondeur est extrêmement utile pour aider les gens à faire tomber leurs barrières défensives et leurs blocages auto-imposés, et leur permettre de faire davantage l'expérience de leurs motivations intérieures. Apprendre à écouter et à suivre cette « petite voix intérieure » assez tôt dans la vie peut être un bon moyen d'éviter une crise, et le coaching peut sans conteste y contribuer et nous permettre d'agir en cohérence avec nos valeurs. Malheureusement, trop souvent les gens ne cherchent l'aide et le soutien du coaching que lorsqu'ils sont en butte à un vrai problème. Il peut également être tentant pour de nombreuses entreprises de s'enliser dans les sables de leur organisation plutôt que d'affronter la complexité d'une recherche de sens et d'objectifs. À long terme, cependant, je crois que les entreprises qui auront su accompagner leurs collaborateurs lorsque ceux-ci en éprouvent le besoin en tireront un considérable retour sur investissement.

Présenter l'ensemble des modèles, des techniques, des compétences et des bienfaits de l'approche transpersonnelle dépasse largement le cadre de ce livre. La psychologie transpersonnelle a de nombreuses applications, thérapeutiques ou autres, au-delà de la sphère du coaching, je me contenterai donc de présenter l'un de ses modèles principaux et de fournir quelques éléments sur certains autres qui s'appliquent particulièrement bien à l'exercice du coaching.

Les subpersonnalités

Je regarde parfois les différentes facettes de ma personnalité avec perplexité. Je m'aperçois que je suis plusieurs personnes et que celle qui domine à un certain moment laissera ensuite immanquablement sa place à une autre.

Somerset Maugham,
Et mon fantôme en rit encore – Journal 1892-1944

Le modèle dont il est question ici fonctionne avec ce que nous appelons les subpersonnalités, différents aspects de nous-mêmes qui peuvent revêtir différentes caractéristiques et poursuivre différents objectifs. Par exemple, ne vous est-il jamais arrivé de vous réveillé par un beau matin ensoleillé et de vous dire : « je pourrais me lever tout de suite et aller courir une heure », puis, une seconde après, vous raviser en entendant une autre voix vous dire : « non, reste tranquillement au fond de ton lit ». Qui parle à qui ? Ce sont deux de vos subpersonnalités qui s'expriment, et vous en avez beaucoup d'autres, y compris celle qui écoute les différentes voix qui vous interpellent. Nous avons tous un collègue qui s'habille en costume trois-pièces, s'admire dans la glace, bombe le torse et redresse la tête pour partir au bureau. Est-ce la façon dont il se comporte lorsqu'il sort avec ses amis, quand il rend visite à sa grand-mère ou lorsqu'il joue avec ses enfants ? Sans doute pas.

Nous adoptons tous certaines attitudes, parfois même des personnalités différentes, en fonction des circonstances et de la façon dont nous voulons nous voir nous-mêmes ou voulons être vus par les autres. Ne vous êtes-vous jamais surpris à prendre un pas un peu plus chaloupé que d'habitude après avoir vu un film de cowboys ? Beaucoup de nos subpersonnalités viennent de notre enfance, lorsque nous mettions en œuvre inconsciemment, en partie du moins, telle ou telle stratégie pour obtenir de nos parents ce que nous souhaitions. « Je peux avoir un autre chocolat s'il te plaît ? S'il te plaîîîîît ! » le ton montant dans les aigus, la tête baissée et un air misérable de circonstance. Si cette stratégie ne fonctionne pas, nous en essayons une autre jusqu'à ce que nous parvenions à nos fins, puis nous sophistiquons la démarche. Nous découvrons que cela peut également fonctionner en dehors du cercle familial, que cela marche également lorsque nous devenons adultes, et pas seulement pour obtenir du chocolat. La plupart des subpersonnalités correspondent à un besoin et nombre d'entre elles renvoient à un talent. L'image du héros, par exemple, est souvent construite à partir d'un certain courage, un trait de caractère utile si quelqu'un a besoin d'être sauvé.

Coaching d'un conflit intérieur

Un coach serait mal avisé d'expliquer de but en blanc à son client la théorie des subpersonnalités et de lui demander de faire la liste des siennes. Au lieu de cela, lorsqu'un client semble rencontrer un conflit intérieur, on peut lui demander : « quelle partie de vous souhaite cela ? » puis « quelles sont les autres caractéristiques de cette partie de vous-même ? Que veut l'autre partie ? ». L'objectif de ces questions de coaching est d'aider celui qui est coaché à identifier et à mieux comprendre ses pulsions et ses conflits intérieurs comme préliminaires à leur résolution. Lorsque votre client est en confiance et à l'aise avec vous, vous devriez être en mesure de lui demander s'il peut identifier et nommer quelques-unes de ses subpersonnalités (Chocodépendant, Héros, Victime…).

De nombreuses questions de coaching peuvent alors être développées à partir de ce point de départ :

- Laquelle de ces subpersonnalités trouvez-vous la plus dérangeante ?
- Dans quelles circonstances telle subpersonnalité se manifeste-t-elle ?
- Donnez-m'en un exemple récent.
- Que souhaitait cette subpersonnalité à ce moment-là ?
- A-t-elle obtenu satisfaction ? Si oui, que pensez-vous que l'autre subpersonnalité a ressenti ?
- Comment pourriez-vous obtenir autrement ce que vous souhaitiez dans les mêmes circonstances ?

En procédant ainsi, on accroît l'ouverture d'esprit du client jusqu'à lui permettre de choisir la façon dont il se présente à autrui plutôt que de succomber automatiquement à l'une ou l'autre de ses subpersonnalités en fonction des circonstances. Sa responsabilité est également renforcée et il éprouve un plus grand sentiment de maîtrise. Lorsque deux subpersonnalités sont en conflit (par exemple lorsque l'on est confronté au choix de se lever pour aller courir ou de rester couché) – ce qui est souvent la manifestation d'un modèle récurrent – il est possible de demander au coaché d'imaginer une conversation fictive entre elles et même de les amener à négocier l'une avec l'autre (par exemple, décider d'aller courir deux ou trois matins par semaine et rester au lit plus longtemps les autres jours de la semaine).

Qui êtes-vous ?

L'une des façons de décrire nos subpersonnalités consiste à reconnaître que nous nous « identifions » à certains portraits, rôles et même objets. Si vous demandez à un inconnu « qui êtes-vous ? » il va le plus souvent vous donner son nom. Mais si des gens se rassemblent autour d'un accident, pour aider ou juste regarder, et qu'un policier ou qui que ce soit s'adresse à l'un des membres du groupe pour lui demander « qui êtes-vous ? », il aura plutôt une réponse comme « je suis médecin », bien plus pertinente que la déclinaison d'une identité. Dans de nombreuses circonstances les gens de voient et se décrivent comme homme d'affaires, supporter de tel club de football, comptable, chauffeur, féministe, Français, mère au foyer, enseignant… Aucune de ces descriptions ne disent vraiment qui vous êtes, mais elles sont la composante de l'individu avec laquelle il s'identifie dans les circonstances données. Certaines personnes sont totalement sous l'emprise de l'une de leurs subpersonnalités, se refusant d'accepter d'autres composantes de leur individualité qui pourraient être plus intéressantes, créatives, joyeuses, etc. Certaines en arrivent même à s'identifier à des objets, comme leurs vêtements ou leur voiture. Ils ne les possèdent pas seulement, ils *deviennent* ces objets. Il est important que les gens soient amenés à découvrir qui ils sont derrière ces identifications temporaires et superficielles.

Un individu peut être assimilé à l'équipe dont il fait partie, mais dont les différents membres ont différentes qualités, différents souhaits et différentes attentes. Il est important d'amener les membres de l'équipe à s'ouvrir les uns aux autres, à parler de leurs besoins et de leurs différences, à commencer à collaborer et se soutenir mutuellement pour que chacun réalise ses aspirations personnelles. Le coaching peut aider une personne à mieux s'intégrer et à trouver une réelle cohérence avec elle-même et ses coéquipiers. Vous aurez noté que ce processus est fondé sur l'élévation de l'ouverture d'esprit et de la responsabilité.

Dans le monde du travail, mais à l'évidence aussi dans la sphère personnelle, de nombreux conflits viennent du fait que l'une des subpersonnalités d'un individu est en opposition frontale avec l'une de subpersonnalités de son contradicteur, et que cela est extrêmement consommateur d'énergie. Lorsque les parties en conflit se rendent compte qu'il ne s'agit que d'une des composantes de leur personne qui s'oppose à l'autre, la tension peut retomber et chacun peut commencer à gérer sa subpersonnalité pour en adopter une autre dans le cadre de cet échange. Les deux personnes peuvent même trouver des terrains d'entente là où ils étaient auparavant en opposition.

Les subpersonnalités peuvent être utilisées de bien des façons et apparaître sous de nombreuses formes. Même les équipes peuvent développer des subpersonnalités. Pour utiliser une analogie utile, on peut dire que les subpersonnalités sont comme les musiciens d'un orchestre symphonique : chacun joue d'un instrument différent mais ils peuvent être associés. Lorsque les musiciens accordent leur instrument avant le concert, l'ensemble est discordant, mais lorsque le chef d'orchestre lève sa baguette, un instant suffit pour que tous soient au diapason.

La maîtrise de soi

La question que cela soulève est la suivante : « puis-je être le chef de mon propre orchestre ? » La réponse est oui, en se désidentifiant de ses subpersonnalités, en prenant du recul par rapport à elles et en devenant l'observateur du processus. Je m'empresse d'ajouter que cela nécessite beaucoup d'investissement, et que cela n'arrive pas en quelques jours. Mais parvenir à être le chef de son propre orchestre, c'est parvenir à un état de sérénité et de puissance que l'on peut qualifier de « maîtrise de soi ». Dans les termes de la psychosynthèse, le chef d'orchestre est identifié comme étant le « je », décrit comme un noyau de pure conscience et de pure volonté. C'est exactement le résultat que l'on attend d'une plus grande **ouverture d'esprit** et d'une plus grande **responsabilité**, ce qui montre bien que l'objectif central du coaching est de développer les qualités et la présence du « je ». Ce n'est également pas un effet du hasard que cela corresponde aux qualités des dirigeants qui atteignent le plus haut niveau de leadership identifié par Jim Collins dans son livre *De la perfor-*

mance à l'excellence : l'humilité – un corollaire inévitable de l'ouverture d'esprit – et la volonté ou la passion.

Quelle est donc la séquence que l'on doit suivre pour atteindre la cohérence, et a-t-on besoin d'un coach pour cela ?

- La première étape consiste à admettre que vous avez des subpersonnalités, à identifier les plus actives et les circonstances dans lesquelles elles prennent le contrôle. Cela nécessite une honnête réflexion sur soi-même qui bénéficiera grandement de l'assistance d'un coach.
- La deuxième étape consiste à admettre devant autrui qu'il existe des subpersonnalités antagonistes, d'identifier à quels moments elles se manifestent et prennent le contrôle, ce qu'elles veulent, en quoi elles vous limitent et comment elles peuvent vous aider.
- La troisième étape va chercher à faire travailler ensemble ces différentes subpersonnalités, et c'est là que le travail sur la cohérence intérieure commence. Par exemple, pour reprendre l'histoire du jogging que j'ai évoquée plus haut, les deux voix peuvent être amenées à négocier l'une avec l'autre pour parvenir à un compromis (aller courir deux matins par semaine et rester au lit plus longtemps les autres jours de la semaine sans culpabiliser).
- La quatrième et dernière étape doit amener à une véritable synthèse, ou collaboration à la réalisation d'un même objectif globalement profitable.

Bien que l'ensemble de ce processus de développement puisse être entrepris chez soi, personnellement, à partir d'exercices d'autoréflexion, de méditation et de visualisation, les différentes étapes demandent de l'expérience et de l'entraînement. Il est donc préférable de se faire aider par un coach formé à la psychosynthèse. Par ailleurs, on tirera des bénéfices supplémentaires d'une participation à un groupe de formation composé essentiellement dans ce but.

Une compréhension plus profonde

Aux niveaux les plus profonds du coaching, le coaché aura accès au subconscient, là où la plupart de nos souffrances et de notre potentiel demeure inexploités. Pour ce qui est de la souffrance, que Freud associait à la dimension de l'inconscient profond, équivalent à la cave de la maison, froide, humide et noire, pleine de squelettes et d'araignées, elle en relève pas du coaching mais de la thérapie. Les pièces à vivre de la maison correspondent à l'inconscient médian, même si elles appartiennent pour une bonne part au domaine de la conscience, c'est-à-dire à notre éveil conscient normal. Le coaching habituel nous permet effectivement d'étendre la sphère de cette conscience normale. Quant au coaching transpersonnel, il nous ouvre les portes du domaine de la superconscience qu'Assagioli décrivait comme les balcons, le toit-terrasse et le soleil qui les illumine, recélant le réservoir de talents potentiels, de créativité, d'innovation, d'envie, d'expériences extrêmes, de joie absolue, d'amour et de compassion. Aider un coaché à explorer ce royaume, lui apprendre à s'y rendre quand il souhaite est l'objectif du coaching transpersonnel. Passons maintenant de la métaphore de la maison à celle de l'œuf.

L'œuf est un diagramme psychosynthétique (cf. schéma) que de nombreux praticiens considèrent utile pour illustrer et comprendre la position des différentes composantes de la psyché humaine et leurs relations entre elles.

- L'enveloppe extérieure de l'œuf est ce qui contient la personne, mais elle est perméable, représentée en pointillés, ce qui suggère que la conscience humaine n'en est pas prisonnière.
- L'inconscient profond et noir, c'est la cave de la personnalité, le traditionnel placard où sont enfermés les araignées, le sexe, les squelettes. C'est notre histoire psychologique et l'endroit où peuvent être retenus les dégâts du passé. C'est le territoire de Freud et des psychothérapeutes, pas celui des coachs.

- L'inconscient médian est directement accessible grâce à un bon coaching. Il est ancré dans le passé récent et dans le présent. C'est à ce niveau qu'opère l'essentiel du coaching professionnel.
- La zone d'ouverture d'esprit représente un éveil quotidien et immédiat à la conscience. L'essentiel du coaching consiste à élargir cette zone pour amener davantage de ce qui est dans le domaine de l'inconscient médian vers le conscient.
- Le « je » est au centre de la zone d'ouverture d'esprit, mais il est profondément enfoui et doit être amené à la surface.
- Le superconscient recèle notre potentiel, notre bonheur, notre créativité, notre inspiration et nos expériences extrêmes. C'est à cette dimension que peut nous ouvrir un coach transpersonnel compétent.
- Au centre et au sommet du graphique se trouve la personnalité ou l'âme, à la fois associée à l'individualité et à l'universel. On y accède très rarement mais lorsque l'on y parvient, par moments, on y fait l'expérience de l'unicité de l'univers.
- La ligne pointillée qui relie le « je » et la personnalité est un pont qui, s'il est solidement établi par un profond travail transpersonnel, lie les deux dimensions et permet aux qualités et aux motivations de la personnalité de se manifester à travers le « je ». C'est la vraie cohérence entre la volonté personnelle et la volonté universelle.

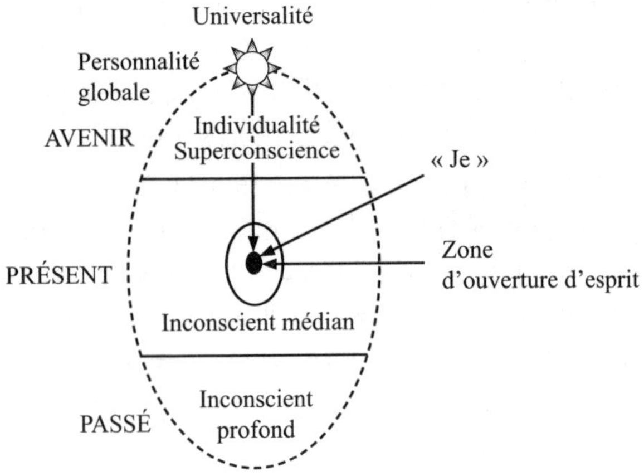

Je n'ai décrit ici le royaume du transpersonnel que pour la compréhension des futurs coachs. Je recommande fortement à tous ceux qui s'intéressent à cette approche de suivre quelques séances de formation au coaching transpersonnel car le mettre en œuvre dans un environnement encadré et obtenir en retour des commentaires est essentiel à son apprentissage. J'espère que les quelques éléments que j'ai pu donner ici vous encourageront à le faire, mais si vous vous sentez assez à l'aise pour essayer d'appliquer quelques-uns des principes et des exercices que j'ai décrits avec des amis ou des collègues, surtout n'hésitez pas. Il n'y a jamais une façon unique de bien faire quoi que ce soit, cependant, les paragraphes ci-dessous proposent une description détaillée de l'utilisation d'une des formes du coaching transpersonnel que vous pourriez, au moins dans un premier temps, suivre d'assez près.

La montagne de la vie

De nombreuses méthodes de coaching transpersonnel cherchent à aller au-delà de la pensée rationnelle, logique et limitée pour atteindre le système complet qu'est le subconscient. Par exemple, un imaginaire encadré peut être utilisé pour amener le coaché à visualiser son ascension d'une montagne – l'archétype du symbole de la croissance – au cours de laquelle il lui sera suggéré des péripéties variées : découvertes d'objets, obstacles à franchir, rencontre avec tel ou tel animal, avec un vieux sage, etc. et qui seront autant d'occasions pour lui d'imaginer ce qui se passe dans ces différentes circonstances. Ces événements, les obstacles et les êtres qu'il rencontre au cours de son périple sont autant de symboles de quelque chose présent dans l'esprit du coaché, une réalité qui est mise à jour au cours des séances successives de coaching.

Vous trouverez ci-dessous le genre de script que j'utilise. Je vous conseille de l'utiliser de façon spontanée, lorsque vous vous sentirez suffisamment en confiance pour qu'il sonne le plus juste et authentique possible.

- installez-vous et mettez-vous à l'aise. Respirez profondément,
- vous êtes en pleine nature, au pied d'une montagne,
- vous commencez à marcher lentement vers la montagne et à gravir les premières pentes douces,
- petit à petit, la pente s'accentue et le chemin devient plus escarpé,
- vous êtes maintenant entouré d'arbres et de gros rochers,
- soudain, vous êtes confronté à un obstacle qui semble insurmontable,
- vous voulez continuer votre progression et vous réfléchissez à un moyen de contourner l'obstacle,
- c'est un moment difficile mais, en fin de compte, vous réussissez et vous pouvez continuer votre progression,
- de façon tout à fait inattendue vous vous retrouvez face à un animal, et de façon encore plus inattendue, il vous adresse la parole,
- avez-vous peur ? Que vous dit-il ? A-t-il peur ? Que lui dites-vous ?
- il faut que vous repreniez votre ascension et vous dites au revoir à l'animal,
- vous arrivez à la lisière de la forêt et le versant dégagé de la montagne s'offre désormais à vous,
- sur le chemin, vous trouvez un cadeau dont vous savez qu'il vous est destiné. Vous le ramassez et l'emportez,
- vous approchez du sommet et la vue est magnifique
- au détour d'un aplomb rocheux vous découvrez un sage vieillard,
- cette personne âgée – homme ou femme – vous salue et vous dit qu'elle vous attendait,
- elle vous invite à lui poser trois questions auxquelles elle pourra répondre,

- vous lui posez l'une après l'autre les trois questions qui vous viennent à l'esprit et vous obtenez des réponses,
- vous prenez un peu de temps pour bien intégrer ces réponses, la personne âgée qui vous les a données vous salue et vous commencez à rebrousser chemin,
- la descente est agréable mais ne vous prend pas beaucoup de temps,
- bientôt, vous vous retrouvez à l'endroit d'où vous êtes parti,
- quand vous vous sentirez prêt, revenez lentement dans la salle où a lieu l'entretien et ouvrez les yeux.

À ce point de l'entretien, je demande au coaché de noter tout ce dont il se souvient, y compris sa conversation avec l'animal, les questions qu'il a posées au vieux sage et les réponses qu'il a obtenues. Lorsqu'il a terminé, et après un moment de pause, je le coache en concentrant mes remarques sur ce que l'obstacle du début de son ascension symbolise pour lui et les qualités qu'il a dû mettre en œuvre pour le contourner. Quel était l'animal qu'il a rencontré, et qu'a-t-il ressenti à cette occasion ? De quoi ont-ils parlé et qu'est-ce que cette conversation symbolise ? Puis, quel était le cadeau qu'il a trouvé, de qui venait-il et qu'est-ce qu'il signifie ? Enfin, qui était cette personne âgée pleine de sagesse, quelles étaient les questions, quelles étaient les réponses et, plus important encore, quelle interprétation en fait le coaché ?

Bien entendu, beaucoup d'autres facettes de cette expérience sont susceptibles d'émerger et doivent être explorées, mais ce bref résumé vous donne l'essentiel de la démarche.

Pour ce qui est de la durée de cette séance, l'ascension de la montagne doit être lente et pondérée, en laissant assez de temps entre chacune des phrases, environ 20 secondes. Le trajet complet, jusqu'au sommet et retour, prend en général à peu près 15 minutes. La phase de debriefing sera quant à elle aussi longue que nécessaire.

J'espère que ces quelques éléments vous donnent une idée assez claire de ce type de processus pour que vous puissiez l'expérimenter vous-même. Un point très important : il faut que vous développiez votre propre style, le plus authentique possible, lorsque vous engagez ce type de travail.

D'autres outils transpersonnels

Voici un autre exercice, assez semblable. Vous donnez au coaché – cela peut également être réalisé avec un équipe entière – des feuilles et des crayons de plusieurs couleurs, et vous lui demandez de dessiner ce qui lui vient à l'esprit en réponse à certaines questions – pas plus de quatre – que vous allez lui poser. Par exemple : « d'où venez-vous ? », « où êtes-vous maintenant ? », « où allez-vous ? », « de quelles qualités avez-vous besoin pour y parvenir ? ». Là encore, toute la richesse de l'exercice apparaît au cours du processus de commentaires des dessins.

La pièce doit être silencieuse pendant toute la durée de l'exercice. Posez les questions l'une après l'autre en laissant cinq minutes au coaché pour réaliser son dessin, davantage s'il le souhaite. La séance de coaching qui suit consiste, là encore, à demander au coaché pourquoi il a choisi telle ou telle couleur et telle ou telle forme de dessin, ce qu'ils représentent et ce que cela évoque. Si vous travaillez avec une équipe, ses membres peuvent travailler par paires, mais vous devez leur indiquer le type de questions qu'ils doivent se poser.

Un autre exercice très simple mais extrêmement efficace consiste à demander au coaché de se remémorer une période au cours de laquelle il attachait beaucoup de valeur à ce qu'il faisait. Puis une époque au cours de laquelle il était passionné par ce qu'il faisait. Et enfin, de lui demander ce qu'il sait très bien faire. Là aussi, laissez au coaché beaucoup de temps pour bien comprendre et répondre à chacune des questions, et de noter ses réponses s'il le souhaite. Une question clé de cet exercice est d'identifier les éléments communs aux différents scénarios, et les qualités communes que le coaché mentionne aux différentes époques dont il se souvient. En augmentant l'ouverture d'esprit du coaché sur ces différents éléments, il peut être amené à formuler une idée plus précise de ce qu'il aimerait faire et de ses objectifs.

Aller plus loin

Un coach attentif devrait être capable d'utiliser ces différents outils de façon judicieuse, avec certains de ses clients, puis de prendre de l'assurance, de bien en mesurer les effets, de développer ses propres scénarios et son style, sans chercher à aller trop loin dans un premier temps. Je conseille fortement aux coachs de suivre une formation d'au moins deux jours, si possible, au coaching transpersonnel. Cela développera leur spectre de compétences et renforcera leur propre démarche de développement personnel.

Les compétences du coaching transpersonnel seront de plus en plus demandées à mesure que progresse l'évolution psychosociale collective, et je conseille absolument aux cabinets de coaching que l'un des critères de recrutement de leurs coachs porte sur le domaine transpersonnel.

Si vous souhaitez en savoir davantage sur ce domaine, le meilleur livre que je puisse vous conseiller est celui de mon ex-épouse, Diana Whitmore, *Psychosynthesis Counselling in Action.*

25. LES PROCHAINS POINTS D'ANCRAGE DU COACHING

Nous devons prendre
nos responsabilités, et aidez
les autres à faire de même.
Nous n'avons pas toutes
les réponses mais nous pouvons
aider les autres à trouver les leurs.

Lorsque j'ai écrit la première édition de ce livre, en 1992, c'était l'un des premiers à être spécifiquement consacré au coaching, et il a contribué à définir ce qu'était cette discipline dans de nombreux pays en Europe, en Asie, dans le Pacifique et en Amérique du Sud. Aujourd'hui, il y a pléthore de livres sur le coaching, traitant de ce domaine sous toute sorte d'angles et de son application en toute circonstance. Il y en a d'excellents, qui renforcent le poids, la crédibilité, la valeur et la position du coaching. Lorsque nous avons créé le cabinet Performance Consultants, il y a plus de vingt ans, c'était l'un des rares en Europe à proposer des séances de coaching. Aujourd'hui il y a plus de 1 000 cabinets de coaching et plus de 10 000 coachs en Europe interviennent en entreprise, dans les domaines de l'éducation, de la santé, dans l'administration et dans toute sorte de secteurs imaginables. Des universités et des écoles de commerce proposent des doctorats et autres formations diplômantes en coaching. Il y a de plus en plus d'associations de professionnels du coaching qui fixent des standards, définissent une éthique et délivrent des certifications. La plus importante est l'International Coach Federation, forte de plus de 15 000 membres à travers le monde.

La profession de coach se développe donc rapidement, et elle est parvenue à éviter beaucoup des pièges qui se présentent aux activités naissantes qui connaissent un engouement de cette importance. Les opportunistes qui n'ont vu dans le coaching qu'une occasion de gagner rapidement de l'argent ont pour la plupart échoué car, avec de telles motivations, ils ont vite démontré leur incapacité à proposer les standards d'intégrité que réclamait la profession. Plusieurs formes distinctes de coaching ont été développées : certains coachings sont basés sur les premiers principes de la psychologie comportementaliste et cognitive ; la plupart reposent sur des principes humanistes, récemment rebaptisés psychologie positive ; et de plus en plus, ces formes sont complétées par des apports d'un autre niveau, celui de la psychologie transpersonnelle.

Le coaching humaniste autorise l'expression d'une dimension spirituelle, mais le coaching transpersonnel l'intègre complètement. Le coaching comportemental et le coaching cognitif l'ignorent. Ils peuvent être très utiles dans certaines circonstances, mais ils ne s'adressent pas à la totalité d'une personnalité. C'est seulement dans la culture matérialiste occidentale que le développement psychologique et le développement spirituel sont séparés, même si cette frontière tend à rapidement s'estomper.

Le coaching se porte bien mais, dans leur cadre professionnel, les gens sont désormais confrontés à des défis immenses, à mesure qu'ils prennent conscience de leurs propres limites et reconnaissent qu'ils doivent modifier leur façon de penser et leur façon d'être pour que leur entreprise puisse réaliser sa mission dans un monde en constante évolution. De plus en plus de sociétés et de leaders vont admettre qu'ils ont besoin d'approfondi leur développement personnel, et se rapprocheront des coachs pour atteindre cet objectif. Les coachs eux-mêmes vont avoir besoin de travailler à leur développement personnel s'ils veulent pouvoir aider leurs clients. Pour pouvoir proposer un service complet, les compétences standards de coaching doivent être complétées par une compréhension psychologique et spirituelle, une expérience de développement personnel, une formation au coaching transpersonnel et une connaissance soutenue du monde contemporain des affaires. À ce stade, les coachs deviendront eux-mêmes des leaders, et les leaders auront besoin d'être des coachs pour permettre à ceux qu'ils dirigent de donner le meilleur d'eux-mêmes. Les rôles et les fonctions des coachs et des leaders vont fusionner.

Les nouveaux champs d'application du coaching

J'observe depuis peu de temps de grandes organisations qui s'orientent vers le coaching et un style de management qui s'en inspire. En voici un exemple. J'ai été coopté dans un projet de la Commission européenne sur trois ans destiné à imaginer et recommander de nouvelles procédures pour l'apprentissage du permis de conduire, dont l'objectif est de passer d'une logique d'enseignement à une logique de coaching. Ce projet est né du constat qu'un nombre tout à fait disproportionné d'accidents causés par de jeunes conducteurs était dû à un manque de maîtrise émotionnelle plutôt qu'à un manque de compétences techniques. Le coaching prend systématiquement en compte cet aspect, alors que les méthodes classiques d'enseignement ne l'abordent pas du tout. Et il y a un demi-million de moniteurs d'auto-école en Europe qui doivent être formés.

Dans un autre domaine, on s'interroge de plus en plus sur les services de santé et leur orientation technologique déshumanisante. L'approche traditionnelle du « médecin de famille », source de soins autant que de réconfort, laisse la place à des procédures systématiques et peu empathiques. Le système de santé américain, par exemple, est catastrophique, qui consacre des sommes énormes et réalise des profits exorbitants dans certains quartiers alors que les moins nantis se retrouvent absolument sans soins. Dans ce secteur, les États-Unis investissent par habitant davantage que n'importe quel autre pays du monde, mais ils n'arrivent qu'en vingtième position dans les études consacrées à la qualité des soins dispensés. Tout le système a été pris en otage par les laboratoires pharmaceutiques et les compagnies d'assurance qui s'entendent pour décupler leurs profits au détriment de la santé publique.

L'intérêt d'une formation des gens à prendre une part plus grande de responsabilité dans leur santé serait bien plus grand que tout ce que parvient à faire l'industrie pharmaceutique, et coûterait bien moins cher. Il ne s'agit pas de renforcer un état surprotecteur, mais tout au contraire d'amener les gens à prendre davantage soin d'eux-mêmes. On retrouve dans ce domaine, certaines des caractéristiques du coaching appliqué à l'enseignement de la conduite automobile. Dans les deux cas, le besoin s'exprime en termes de responsabilité personnelle. C'est exactement ce que le coaching s'engage à développer.

Le coaching comme outil de changement

En temps de crise, de chaos et de grands changements, la formation traditionnelle aux compétences et les cours de développement personnel paraissent inefficaces. Coacher d'anciens cadres bancaires sur la façon de mettre de l'ordre dans leur bureau tout autant que dans leur conscience, ou sur leur réorientation professionnelle, semblerait plus prometteur, mais beaucoup d'autres personnes, dans l'organisation de nos économies, souffrent d'incertitude et d'insécurité. Elles posent des questions qu'elles n'auraient jamais pensé poser, et les politiciens ne font guère mieux que de proposer quelques rustines. Les réponses les plus utiles émergeront de chacun d'entre nous. Nous ne serons peut-être pas à même de stabiliser l'économie, mais nous pouvons trouver une stabilité personnelle dans le contexte d'une économie instable.

Les professionnels du coaching ont un rôle extrêmement significatif à jouer en temps de crise. Ils peuvent aider les gens à travers le coaching individuel, et la collectivité à travers le coaching des entreprises. À l'extrémité thérapeutique du spectre couvert par le coaching, les coachs qui ont des compétences en psychologie, et en particulier en psychologie transpersonnelle, peuvent apporter un soutien et un point d'appui solide aux gens qui sont stressés et en souffrance à cause d'un contexte en évolution constante et éprouvant, notamment lorsqu'ils sont inquiets pour leurs enfants. Aider les gens à comprendre ce qui se passe sur le plan économique, environnemental ou dans le cas d'une rupture sociale, est tout à fait de la compétence des coachs formés au transpersonnel. Si je conseille à tous les coachs d'acquérir ces compétences, je n'affirme pas que les coachs ayant une formation plus simple ne puissent pas parvenir à réaliser de grandes choses. En effet, l'intelligence émotionnelle est déjà un atout considérable.

Les coachs peuvent aider les gens à se libérer des nombreuses peurs qui limitent leurs capacités à rester suffisamment flexibles et réactifs pour affronter des situations nouvelles et imprévues. Pour certaines personnes, la capacité à accepter que les choses ne seront jamais tout à fait les mêmes, ou à abandonner quelques principes essentiels liés à la propriété, à l'alimentation ou aux habitudes constitue un défi, souvent parce qu'il s'agit d'affronter ses peurs. Mais ces problèmes sont assez facilement identifiables, et ne sont en aucun cas limités aux périodes de crise. Le point essentiel pour les coachs est désormais d'identifier ce qu'ils doivent savoir au sujet de problèmes plus larges, et de maîtriser ce qu'ils peuvent faire de ces nouvelles connaissances.

Je conseille instamment à quiconque prétend exercer la profession de coach d'être bien informé des tendances et problèmes environnementaux et économiques, de se tenir au courant des affaires courantes du monde, non seulement dans son pays mais de façon globale. Fort de ces connaissances, un coach sera mieux armé pour poser des questions précises au cours des séances de coaching et pour transmettre des informations si et quand cela pourra sembler nécessaire. Une information n'est pas une recommandation. Il est important que les coaches ne pratiquent pas la langue de bois, pas plus que celle de la dénonciation, lorsqu'ils parlent des leaders politiques ou d'entreprise, des financiers ou des patrons de presse, ou de tout autre détenteur de pouvoir et d'influence.

Pour ce qui est du coaching de dirigeant d'entreprise, une vaste culture générale est indispensable dans la mesure où les coachs doivent être prêts à interroger, si nécessaire, l'éthique, les valeurs et les comportements de leurs coachés. Je crois que les coachs doivent faire preuve de la plus grande éthique possible, susceptible de prévaloir sur l'intérêt du client ou de son entreprise. Je crois également qu'un coach doit être prêt à refuser ou quitter un client pour des raisons éthiques, même si cela implique une perte de chiffre d'affaires.

Le coaching comme outil de développement personnel

Le coaching n'est pas la panacée pour solutionner les problèmes que nous rencontrons au travail ou dans notre vie personnelle, ni non plus ceux du monde en général, mais il est bien plus qu'un simple instrument pour aider les dirigeants stressés et il est plus efficace qu'une méthode de management que l'on mettrait en œuvre pour améliorer la planification, la délégation ou la résolution de problèmes. Le coaching est l'une des compétences les plus utiles lorsqu'il s'agit de développement personnel. C'est une autre façon de regarder les gens, une voie de progrès beaucoup plus optimiste que ce dont nous avons l'habitude, et il permet au final de traiter les gens différemment. Le coaching nous impose de supprimer nos croyances limitatives à propos des gens – y compris à propos de nous-mêmes –, d'abandonner nos anciennes habitudes et de nous libérer de nos schémas redondants de pensée.

Je suis un indécrottable optimiste quant à l'avenir du coaching. Il ne fait pas de doute que le coaching, ou les principes sur lequel il est fondé, est de plus en plus reconnu et utilisé. Nous pouvons abandonner le terme coaching pour y substituer un nouveau qui viendra s'ajouter à une liste déjà longue : conseil, facilitation, délégation de pouvoir, mentoring, soutien, psychothérapie. Leurs mises en œuvre diffèrent quelque peu, mais toutes ces disciplines se recouvrent en partie, et même si elles utilisent des vocabulaires particuliers pour l'exprimer, les principes fondamentaux de l'**ouverture d'esprit** et de la **responsabilité** leur sont communs et sont au centre de la croissance et de l'efficacité personnelles.

Les besoins auxquels répond le coaching sont partout, dans toutes les organisations, les entreprises, les écoles et toute structure sociale. Les coachs sont les accoucheurs d'un nouvel ordre social dont la compassion pour tous et le respect pour l'environnement constituent le socle. Pourrait-il y avoir un défi plus excitant à relever ?

Tout cela peut paraître un objectif grandiose et démesuré pour le fragile secteur d'activité du coaching, mais je le formule avec beaucoup d'humilité. Nous autres, coachs, sommes les passeurs de ce nouvel ordre social. Nous sommes formés et préparés à coacher, guider, soutenir et soigner ceux qui seront de lus en plus déstabilisés et anxieux face à l'énormité des événements qui s'annoncent, et qui seront de plus en plus touchés dans leur vie quotidienne et dans leurs espérances dans l'avenir. Nous devons prendre nos responsabilités et aider les autres à ne faire autant. Nous n'avons pas toutes les réponses mais nous pouvons aider les autres à trouver les leurs. Voici comment nous pouvons jouer notre rôle dans la transformation d'une logique hiérarchique vers une logique de l'autoresponsabilité, et la création d'un monde meilleur pour tous.

Le coaching a-t-il un avenir ?

À votre avis ?

Annexe

Quelques solutions au jeu des neuf points

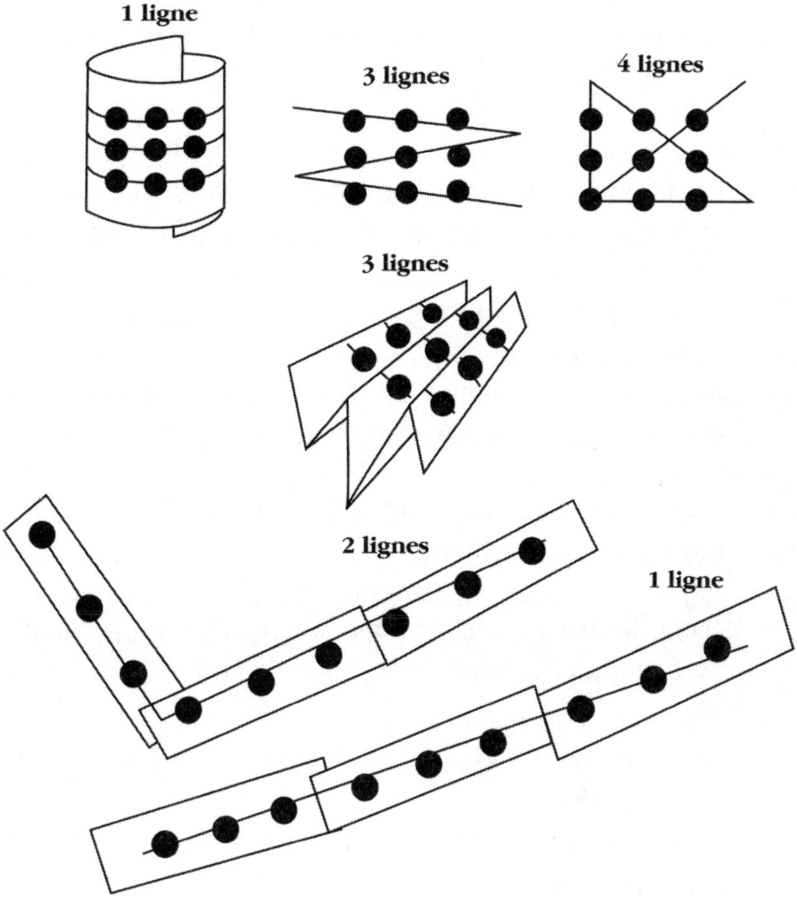

Bibliographie

Je suis aujourd'hui persuadé qu'à notre époque et compte tenu de leurs responsabilités, les coachs doivent être davantage qu'un outil, un miroir ou un fournisseur dans le programme de leurs clients. Ils doivent être bien informés et à jour des plus récents développements concernant le monde des affaires et les tendances sociétales, en particulier en ce qui concerne les atteintes à l'environnement et à l'économie, la justice et la détresse sociale, la psychothérapie et de la spiritualité. C'est un objectif ambitieux, aussi n'ai-je ici ajouté que quelques ouvrages à ma bibliographie initiale d'ouvrages recommandés. J'ai volontairement omis de proposer des ouvrages plus récents sur le coaching, non seulement parce qu'ils sont trop nombreux à répertorier mais aussi parce que la plupart d'entre eux proposent beaucoup de bonnes choses. Mon objectif est ici d'élargir la vision du monde que peuvent avoir les coachs, les managers et les leaders, d'aller au-delà des frontières conventionnelles du coaching.

- Barrett, Richard : *Libérer l'âme de l'entreprise : bâtir une organisation visionnaire guidée par les valeurs,* de Boeck, 2003.
- Barrett, Richard : *Building a Values-driven Oganization,* Elsevier, 2006.
- Colvin, Richard : *Talent is Overrated,* Nicholas Brealey Publishing, 2006
- Gallwey, T., *Golf, le jeu intérieur*, Laffont, 1984.

- Gallwey, T., *Tennis et concentration*, Laffont, 1992.
- Gallwey, Timothy : *La dynamique interne du travail : le rôle du mental*, Village mondial, 2000.
- Gladwell, Malcolm : *Le Point de bascule : Comment faire une grande différence avec de très petites choses*, Transcontinental, 2003.
- Gladwell, Malcolm : *Outliers*, Little-Brown, 2008.
- Goleman, Daniel : *L'intelligence émotionnelle. Comment transformer ses émotions en intelligence,* Robert Laffont, 1997.
- Goleman, Daniel : *L'intelligence émotionnelle au travail,* Village mondial, 2010.
- Goleman, Daniel : *Cultiver l'intelligence relationnelle : Comprendre et maîtriser notre relation aux autres pour vivre mieux,* Pocket, 2011.
- Hartmann, Thom : *The Last Hours of Ancient Sunlight,* Three Rivers Press, 1998.
- Hawken, Paul Amory B. and Hunter Lovins : *Natural Capitalism,* Earthscan, 2000.
- Hemery, David : *Sporting Excellence : What Makes a Champion ?*, London, Collins Willow, 1991.
- James, Oliver : *The Selfish Capitalist,* Vermilion, 2008.
- Knight, Sue : *NLP at Work,* Nicholas Brealey Publishing, 2002.
- Landsberg, Max : *The Tao of Coaching,* HarperCollins Business, 1997.
- Monbiot, George : *Heat,* Penguin, 2006.
- Nicholas, Michael : *Being the Effective Leader*, Michael Nicholas, 2008.
- Perkins, John : *The Secret History of the American Empire*, Dutton, 2007.
- Pilger, John : *Hidden Agendas,* Vintage, 1998.

- Roddick, Anita : *Business as Unusual : The Triumph of Anita Roddick,* Thorsons, 2001.
- Semler, Ricardo : *Maverick!,* Random House Business Books, 2001.
- Senge, Peter, Otto C. Scharmer, Joseph Jaworski, and Betty Sue Flowers : *Presence,* Nicholas Brealey Publishing, 2004.
- Spackman, Kerry : *The Winner's Bible,* Greenleaf, 2009.
- Speth, James : *The Bridge at the Edge of the World,* Yale University Press, 2008.
- Tolle, Eckhart : *The Power of Now,* Mobius, 2001.
- Tolle, Eckhart : *A New Earth,* Penguinb, 2005.
- Whitmore, Diana : *Psychosynthesis Counselling in Action*, Sage, 1999.
- Whitworth, Laura, Henry House, and Philip Sandhal : *Co-Active Coaching,* Davies-Black Publishing, 1998.
- Zohar, Danah, and Ian Marshall : *SQ : Spiritual Intelligence, The Ultimate Intelligence,* Bloomsbury, 2001.

Remerciements

UN livre comme celui-ci est nécessairement le fruit des rencontres et des apprentissages de l'auteur avec beaucoup de gens et au cours de nombreuses expériences. Tim Gallwey doit indubitablement arriver en tête de liste en qualité d'inventeur du concept de « jeu intérieur », pierre angulaire du meilleur coaching. Dans les précédentes éditions de ce livre, j'ai nommé de nombreux autres contributeurs et soutiens. Je ne rappellerai pas leurs noms ici, mais souhaite plutôt attirer l'attention sur les gens qui m'ont influencé pendant la rédaction de cette nouvelle édition.

Ce livre est, bien sûr, le produit de nombreuses années supplémentaires d'expérience du coaching, mais de façon plus importante, il est celui de mes observations récentes des tendances qui caractérisent l'évolution des comportements, des croyances et des attitudes humaines, et de mon exploration de la conscience elle-même. Deux personnes en particulier m'ont permis d'entreprendre cette démarche. David Brown, mon Directeur général chez Performance Consultants International, m'a sorti de ma routine confortable, a bousculé mes réserves et m'a projeté dans une arène infinie de nouvelles possibilités en même temps que dans de nombreux pays tout autour du monde. Quant à Niran Jiang, l'étoile polaire de mon ciel, elle est mon associée au sein de l'Institute of Human Excellence, le partenaire stratégique de PCI en Asie et en Australie. C'est un esprit brillant, un modèle, un professeur, une fontaine de joie et d'humour, une amie chère et mon coach intraitable à qui rien ne peut être caché et à qui rien n'échappe. Ce qui est le parangon du vrai coaching.

Je voudrais également remercier les milliers de gens que j'ai rencontrés au fil de ma pratique du coaching, qui ont cru dans le rôle que j'ai tenté de jouer en promouvant le sens émergent du coaching auprès de toutes nos institutions, particulièrement en ces temps troublés. C'est en toute humilité que j'ai accepté les hommages qui ont pu m'être rendus, y compris ce Doctorat *Honoris Causa* de l'Université d'East London qui a été une vraie surprise pour moi qui aie toujours considéré les études supérieures comme hors de portée.

Enfin, je tiens à remercier l'éditeur Nicholas Brealey et son équipe qui m'ont encouragé, critiqué et conseillé afin que cette quatrième édition soit bien plus claire que ce qu'elle aurait été sans eux.

Pour contacter Performance Consultants International et en savoir davantage que les prestations et les services proposés par John Whitmore et ses associés, merci de contacter :

David Brown, CEO
Performance Consultants International
Tél. direct : + 44 0 792 1360 343
Bureau : + 44 0 207 3736 431

Courriel : davidbrown@performanceconsultants.com
Site : www.performanceconsultants.com

Achevé d'imprimer sur les presses de l'Imprimerie Darantiere à Dijon-Quetigny
Dépôt légal - N° d'impression : 12-0436 - Imprimé en France